2020—2021年中国工业和信息化发展系列蓝皮书

2020—2021年中国中小企业发展蓝皮书

中国电子信息产业发展研究院 编 著

刘文强 主 编

杨东日 副主编

电子工业出版社

Publishing House of Electronics Industry

北京·BEIJING

内 容 简 介

本书共19章，包括综述篇、专题篇、政策篇、热点篇和展望篇，对中小企业发展现状、相关政策法规、热点事件发展趋势进行了梳理和展望。本书有助于广大中小企业了解和掌握国家的相关政策，同时也为新形势下社会各界研究中小企业政策和发展提供参考。

未经许可，不得以任何方式复制或抄袭本书之部分或全部内容。
版权所有，侵权必究。

图书在版编目（CIP）数据

2020—2021年中国中小企业发展蓝皮书 / 中国电子信息产业发展研究院编著；刘文强主编. —北京：电子工业出版社，2021.11
（2020—2021年中国工业和信息化发展系列蓝皮书）
ISBN 978-7-121-42380-2

Ⅰ．①2… Ⅱ．①中… ②刘… Ⅲ．①中小企业－经济发展－研究报告－中国－2020-2021 Ⅳ．①F279.243

中国版本图书馆CIP数据核字（2021）第241604号

责任编辑：张佳虹
印　　刷：中煤（北京）印务有限公司
装　　订：中煤（北京）印务有限公司
出版发行：电子工业出版社
　　　　　北京市海淀区万寿路173信箱　邮编：100036
开　　本：720×1 000　1/16　印张：15　字数：336千字　彩插：1
版　　次：2021年11月第1版
印　　次：2021年11月第1次印刷
定　　价：218.00元

凡所购买电子工业出版社图书有缺损问题，请向购买书店调换。若书店售缺，请与本社发行部联系，联系及邮购电话：(010)88254888，88258888。
质量投诉请发邮件至zlts@phei.com.cn，盗版侵权举报请发邮件至dbqq@phei.com.cn。
本书咨询联系方式：(010)88254493；zhangjh@phei.com.cn。

前 言

  中小企业是我国国民经济和社会发展的重要力量，在稳定经济发展、扩大劳动就业、促进技术创新、改善社会民生、贡献税收、防控疫情等方面具有不可替代的作用。以习近平同志为核心的党中央高度重视中小企业的发展，特别关心中小企业高质量发展。习近平总书记多次就中小企业发展工作做出重要指示，要求坚持"两个毫不动摇"和"三个没有变"，依法开展保护民营企业、中小企业权益等各项工作。李克强总理多次就中小企业发展问题做出重要批示，主持召开国务院常务会议对中小微企业发展面临的问题进行研究部署。刘鹤副总理主持召开国务院促进中小企业发展工作领导小组会议，部署落实中小企业相关工作。党中央、国务院出台了税费减免、融资支持等一系列促进中小企业发展的政策措施；工业和信息化部会同各有关部门，与各地、各级中小企业主管部门一道认真履职尽责，不断加大对中小企业的扶持力度；各地、各级中小企业主管部门也结合实际，出台了一系列配套办法和实施意见，各项工作取得积极进展。

  2020年新冠肺炎疫情发生以来，围绕"六稳""六保"工作，国家和地方出台了一系列惠企政策，推动中小企业稳定发展，如颁布实施《保障中小企业款项支付条例》、印发《关于健全支持中小企业发展制度的若干意见》等系列政策文件，推动省级人民政府健全促进中小企业发展工作协调机制，

中小企业发展政策环境更加优化。遴选和培育第二批国家级专精特新"小巨人"企业 1584 家，不断完善梯度培育体系建设，引导一批领军企业做强做优。认定国家小型微型企业创业创新示范基地 117 家、国家中小企业公共服务示范平台 214 个，中小企业服务体系更加完善。开展减轻企业负担和促进中小企业发展专项检查、中小企业发展环境第三方评估，深入推进商事制度改革，稳步实施市场准入负面清单、公平竞争审查制度，进一步优化营商环境。深入落实降低增值税税率和社保费费率、阶段性减免社会保险费、小微企业普惠性税收减免等政策，中小微企业税费负担进一步减轻。设立国家中小企业发展基金，推动注册制改革，深化"新三板"改革，中小企业直接融资市场前景更加广阔。截至 2020 年年底，全国市场主体超过 1.4 亿户，其中，企业 4331 万户，"四上"中小企业 90.9 万户。

2021 年是"十四五"开局之年，也是全面开启建设社会主义现代化新征程的关键之年。中小企业工作坚持以习近平新时代中国特色社会主义思想为指导，认真贯彻中央经济工作会议和习近平总书记在民营企业座谈会上的重要讲话精神，按照全国工业和信息化工作会议部署，牢固树立新发展理念，以推动中小企业高质量发展为中心，以提高专业化能力和水平为着力点，以推进供给侧结构性改革为主线，以落实《中华人民共和国中小企业促进法》《关于促进中小企业健康发展的指导意见》为重要抓手，充分发挥国务院促进中小企业发展工作领导小组的协调作用，重点抓好中小企业"321"工作体系。其中，"3"是指政策、环境、服务；"2"是指两个突出问题，即"融资难"问题和权益保护问题；"1"是指要紧盯提升中小企业创新能力和专业化水平这一目标。

中国电子信息产业发展研究院中小企业研究所在对中国中小企业持续研究的基础上，组织编写了《2020—2021 年中国中小企业发展蓝皮书》，对 2020 年中国中小企业发展状况和 2021 年中小企业发展态势进行了梳理和展望。相信本书有助于广大中小企业了解和掌握国家的相关政策，同时也为新形势下社会各界研究中小企业政策和发展提供参考。

目 录

综 述 篇

第一章 2020年中国中小企业发展环境 ⋯⋯⋯⋯⋯⋯⋯⋯⋯⋯⋯⋯⋯⋯ 002
    第一节 中小企业发展的国际环境 ⋯⋯⋯⋯⋯⋯⋯⋯⋯⋯⋯⋯⋯⋯ 002
    第二节 中小企业发展的国内环境 ⋯⋯⋯⋯⋯⋯⋯⋯⋯⋯⋯⋯⋯⋯ 008

专 题 篇

第二章 2020年中国中小企业发展整体情况 ⋯⋯⋯⋯⋯⋯⋯⋯⋯⋯⋯⋯ 014
    第一节 2020年中国中小企业发展状况 ⋯⋯⋯⋯⋯⋯⋯⋯⋯⋯⋯⋯ 014
    第二节 2020年中国中小企业发展存在的主要问题 ⋯⋯⋯⋯⋯⋯ 016

第三章 财政支持中小企业发展研究 ⋯⋯⋯⋯⋯⋯⋯⋯⋯⋯⋯⋯⋯⋯⋯ 019
    第一节 理论基础 ⋯⋯⋯⋯⋯⋯⋯⋯⋯⋯⋯⋯⋯⋯⋯⋯⋯⋯⋯⋯ 019
    第二节 我国财政支持中小企业融资的主要做法 ⋯⋯⋯⋯⋯⋯⋯ 023
    第三节 对策建议 ⋯⋯⋯⋯⋯⋯⋯⋯⋯⋯⋯⋯⋯⋯⋯⋯⋯⋯⋯⋯ 027

第四章 中小企业创新生态研究 ⋯⋯⋯⋯⋯⋯⋯⋯⋯⋯⋯⋯⋯⋯⋯⋯⋯ 032
    第一节 中小企业创新生态的基本内涵 ⋯⋯⋯⋯⋯⋯⋯⋯⋯⋯⋯ 032
    第二节 中小企业创新生态系统 ⋯⋯⋯⋯⋯⋯⋯⋯⋯⋯⋯⋯⋯⋯ 036
    第三节 对策建议 ⋯⋯⋯⋯⋯⋯⋯⋯⋯⋯⋯⋯⋯⋯⋯⋯⋯⋯⋯⋯ 039

第五章 "专精特新"中小企业发展研究 ⋯⋯⋯⋯⋯⋯⋯⋯⋯⋯⋯⋯⋯ 042
    第一节 国家部委推动"专精特新"中小企业的发展经验 ⋯⋯⋯ 042
    第二节 地方政府推动"专精特新"中小企业的典型经验 ⋯⋯⋯ 054

	第三节	北京市专精特新"小巨人"企业发展情况分析	057
	第四节	下一步工作建议	061
第六章	中小企业公共服务平台		063
	第一节	国家助推中小企业公共服务平台的发展经验	063
	第二节	地方发展中小企业公共服务平台的典型经验	064
	第三节	国家中小企业公共服务示范平台服务开展情况	067
	第四节	下一步工作建议	072
第七章	创新型中小企业知识产权能力提升研究		075
	第一节	相关概念与研究的必要性	075
	第二节	创新型中小企业知识产权发展现状	079
	第三节	创新型中小企业提升知识产权能力面临的困难	081
	第四节	提升创新型中小企业知识产权能力的路径分析	084
	第五节	提升创新型中小企业知识产权能力的对策建议	086
第八章	新冠肺炎疫情期间保市场主体的主要措施研究		092
	第一节	加大财税支持力度	092
	第二节	增强融资可获得性	095
	第三节	保障企业复工稳岗	097
	第四节	推动开拓国内外市场	099
	第五节	持续强化精准服务	100
第九章	银企合作助力中小企业融资研究		102
	第一节	信息不对称下的银行和企业合作困境	102
	第二节	信用体系不健全制约银企合作	105
	第三节	打破银企对接壁垒	107
第十章	地方支持中小企业国际化发展的主要做法研究		110
	第一节	中外中小企业合作区评估的必要性分析	111
	第二节	园区评估实践经验	114
	第三节	合作区评估体系构建	118
	第四节	中外中小企业合作区评估指标	122
	第五节	推动中外中小企业合作区的政策建议	125
第十一章	中小企业数字化转型研究		127
	第一节	中小企业数字化转型是全球化大趋势	127
	第二节	我国中小企业数字化转型的两难困境	129

第三节　中小企业数字化转型需多方合作 …………………………… 130

第十二章　中小企业社会价值和经济价值的评价 ……………………… 133
　　第一节　中小企业发展的背景 ………………………………………… 134
　　第二节　中小企业价值评估与评价的现状和问题 …………………… 138
　　第三节　中小企业的社会价值与经济价值评估与评价分析 ………… 141
　　第四节　中小企业社会价值与经济价值评估与评价指标体系构建 … 142
　　第五节　中小企业社会价值与经济价值评估与评价指标说明 ……… 148
　　第六节　对策建议 ……………………………………………………… 149

第十三章　中小企业国际化发展研究 …………………………………… 150
　　第一节　国际合作宏观形势分析 ……………………………………… 150
　　第二节　中小企业国际合作的机遇与挑战 …………………………… 155
　　第三节　国际合作重点区域分析 ……………………………………… 157
　　第四节　中小企业国际合作建议 ……………………………………… 163

政　策　篇

第十四章　2020年促进中小企业发展的政策环境 ……………………… 166
　　第一节　税费负担持续降低 …………………………………………… 166
　　第二节　"融资难"问题持续缓解 …………………………………… 168
　　第三节　创业创新持续优化 …………………………………………… 169

第十五章　中小企业发展重点政策解析 ………………………………… 171
　　第一节　《关于健全支持中小企业发展制度的若干意见》 ………… 171
　　第二节　《中小企业数字化赋能专项行动方案》 …………………… 177
　　第三节　《关于应对新型冠状病毒肺炎疫情帮助中小企业复工复产共渡
　　　　　　难关有关工作的通知》 ……………………………………… 181

热　点　篇

第十六章　我国中小企业融资服务平台研究 …………………………… 187
　　第一节　相关概念与研究的必要性 …………………………………… 187
　　第二节　中小企业融资面临问题研究 ………………………………… 193
　　第三节　中小企业融资服务平台构建研究 …………………………… 194
　　第四节　推进中小企业融资服务平台发展的对策建议 ……………… 199

第十七章　中美 500 强企业对比研究 ································· 201
　　第一节　综合情况分析 ······································· 201
　　第二节　两大重点行业：制造业和信息技术服务业 ············· 208

展　望　篇

第十八章　主要研究机构观点综述 ································· 220
　　第一节　综述型 ··· 220
　　第二节　专题型 ··· 223

第十九章　2021 年中小企业发展政策环境展望 ····················· 225
　　第一节　推进税费减免，降低企业负担 ························ 225
　　第二节　加大金融支持，改善融资环境 ························ 226
　　第三节　加强新冠肺炎疫情防控，保生产稳就业 ················ 228
　　第四节　完善公共服务，持续优化环境 ························ 229
　　第五节　推动创新创业，活力不断增强 ························ 230

后记 ··· 232

综 述 篇

 第一章

2020年中国中小企业发展环境

2020年,新冠肺炎疫情重创全球经济。世界各国封锁措施一度致使经济大面积停摆、失业率飙升,原本处于低迷状态的全球经济"雪上加霜",复苏势头明显减缓。全球主要经济体全年波动较大,第二季度GDP跌幅普遍创历史极值,第三季度GDP普遍大幅反弹。中国第四季度GDP增长6.5%,全球其他主要经济体第四季度GDP增长依然为负。

第一节 中小企业发展的国际环境

一、世界经济遭遇重创

国际货币基金组织(IMF)发布数据显示,2020年全球经济萎缩3.27%,为20世纪30年代"大萧条"以来最严重的衰退。

二、主要经济体大幅下滑

(一)美国经济增速回落

受新冠肺炎疫情影响,2020年美国GDP增长率为-3.5%,创下1946年以来新低,也是2009年以来首次负值。2011—2020年美国GDP增长率如图1-1所示。

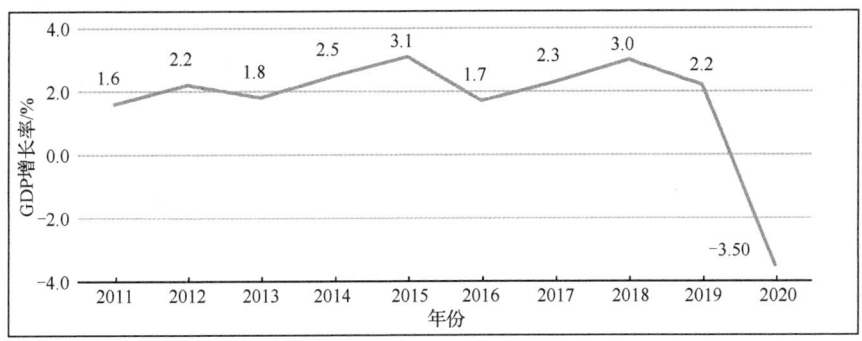

图 1-1 2011—2020 年美国 GDP 增长率
数据来源：Wind 数据库，2021 年 4 月

从采购经理指数（PMI）来看，2020 年美国制造业波动较大，1—4月美国制造业 PMI 呈下降趋势，4 月达到年度最低值 41.5%，随后呈逐步上升趋势，12 月达到 60.5%。2019—2020 年美国制造业 PMI 如图 1-2所示。

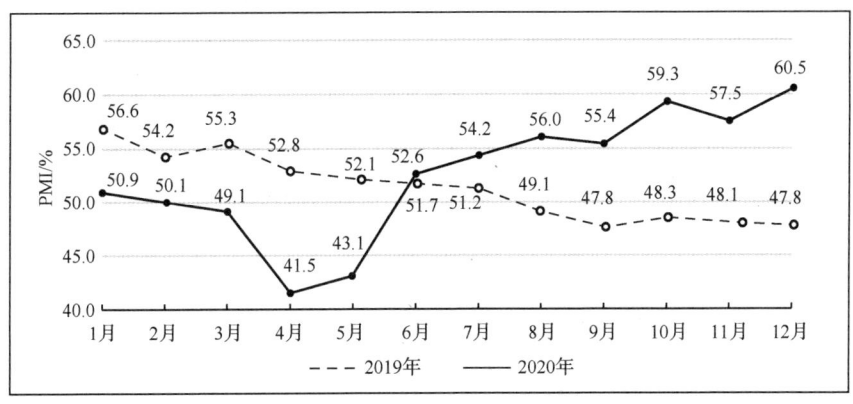

图 1-2 2019—2020 年美国制造业 PMI
数据来源：Wind 数据库，2021 年 4 月

（二）日本经济微弱回升

日本经济继续下滑，2020 年 GDP 增长率为-4.8%，是日本经济自 2009 年以来，时隔 11 年首次出现负增长。2011—2020 年日本经济增长率如图 1-3 所示。

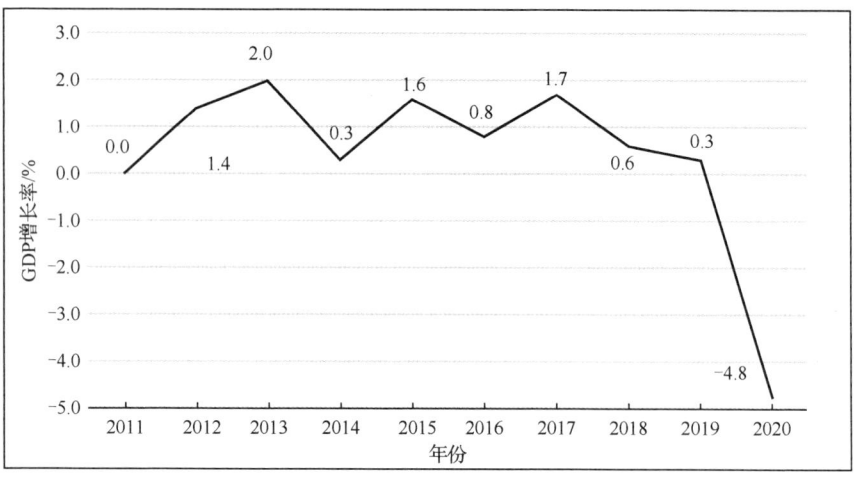

图 1-3 2011—2020 年日本 GDP 增长率

数据来源：Wind 数据库，2021 年 4 月

从采购经理指数（PMI）来看，2020 年日本制造业 PMI 走向呈 "V" 字形，从年初的 48.8% 下滑到 5 月的最低值 38.4%，随后逐步回升，12 月恢复到荣枯线水平。2018—2020 年日本制造业 PMI 如图 1-4 所示。

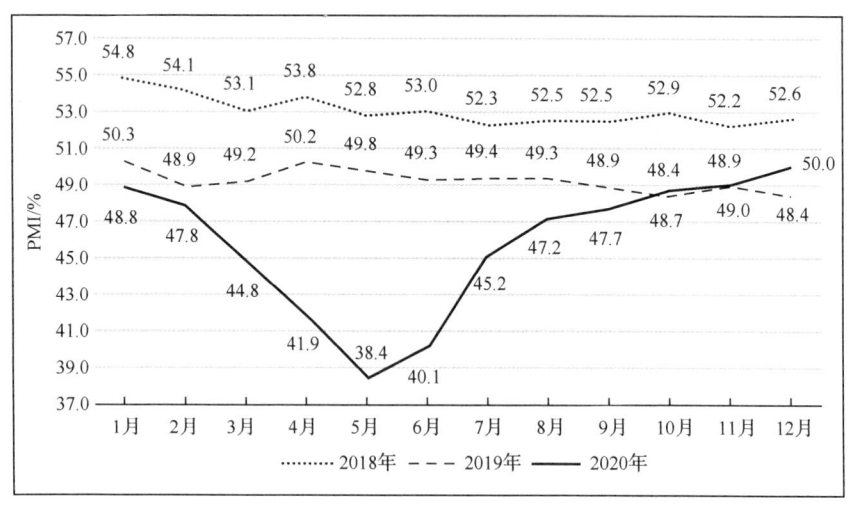

图 1-4 2018—2020 年日本制造业 PMI

数据来源：Wind 数据库，2021 年 4 月

（三）欧盟经济继续下滑

欧洲各国采取了诸多措施以应对新冠肺炎疫情给经济发展带来的负面冲击，如出台了规模超过金融危机时期的宽松货币和财政刺激政策，但由于防疫措施持续性不足且政策力度有限，全年 GDP 同比增长率仅为-6.6%。2011—2020 年欧元区 GDP 同比增长率如图 1-5 所示。

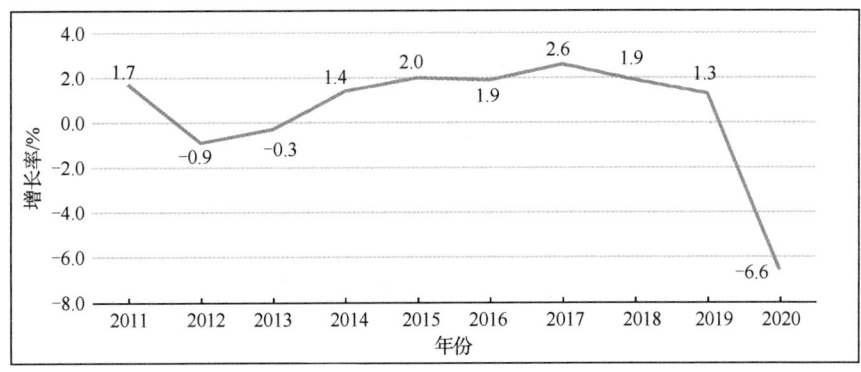

图 1-5　2011—2020 年欧元区 GDP 同比增长率

数据来源：Wind 数据库，2021 年 4 月

2020 年，欧元区制造业采购经理指数（PMI）波动较大，4 月欧元区制造业 PMI 跌至 33.4%，随后一路回升，7—12 月欧元区制造业 PMI 值均在荣枯线以上。2018—2020 年欧元区制造业 PMI 如图 1-6 所示。

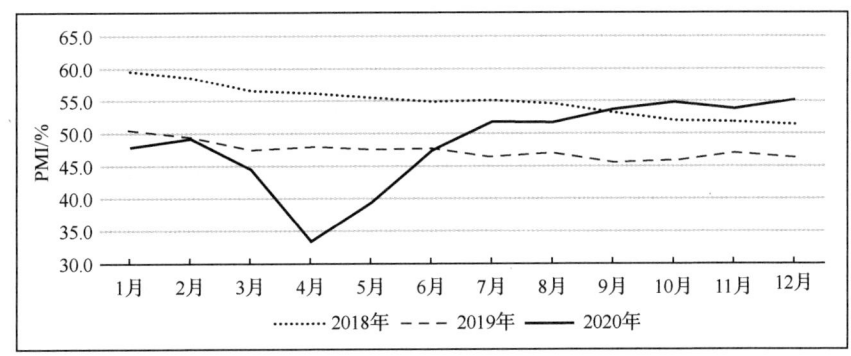

图 1-6　2018—2020 年欧元区制造业 PMI

数据来源：Wind 数据库，2021 年 4 月

（四）新兴市场经济发展显著下降

2020 年，受地缘政治不确定性、全球贸易摩擦加剧、全球经济增长状况不佳、自身结构性问题等因素影响，新兴经济体 GDP 增长率跌至 2009 年以来最低点。南非 GDP 增长率从 2018 年的 1.06%下降到 2020 年的负值，巴西 GDP 增长率从 2018 年的 1.66%下降到 2020 年的负值。2018—2020 年新兴经济体部分国家 GDP 同比增长率如图 1-7 所示。

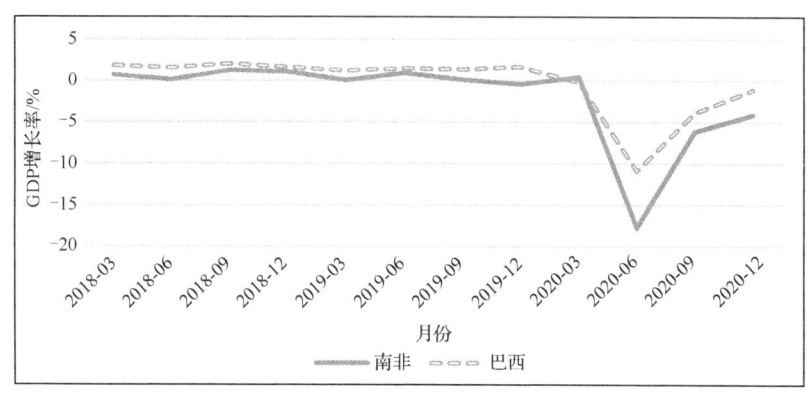

图 1-7　2018—2020 年新兴经济体部分国家 GDP 同比增长率

数据来源：Wind 数据库，2021 年 4 月

三、国际贸易持续下降

2020 年，面对严峻复杂的国内外形势和新冠肺炎疫情的严重冲击，中国成为全球唯一实现经济正增长的主要经济体，外贸进出口明显好于预期，外贸规模再创历史新高。2020 年全年进出口总额为 32.16 万亿元，同比增长 1.9%。其中，出口总额为 17.93 万亿元，同比增长 4%；进口总额为 14.23 万亿元，同比下降 0.7%；贸易顺差总额为 3.7 万亿元，同比增长 27.4%。2018—2020 年中国进出口（累计）同比增长情况如图 1-8 所示。

四、失业率攀升

受新冠肺炎疫情影响，许多企业歇业停业、甚至倒闭，造成大量人员失业，全球失业率较 2019 年整体上升。美国失业率处于历史高位，2020 年 4 月，美国失业率一度飙升至 14.8%，是 20 世纪 30 年代"大萧条"以来的最高值；欧元区的劳动力市场有所攀升，8月、9月达到年度最高值8.7%；日本失业率持续维持在较低水平，但较2019年小幅上升。2018—2020年欧、美、日失业率如图1-9所示。

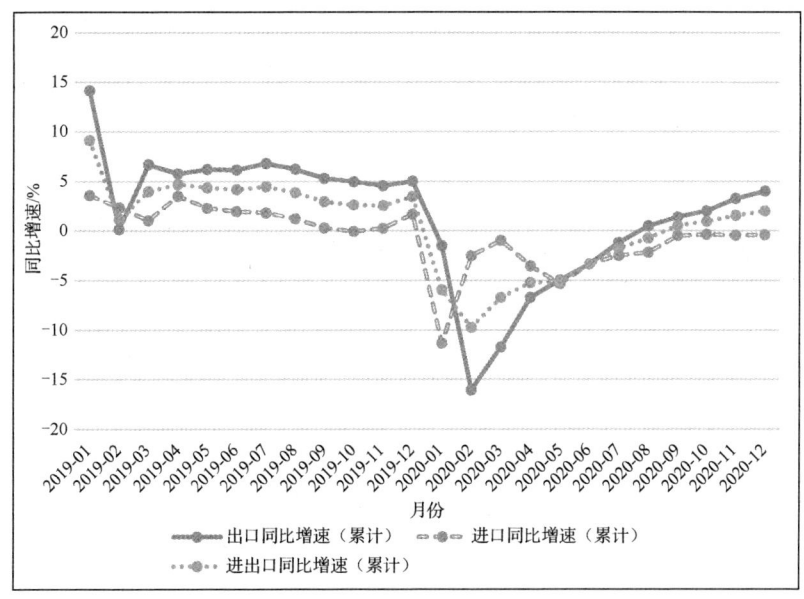

图1-8　2018—2020年中国进出口（累计）同比增长情况

数据来源：Wind数据库，2021年4月

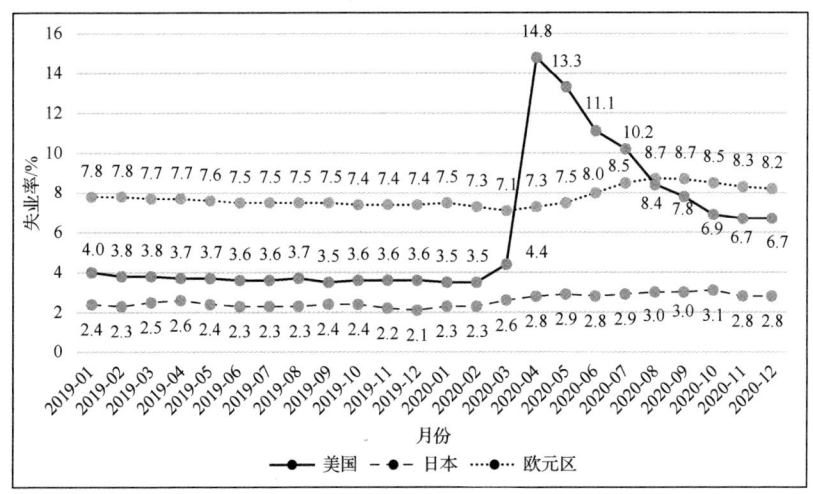

图1-9　2018—2020年欧、美、日失业率

数据来源：Wind数据库，2021年4月

第二节 中小企业发展的国内环境

一、我国经济增长的质量和效益稳步提升

面对新冠肺炎疫情的重大考验，我国统筹做好经济社会发展工作，取得了率先控制住疫情、率先复工复产、率先实现经济正增长的显著成绩，在 2020 年第一季度国内生产总值大幅下降的情况下，第二季度增长率由负转正，增长 3.2%，第三季度增长 4.9%，第四季度增长 6.5%。全年国内生产总值达 101.6 万亿元，同比增长 2.3%，成为全球唯一正增长的主要经济体，展现了我国经济的强大韧性和抗冲击能力。2011—2020 年中国 GDP 增长率如图 1-10 所示。

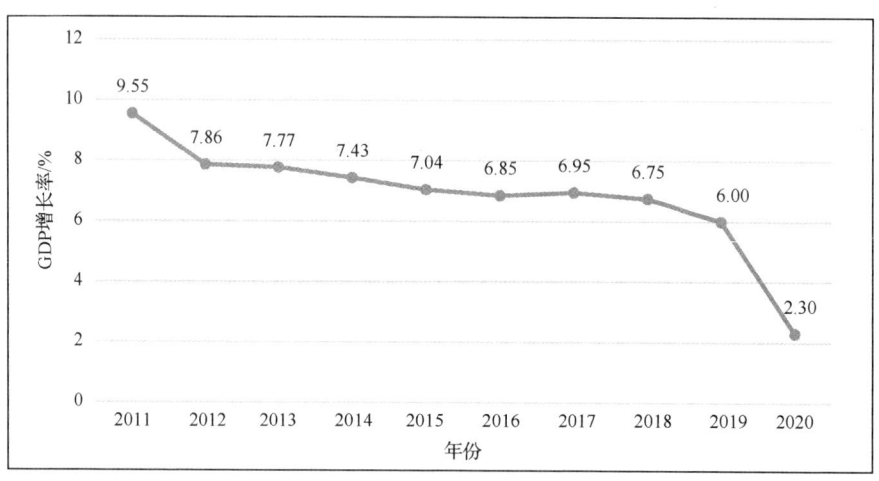

图 1-10　2011—2020 年中国 GDP 增长率
数据来源：Wind 数据库，2021 年 4 月

2020 年，中国第一产业增加值同比增长 3.0%；第二产业增加值同比增长 2.6%，其中，规模以上高技术制造业增加值增长 7.1%，占规模以上工业增加值的比重为 15.1%，同比提高 0.7 个百分点；第三产业增加值同比增长 2.1%，占国内生产总值的比重达到 54.5%，同比提高 0.2 个百分点，其中，信息传输、软件和信息技术服务业增长 16.9%。

2020 年，美国 GDP 同比下降 3.5%，欧盟 GDP 同比下降 6.4%，日

本 GDP 同比下降 4.8%。而中国 GDP 同比增加 2.3%，在全球主要经济体中实现经济正增长。2020 年世界主要经济体 GDP 增长率如图 1-11 所示。

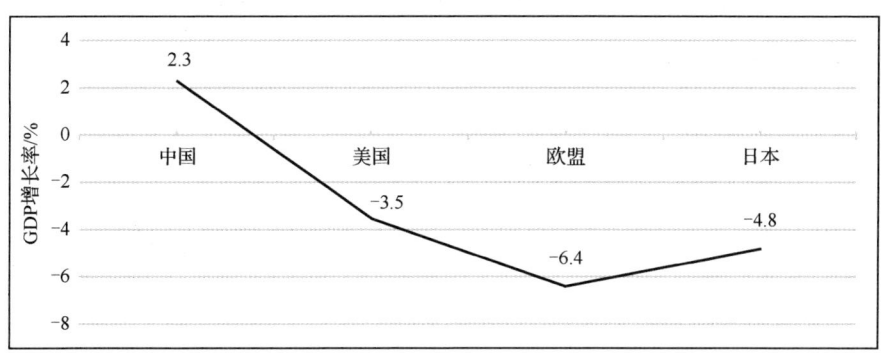

图 1-11　2020 年世界主要经济体 GDP 增长率
数据来源：Wind 数据库，2021 年 4 月

投资方面，2020 年 1—12 月，全国固定资产投资（不含农户）为 518907 亿元，同比增长 2.9%。其中，民间固定资产投资为 289264 亿元，增长 1.0%，投资动力不足，但整体呈回升态势。2018—2020 年我国民间固定投资累计同比如图 1-12 所示。

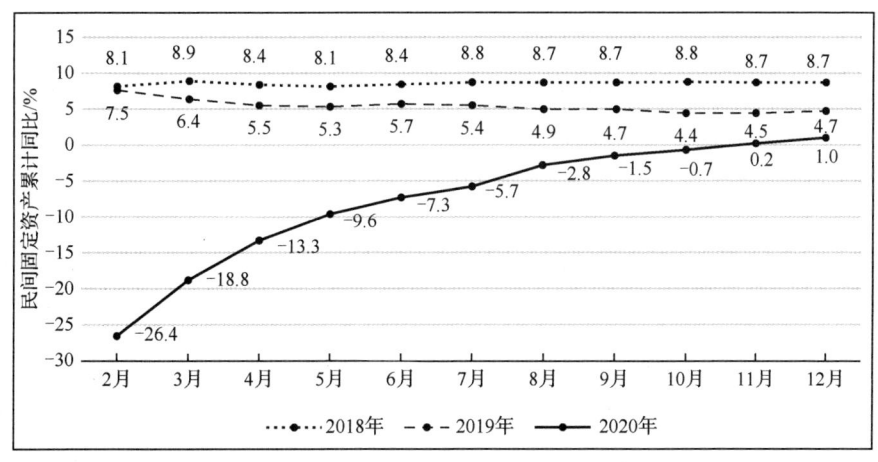

图 1-12　2018—2020 年我国民间固定资产投资累计同比
数据来源：Wind 数据库，2021 年 4 月

2020年，除2月外，我国制造业PMI均处于荣枯线以上，反映出我国工业经济的强大韧性。2018—2020年我国制造业PMI如图1-13所示。

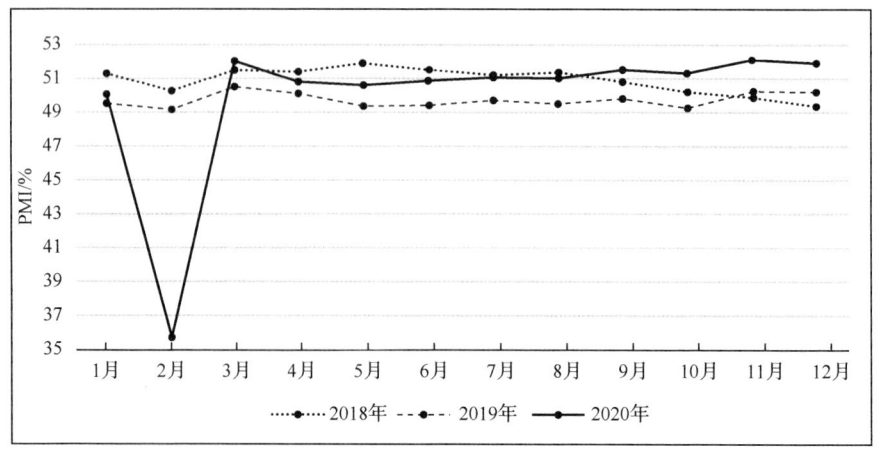

图1-13　2018—2020年我国制造业PMI
数据来源：Wind数据库，2020年4月

二、发展环境进一步优化

2020年，我国市场主体发展环境持续优化，国务院委托国务院发展研究中心对《优化营商环境条例》（以下简称《条例》）实施1年来的情况进行了评估。评估结果显示，《条例》实施开局良好、取得明显成效，31个省级行政区均制定出台了贯彻实施《条例》的具体政策措施，其中，近20个省级行政区制定出台优化营商环境地方性法规或政府规章，国务院有关部门和各地区累计修订、废止不符合《条例》规定的法规、规章和规范性文件等1000件。《条例》的实施在应对新冠肺炎疫情带来的不利影响和助力"六稳""六保"工作方面发挥了重要作用，进一步激发了中小企业的发展活力。

市场准入方面，国家发展改革委、商务部发布了《市场准入负面清单（2020年版）》，《市场准入负面清单（2020年版）》共列入事项123项，相比《市场准入负面清单（2019年版）》减少了8项，有利于进一步发挥市场在资源配置中的决定性作用，激发市场主体活力。

公平竞争审查制度深入实施,公平竞争制度建设提速加力。公平竞争审查制度建立健全,清理废除妨碍统一市场和公平竞争的各种规定和做法,不断强化竞争政策基础地位,公平竞争审查质量显著提升,制度刚性约束力逐步增强。

三、法律政策体系逐步建立改善

2020年,中小企业法律政策进一步完善,主要体现在以下3个方面。一是《保障中小企业款项支付条例》出台,重点从规范机关、事业单位和大型企业付款期限等方面做出规定,旨在依法保障中小企业款项得到及时支付,切实保护中小企业合法权益。二是《政府采购促进中小企业发展管理办法》出台,进一步细化预留份额的规定、完善政府采购项目价格评审优惠方法、增强可操作性,促进中小企业更好地参与政府采购活动。三是《关于健全支持中小企业发展制度的若干意见》印发,进一步明确了坚持和完善中小企业财税支持制度和中小企业融资促进制度,建立和健全中小企业创新发展制度,进一步完善了中小企业政策支持举措。

随着《中华人民共和国中小企业促进法》的修订实施,《保障中小企业款项及时支付条例》《关于促进中小企业健康发展的指导意见》《关于健全支持中小企业发展制度的若干意见》相继出台,"一法、一条例、两意见"政策扶持体系逐步搭建完成,为促进中小企业发展提供了有力的法律和政策保障。

四、阶段性惠企举措稳定企业发展信心

为应对新冠肺炎疫情给中小企业带来的不利影响,党中央、国务院出台了一系列支持中小企业恢复发展的政策,主要包括以下5个方面。

一是加大金融支持。对困难中小企业贷款本金及需支付的贷款利息,银行业金融机构应根据企业申请,给予一定期限的临时性延期还本及付息安排;通过创新货币政策工具,按照一定比例购买符合条件的地方法人银行业金融机构发放的普惠小微信用贷款。

二是实施税费减免。小规模纳税人增值税征收率由3%降至1%,湖

北省免征（2020年3—12月）。小型微利企业可以暂缓缴纳当期的企业所得税。

三是支持稳岗就业。对不裁员或少裁员的中小企业，返还失业保险标准最高可提至企业及其职工上年度缴纳失业保险费的100%，湖北省可放宽到所有企业。对中小微企业招用毕业年度高校毕业生并签订1年以上劳动合同的，给予一次性吸纳就业补贴。

四是社保及公积金优惠。免征全国中小微企业三项社会保险（基本养老保险、失业保险、工伤保险）单位缴费部分。对职工医保单位缴费部分实行减半征收（2020年2—6月）。

五是降低经营成本。除高耗能行业用户外，现执行一般工商业及其他电价、大工业电价的电力用户用电成本，统一按原到户电价水平的95%结算（2020年2—12月）。推动对承租国有房屋的服务业小微企业和个体工商户，免除2020年上半年3个月租金。

专题篇

第二章

2020年中国中小企业发展整体情况

第一节 2020年中国中小企业发展状况

2020年，新冠肺炎疫情影响波及产业发展、企业经营、就业民生等经济社会方方面面。党中央、国务院审时度势，充分估计困难、风险和不确定性，强化底线思维，及时加大宏观政策应对力度，各地区、各部门扎实做好"六稳"工作，全面落实"六保"任务，有序复工复产，大力助企纾困，积极稳岗扩就业，兜牢基本民生，稳住了经济基本盘，保持了社会大局稳定。市场主体活力不断激发，全年新登记市场主体2502万户，市场主体总数达1.4亿户。

一、我国小微企业发展整体平稳

从小微企业运行指数看，2020年我国小微企业运行指数整体低于2018年与2019年我国小微企业运行指数。具体而言，2月以31.9的水平为当年最低值，随后逐步回升，3—12月份保持平稳水平。我国小微企业运行指数如图2-1所示。

二、区域发展不平衡依然较为明显

根据"经济日报—中国邮政储蓄银行小微企业运行指数"数据，2018—2020年我国六大区域小微企业运行指数差异较大。具体而言，受制于经济发展等因素，中南、华东地区小微企业运行指数相对较高，处于第一梯队；西南、华北地区处于第二梯队；东北、西北地区的小微企业运行指数较低，位于第三梯队。2018—2020 年我国六大区域小微企业运行指数如图 2-2 所示。

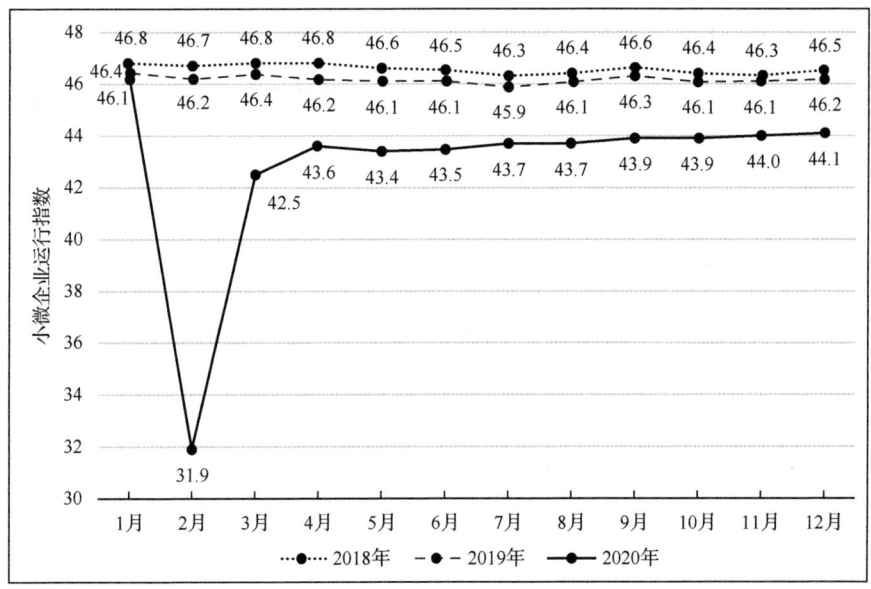

图 2-1　我国小微企业运行指数
数据来源：Wind 数据库，2021 年 4 月

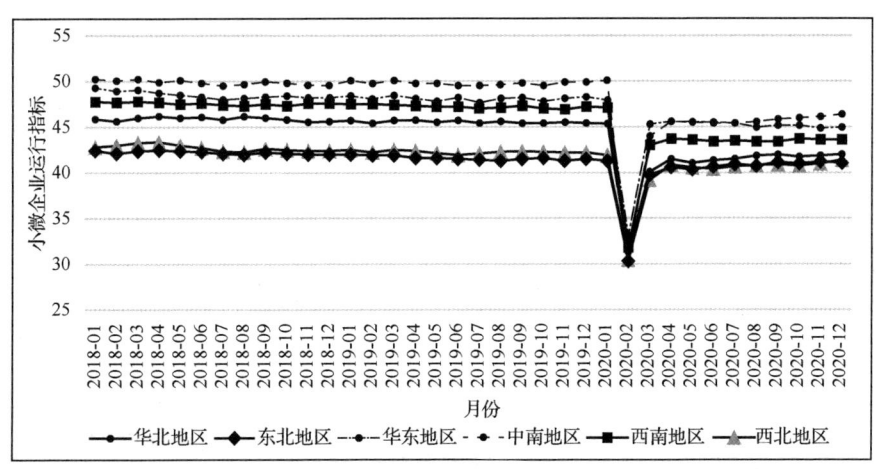

图 2-2　2018—2020 年我国六大区域小微企业运行指数
数据来源：Wind 数据库，2021 年 4 月

第二节 2020年中国中小企业发展存在的主要问题

一、中小企业恢复基础尚不稳固

受国际贸易保护主义、逆全球化、新冠肺炎疫情等因素影响，中小企业经济恢复基础尚不稳固。纵观2020年，除2月外，大型企业PMI均高于荣枯线。中型企业、小型企业整体徘徊在荣枯线附近，尤其是小型企业，多个月份制造业PMI低于荣枯线。2019—2020年我国大型、中型、小型企业制造业PMI如图2-3所示。

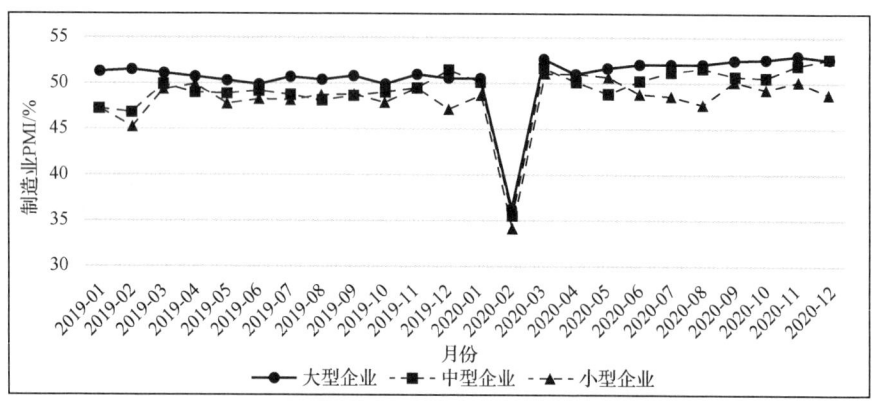

图2-3 2019—2020年我国大型、中型、小型企业制造业PMI

数据来源：Wind数据库，2021年4月

从企业景气指数来看，2020年我国企业经营景气指数大幅下滑，随后持续回升，逐步恢复接近2018年水平。2018—2020年企业经营景气指数如图2-4所示。

二、中小企业开拓海外市场不确定性增加

受逆全球化及贸易保护主义等因素影响，加上新冠肺炎疫情加速全球产业链重新布局，中小企业开拓海外市场的难度有所提升。尤其是2020年第一季度，企业出口订单指数跌至19.1，中小企业开拓海外市场面临较大挑战。2018—2020年企业出口订单指数如图2-5所示。

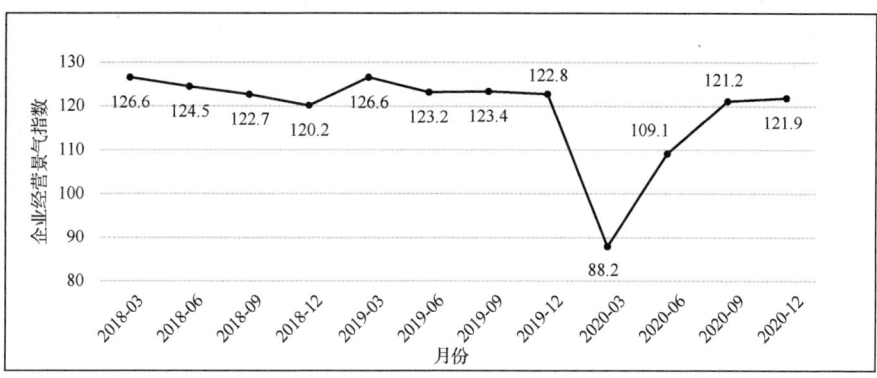

图 2-4　2018—2020 年企业经营景气指数
数据来源：Wind 数据库，2021 年 4 月

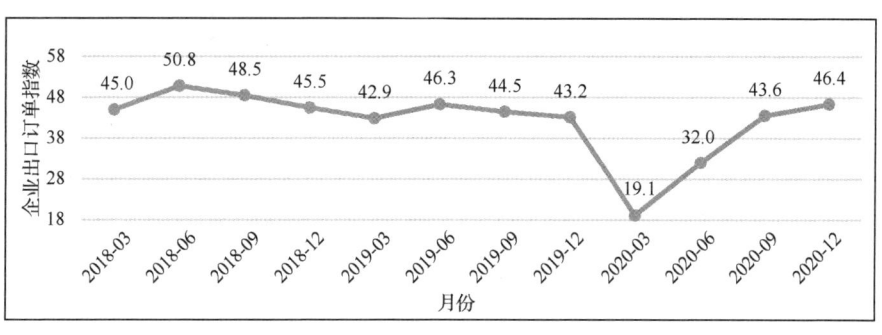

图 2-5　2018—2020 年企业出口订单指数
数据来源：Wind 数据库，2021 年 4 月

三、中小企业公平竞争环境有待增强

中小企业合法权益被侵犯的现象仍时有发生，主要体现在中小企业及企业家合法财产权被侵犯、应收账款未被及时支付、创新成果被侵犯、公平参与市场竞争的权益被侵犯等。例如，近年来，平台经济领域"强者愈强"的马太效应不断加剧，"大数据杀熟"、平台"二选一"等涉嫌垄断问题致使无数依赖于平台的中小企业和个体户深受影响。平台"二选一"看似是在维护自身利益，本质上是滥用市场地位，逼迫中小企业"站队"，挤压竞争对手的发展空间，甚至侵犯中小企业的生存权利。一些头部互联网平台利用资本优势形成垄断行为，以打"价格战"、限制

竞争等手段打压中小企业，以减少竞争者出现，这是对市场竞争机制的破坏。究其原因，一是中小企业法律意识较为薄弱，对自身的权益边界不清晰，时常存在自身合法权益被侵犯却不自知的现象；二是受制于权益维护诉求渠道不畅通，中小企业反应合法诉求的渠道较少、流程较为复杂；三是维权时间长、成本高等因素，致使中小企业维权难度大。因此，亟须从多方面加强对中小企业合法权益的保护力度，营造更有利于中小企业健康发展的环境。

第三章
财政支持中小企业发展研究

第一节 理论基础

一、政府与市场的关系

党的十八届三中全会通过的《中共中央关于全面深化改革若干重大问题的决定》指出,经济体制改革是全面深化改革的重点,核心问题是处理好政府和市场的关系,使市场在资源配置中起决定性作用和更好发挥政府作用。处理好政府与市场的关系,明确政府与市场的边界,科学设定政府职能,充分发展市场作用,促进政府与市场协同分工,确保双方既不能越界,又不能出现"真空"地带。

(一)政府与市场的边界

政府与市场的边界划分主要依据政府与市场的分工。在市场经济条件下,政府与市场协同分工的主要目标是要充分释放市场机制配置资源的活力与效率。因此,政府与市场的分工遵循基本原则:凡是市场能发挥作用的领域政府都不要介入,具体表现为市场竞争比较充分、有营利性的领域,即凡是能够通过价格杠杆调节的领域都交给市场。政府需要通过制定公正、公平、透明的交易规则,营造有利于追求商业利润的良好市场环境,保障市场配置资源决定性作用的充分发挥。

当前,加快构建以国内大循环为主体、国内国际双循环相互促进的新发展格局的背景下,划分政府与市场边界的重点在于以下4个方面。

一是建立全域统一开放、竞争有序的市场体系，形成各地区、各行业、各领域间相互依存、优势互补、统一协调的市场体系，加快推进基本公共服务均等化、公共设施基本布局合理化，致力于构建严格的市场规则体系，进一步提升各级政府全面放开市场的动力和积极性，营造更加公平的竞争环境，推进有关政令在全国范围内得到统一落实，保证国内市场统一开放。

二是明确划分不同层级政府间的事权和财权关系，加快捋顺各级政府部门间的财税关系，按照政府公共财政的基本框架和基本公共服务均等化要求，明确界定和划分各级政府部门间的事权关系，配备相应的财力。

三是深入推进行政管理体制改革，牢固树立服务意识，加快服务型政府建设步伐，加强制度建设，加快构建科学、完备的行政管理体系和流程，着力于处理好地方政府与当地企业之间的权利义务关系。

四是大力培育和发展各类社会组织，构建完善、科学的社会组织发展评价指标体系，逐步提高各类社会组织的数量和质量。

（二）政府与企业的边界

科斯的企业边界理论认为，当企业内部组织交易费用低于市场交易费用时，企业配置资源的机制就会代替市场机制。当企业内部组织交易费用低于市场交易费用时，企业的规模还可以扩大；反之，则应该缩小，甚至会被市场替代。只有当企业内部组织交易费用等于市场交易费用时，企业就达到了其最佳规模。

市场交易费用的高低与政府干预息息相关。理清市场经济中政府和企业的边界，处理好政府"有为"和"无为"的辩证关系，构建形成稳定、高效和低成本的营商环境，可以大大降低市场交易费用。良好的营商环境和较低的市场交易费用加速企业内部组织交易费用较高的"劣币"企业不断出清，使企业内部组织交易费用较低的"良币"企业效率优势更加突显，企业家持续再投资、追求卓越发展的动力和信心更加强劲。

（三）小结

政府的边界大小取决于如何促进市场机制作用的有效发挥。政府机制作用和市场机制作用的发挥都离不开企业，要在三者之间形成政府调控市场、市场引导企业的宏观调控模式。政府机制作用的方向是激发市场机制作用的发挥，推进政府职能与市场经济体制更加适应。也就是说，政府职能要由直接干预微观经济主体（企业），转变为调控和监督市场；要由以政手段干预经济为主，转变为主要依靠经济和法律手段，辅以必要的行政手段；要由以审批和资源配置为主，转变为以服务和创造良好的环境为主；要由更加注重经济增长，转变为更加注重社会管理、更多地关注包括中小企业在内的弱势群体。

二、财政政策激励中小企业发展的内生动力

财政政策是政府"有形的手"弥补市场失灵的重要政策工具之一，是政府宏观调控市场、引导企业的经济手段。财政政策可以从支出和收入两个方面营造良好的营商环境，直接或间接影响市场交易成本与企业内部组织交易成本及其相对变化，进而引导优质企业"做大做强做特"的行为决策。财政政策激发企业"做大做强做特"的内生动力在本质上就是"以奖促优"的激励手段，引导一批优质、高效的企业脱颖而出，实现壮大"财源"的根本目的。

（一）关键领域：补短板、破瓶颈、扶优特

一是补齐基础设施、产业发展、民生三大短板。基础设施方面，加大路网、水网、航空网、能源网、互联网"五网"基础设施建设。产业发展方面，大力推动生物医药和大健康、旅游文化、信息、现代物流、高原特色现代农业、新材料、先进装备制造、食品与消费品制造八大重点产业发展。民生方面，进一步巩固脱贫成果，抓好就业、保障性住房、农村危房改造、职业教育、学前教育、县级公立医院等社会事业发展短板。

二是破除中小企业发展面临的资金、技术、人才、市场等要素瓶颈制约。资金方面，当前，我国中小企业从银行及信用社融资占比超50%

以上，企业普遍面临流动资金紧张的问题，急需政府支持以增加中小企业直接融资占比，破解中小企业流动资金不足的普遍难题。技术方面，中小企业创新能力不足，拥有发明专利等知识产权数量较少，产品技术水平整体较低，竞争力不足，市场拓展尤其是外销困难。例如，2020年，云南省高新技术企业数量不足 1500 家，远低于贵州省、四川省等周边省份，区域经济高质量发展的差距较大。人才方面，中西部地区培养人才留不住，输出的高端人才不愿回，中小企业高质量急需的高新人才相对匮乏，创新能力较弱。据调查，云南省中小企业人员的大专及本科以上学历不及 40%，高端创新人才占比更低。市场方面，中小企业销往省外产品占比小，多数为初级或初级加工产品，省际竞争力不强。

三是扶持特色产业、战略新兴产业、优质企业发展。特色产业发展方面，大力支持旅游、烟草、矿冶、绿色食品加工、进出口贸易等优势特色产业发展。战略新兴产业发展方面，重点支持生物医药、高端装备制造等战略新兴产业发展。优质企业发展方面，优先支持国家高新技术企业、专精特新"小巨人"企业、制造业单项冠军企业、创新型中小企业等优质企业发展。

（二）主要环节和方式

一是加强财政支持中小企业服务体系建设。系统支持省、市、县（产业集群）中小企业公共服务平台，统一规划、统筹资源、统一标准，形成互联互通、资源共享、服务协同的公共服务平台网络。通过资金奖补的方式集中支持一批服务能力强、服务特色鲜明、服务效能较好的中小企业公共服务示范平台。

二是进一步完善和落实好支持中小企业特别是小微企业发展的相关财税政策，如企业所得税、增值税减免、研发投入加计扣除等优惠政策。

三是扩大专项资金规模，重点用于鼓励中小企业技术进步、结构调整、市场开拓，支持中小企业信用担保机构发展，改善公共服务及融资环境等。

四是探索设立中小企业发展基金等政府投资基金，引导天使投资等社会资本投资中小企业。

五是完善政府采购政策，确保参与政府采购市场的公平环境，支持

第三章 财政支持中小企业发展研究

中小企业拓展市场。

(三) 具体措施

一是强化创新支持。通过完善科技成果转化奖补财政政策、推动"科创贷+风险金池"试点,支持实施"科技揭榜制"以突破关键核心技术,支持建设国家自贸区等,不断深化财政科技和人才保障机制改革。

二是进一步创新财政税制改革,鼓励企业分红,出台鼓励企业利润再投资的奖励政策,引导分红资本进行实业再投资,释放改革红利,提升民间资本投资热情。

三是激发县域经济发展的内在动力,完善财政转移支付激发县域经济发展的政策措施,实施税收增长激励,引导县级增比进位,重点支持高新技术产业和出口贸易等。

四是加大支持中小企业发展的资金保障,着力构建中小企业"321"工作体系①,强化中小企业公共服务,加强融资服务和权益保护,实施中小企业专业化能力提升工程。

第二节 我国财政支持中小企业融资的主要做法

一、制定财政支持中小企业规则

(一) 中小企业主管部门

一是制定推动融资服务制度规范。例如,组织修订《中华人民共和国中小企业促进法》,推动促进中小企业发展工作有法可依。

二是构建融资服务工作协调机制。例如,建立部际联席会议制度,通过召开"促进中小企业发展工作部际联席会议"推动财政、科技、工商、商务、海关等涉企融资服务工作协调。

---

① "321工作体系"即围绕"抓好政策体系、服务体系、发展环境"三个领域,聚焦"着力缓解中小企业融资难、融资贵,着力加强中小企业合法权益保护"两个重点,紧盯"提升中小企业创新能力和专业化水平"这一目标。

三是编制中小企业融资服务发展规划。例如,《促进中小企业发展规划(2016—2020年)》把"融资服务体系"列为专章,为全面推动中小企业融资工作奠定了主基调。

四是推动完善增信机制。例如,建立和完善中小企业政策性信用担保体系,设立国家中小企业融资担保基金和部分省市代偿补偿资金,加大对担保机构财税优惠力度,实施中小企业信用担保业务奖补,完善担保机构资本金注入机制,促进增信分险作用进一步发挥。

五是开展融资政策落实效果第三方评估。例如,委托第三方机构开展中小企业融资政策落实效果评估,加强政策制定、落实、执行效果等关键环节的研究和融资政策储备,提高融资政策措施的精准性、有效性和可操作性,推动中小企业融资政策落实。

六是构建中小企业信用监测体系。例如,浙江省以小微企业信用评级为切入点,解决重点培育小微企业和银行之间的信息不对称问题,帮助企业解决"融资难"问题。

(二)金融监管部门

一是制定融资监管政策。例如,2018年中国银保监会对商业银行小微企业贷款指标考核由贷款增量和增速的"两个不低于"及贷款增速、户数和申贷获得率的"三个不低于"调整到"两增、两控"[①]。要求商业银行在当年信贷计划中单列小微企业贷款计划,不得挤压挪用,进一步强化和扩大小微企业融资供给的要求。

二是丰富信贷供给渠道。例如,中国银保监会于2017年牵头推动大中型商业银行建立普惠金融事业部,强化小微企业信贷专营机构的组织体系、政策制度、管理技术、资源供给和产品服务等内部体制机制的建设。截至2018年年底,大多数银行设立了小微企业业务专门部门或专营机构,其中,股份制银行共设立5147个小微支行、社区支行。

---

① "两增、两控"是指对单户授信1000万元及以下的小微企业贷款增速不低于各项贷款增速、贷款户数不低于上年同期水平,合理控制小微企业贷款资产质量水平和贷款综合成本,将普惠型小微企业贷款不良率控制在不高于各项贷款不良率3个百分点以内。

第三章 财政支持中小企业发展研究

三是制定金融服务规范。中国银保监会制定"七不准""四公开"等服务要求，对以贷转存、存贷挂钩、以贷收费等不规范的经营行为加大检查和处罚力度，以降低小微企业融资成本。

四是鼓励金融产品和业务模式创新。推广续贷业务创新，对流动资金贷款到期后仍有融资需求的小微企业，支持银行提前按新发放贷款的要求开展贷款调查和评审，办理续贷，完善贷款风险分类的办法，推动降低企业资金周转的过桥成本。引导银行业金融机构加强与互联网、大数据、人工智能的深度融合，充分运用手机银行、网上银行等新渠道，利用信息技术手段优化信贷技术和流程，提高服务的便利度和风险管理的效率。

五是制定融资支持政策。例如，放宽小微企业贷款不良容忍度，推动建立小微企业贷款尽职免责等差异化监管政策和措施，突出激励引导；支持商业银行发行专项金融债募集资金，专门用于发放小微企业贷款等。

六是构建工作协同机制。例如，中国银保监会与国家税务总局、国家市场监督管理总局合作，建立"银税互动"合作机制，解决信息不对称问题，支持银行利用税务信息、工商年检信息等创新小微企业信贷产品，提高授信审批、风险预警、贷后管理等方面的金融服务效率。

七是实施货币支持政策。例如，中国人民银行通过实施定向降准、增加再贷款和再贴现额度等措施，引导银行业金融机构加大民营和小微企业融资支持力度。

二、提供政策性资金

一是安排财政引导资金支持中小企业融资。例如，中央财政支持设立国家中小企业发展基金母基金，引导社会资本投资小微企业，重点支持种子期、初创期成长型中小企业创新创业发展。截至 2020 年 12 月，国家中小企业发展基金实体子基金已完成投资项目 208 个。

二是建立贷款风险补偿机制。例如，2018 年，财政部发布了《关于进一步做好创业担保贷款财政贴息工作的通知》(财金〔2018〕22 号)，出资成立国家中小企业融资担保基金，协同省级融资担保和再担保机构，支持融资担保行业发展壮大，扩大小微企业融资担保业务规模。

三是设立中小企业融资专项资金。例如，财政部、工业和信息化部颁布《关于对小微企业融资担保业务实施降费奖补政策的通知》（财建〔2018〕547号），中央财政在2018—2020年通过中小企业发展专项资金每年安排资金30亿元，采用奖补结合的方式，对扩大小微企业融资担保业务规模、降低小微企业融资担保费率等政策性引导较强的地方进行奖补，引导融资担保机构降低中小企业担保费率。2019年3月，财政部发布《关于做好2019年中央财政普惠金融发展专项资金管理工作的通知》，自2018年11月16日起，中央财政创业担保贷款贴息的最高贷款额度，个人由10万元提升至15万元、小微企业创业由200万元提升至300万元，同时允许各地适当放宽创业担保贷款申请条件，加大创业担保贷款贴息及奖补政策的支持力度。

三、落实税收优惠政策

一是落实担保机构税收减免政策。例如，2009年以来，工业和信息化部会同国家税务总局先后颁布了《关于中小企业信用担保机构免征营业税有关问题的通知》（工信部联企业〔2009〕114号）、《关于公布免征营业税中小企业信用担保机构名单有关问题的通知》（工信部联企业〔2011〕68号）、《关于公布中小企业信用担保机构免征营业税和取消免税资格名单的通知》（工信部联企业〔2015〕40号）等对符合担保费率、放大比例等符合条件的中小企业信用担保机构予以3年免征营业税的政策优惠。

二是落实银行机构小微企业贷款税收优惠。例如，财政部、国家税务总局《关于金融机构小微企业贷款利息收入免征增值税政策的通知》（财税〔2018〕91号），完成"两增两控"目标的银行业金融机构为符合条件的小微企业和个体工商户发放单户授信额度不超过1000万元的贷款利息免收增值税。

三是明确创投基金税收优惠政策。例如，2019年，财政部、国家税务总局等四部门发布《关于创业投资企业个人合伙人所得税政策问题的通知》，明确创投企业可以任意选择按单一投资基金或者企业年度所得整体核算，对其个人合伙人源于创投企业的所得计算个人所得税应纳税额。

四、开展政府购买服务

开展公共服务,推动中小企业融资能力提升。例如,工业和信息化部开展"小微企业金融知识普及教育活动"等融资公共服务,广泛引入各类金融机构和融资服务机构,积极对接资源,助力小微企业提升金融知识水平和融资能力。

五、实施融资专项行动

实施中小企业融资专项行动计划,弥补市场失灵,缓解中小企业"融资难"现象。例如,2018 年,工业和信息化部联合中国人民银行开展"小微企业应收账款融资专项行动",充分发挥中征、中企云链等应收账款融资服务平台的作用,扩大小微企业应收账款融资规模。

第三节 对策建议

一、完善金融制度体系

健全动产融资法律制度。研究制定《动产融资担保登记管理条例》,进一步完善担保物权制度,建立动产融资担保登记系统,统一动产融资担保物权公示的方式和效力,破除动产融资的制度性障碍。

进一步完善货币政策。单列年度中小企业货币支持计划,明确中小企业融资的资金来源、政策工具、投放规模与进度、利率水平、使用方向,进一步细化定向降准、再贴现等货币政策工具,安排中小企业专项信贷资金,确保中小企业融资的资金保障充足。鼓励商业银行发行小微企业融资专项债券,充实小微企业信贷资金,定向支持小微企业信贷融资。

进一步优化金融监管制度。完善商业银行监管制度,将提高中小企业贷款不良率容忍度纳入监管体系,尽快出台统一的中小企业信贷人员尽职免责、续贷期间资产处置等指导细则,解决基层信贷人员的后顾之忧,提升中小企业贷款不良率容忍度、尽职免责等优惠政策的落实效果。

完善中小企业信贷税收优惠政策。降低小微企业贷款增值税减免优惠政策门槛,取消商业银行享受增值税优惠政策必须完成"两增两控"

目标考核的前置条件，改为针对小微企业贷款行为实施增值税减免优惠，即商业银行开展小微企业信贷业务全面免征增值税。继续实施信用担保机构小微企业担保业务增值税减免政策，引导担保机构降低担保费率，降低中小企业融资成本。

二、构建政策协同机制

进一步完善中小企业融资部际联席会议制度。认真落实新修订的《中华人民共和国中小企业促进法》，发挥国务院促进中小企业发展领导小组及办公室的协调作用，进一步完善中小企业融资部际联席会议制度，统一协调中小企业融资支持政策，形成工作合力，增强中小企业融资获得感。

推动各部门间政策协同。各成员单位各司其职，协同推动中小企业融资工作有序开展。工业和信息化部发挥牵头部门的督导作用，督促财政部、中国人民银行、中国银保监会、中国证监会、国家发展改革委等涉企融资部门落实党中央、国务院有关中小企业融资的决策部署，确保中小企业融资总体目标任务完成。财政部设立中小企业融资专项预算，定向支持开展中小企业融资专项行动计划,动员社会化融资服务机构参与公益性的中小企业融资服务等。中国人民银行要充分运用货币政策工具，为中小企业融资提供充足、低成本的资金保障。中国银保监会要强化"两增两控""七不准""四公开"等监管措施落实，确保银行发挥融资主渠道作用。中国证监会要尽快设立科创板、落实注册制改革等，以降低中小企业直接融资门槛，畅通融资渠道，大幅提高直接融资比重。

三、健全多渠道金融供给

进一步发挥银行的中小企业融资主渠道作用。推动民营和中小银行机构设立常态化，促进民间融资阳光化和规范化，打通民间资本与中小企业融资需求的对接通道。创新中小企业融资工作方式，引导商业银行加大对中小企业信贷投放规模，提高中小企业信贷可获得性。工业和信息化部与工、农、中、建、交等大型商业银行通过签订"总对总"战略合作协议推进资源整合，推动产融结合，促进投贷联动，引导相关银行

加大中小企业信贷支持力度。中国银保监会鼓励商业银行开展基于中小企业股权融资信贷产品创新、供应链金融等，开发信用贷款、"商圈贷"等灵活多样的信贷产品，进一步优化贷款结构，拓宽中小企业融资渠道。大力推广"无还本续贷"，提高中小企业续贷比例，实现"短贷长用"，降低融资成本。积极发挥商业保险分担风险的功能，探索开展中小企业贷款保证保险业务，拓宽中小企业信贷融资增信风险渠道。中国人民银行大力推进应收账款质押、仓单质押等中小企业融资模式创新，推动供应链核心企业和政府采购主体支持中小企业应收账款融资，引导银行扩大应收账款融资业务规模，构建供应链上下游企业协同发展的生态环境。

进一步拓宽中小企业直接融资渠道。落实党的十九大关于"深化金融体制改革，增强金融服务实体经济能力，提高直接融资比重，促进多层次资本市场健康发展"的要求，加快落实设立科创板和注册制改革，降低创新创业型企业的上市门槛，降低尚未盈利的科创类企业的上市支持力度，完善相关法律规则，推动特殊股权结构类创新创业型企业境内上市，简化境外融资核准程序，健全"新三板"创新层企业转板试点制度，建立转板上市绿色通道，稳步扩大直接融资规模，增加市场供给。丰富直接债务融资工具，积极推动创新创业债券、私募债券、可转换债券和中期票据等债务工具及股债结合产品，鼓励区域性股权市场开展中小企业证券非公开发行、转让等相关等服务，提高中小企业融资制度化水平。

四、推进信用体系建设

支持银行等机构运用云计算、大数据等新一代信息技术，依托税收、进出口、工商、司法、房地产等涉企政务数据，以及用水、用电等生活数据，创新适合中小企业特点的信贷产品，增强信贷产品的针对性，提高中小企业信贷效率。

大力推动税务、工商、海关、司法、住建、金融、统计等政府部门涉企政务数据信息的互通互联，并向银行等金融机构开放共享，从根本上解决"银企信用信息不对称"难题，缓解中小企业"融资难、融资贵"问题。

构建中小企业信用信息评价体系，加强对中小企业信用信息征集，推动增信机构接入征信系统，推进信用信息查询便利化，发挥信用信息在促进中小企业融资中的基础性作用。探索推广中小企业融资"黑名单"制度，并与银行、担保机构等实时对接，形成中小企业融资正向激励机制。

五、动员社会各界广泛参与

推动众筹等融资服务平台依法合规发展，发挥好中小企业融资服务的载体支撑作用，广泛动员社会各界参与中小企业融资活动。鼓励各类融资服务机构应用互联网信息平台开展中小企业融资服务业务，支持中小企业利用互联网信息平台依法合规开展融资活动。

构建以省级再担保机构为核心、股权投资和再担保业务为纽带的中小企业政策性信用担保体系，完善"中央再担保—省级再担保—担保机构与金融机构"的风险分担机制，推动再担保机构及政策性担保机构业务聚焦中小企业担保和再担保，突出小微企业业务量、覆盖率、成本率等社会效益指标的考核指向。

支持社会化服务机构有效开展中小企业融资服务活动，推动建立中小企业融资服务规范和"黑名单"制度，公开曝光一批服务不规范、乱收费、虚假宣传的机构名单，引导社会化融资服务机构依法合规开展融资服务。

构建中小企业信贷环境第三方评估机制，通过公开发布或定向推送评估排名等多种方式正向激励各地优化中小企业融资环境，增进政府部门之间政策协同，增强中小企业融资获得感。

六、提高中小企业融资能力

加大财务指导服务供给，推动中小企业健全财务制度，提高财务管理水平，增强规范经营水平，增强信贷风险意识，合理设置抵质押品，降低信贷违约率。推动会计师事务所、律师事务所等各类社会化专业服务机构广泛开展中小企业融资服务活动，进一步完善服务功能，提升专业化服务水平，提高中小企业融资成功率。

建立中小企业上市培育机制，加大对成长性好的中小企业的宣传培

训、辅导、咨询力度，推动更多企业在资本市场获得融资，优化融资结构。建立小微企业融资"白名单"，加强与各类投融资机构联系沟通，打通投融资机构与优质小微企业之间的融资通道。

继续深入开展"小微企业金融知识普及教育活动"，增强中小企业金融知识和融资技巧，不断扩大"小微企业金融知识普及教育活动"的影响力和覆盖面。动员社会各方广泛参与"小微企业金融知识普及教育活动"，择优形成一批培训效果好、公益性突出的重点合作机构。鼓励开发内容丰富、简单易学的动漫、视频等教材，择优推荐给中小企业学习和使用。鼓励开展基于受训企业定制化的咨询方案和融资服务业务，将金融知识普及教育与企业项目筛选、融资咨询、投资推荐等相结合，提高培训综合效益。

第四章

中小企业创新生态研究

第一节 中小企业创新生态的基本内涵

一、创新生态系统的内涵

创新生态系统（Innovation Ecosystem）历来是国内外经济学界研究的热点领域，有关创新生态的定义和内涵也各不相同，但大体上都是围绕"可持续发展框架"，从推进创新主体要素系统协同、共生发展的关系视角来探讨创新生态系统的内涵和外延。

创新生态系统研究一直是国外学者研究可持续发展思想的主要内容。威廉·米勒、玛格丽特等国外学者借助系统研究方法，把区域经济中各市场主体之间优胜劣汰促进产业可持续发展的运行机制比拟成生物学上的生态系统，该生态系统内的各个企业在竞争中发展，形成异质协同和共生演进的对立统一关系[1]。美国竞争力委员会把创新生态系统看作由社会经济法律制度、科研院所、金融机构、高等院校、中介服务、人才资源等构成的有机体，其目标是建立创新引领型国家，关键在于促进企业与科研机构之间的合作共生、发挥企业家精神和有序引导风险投资发展。Kim H.把创新生态系统简单地比作一系列具有共生关系的企业

---

[1] Zahra S A, Nambisan S. Entrepreneurship and strategic thinking in business ecosystems[J]. Business Horizons, 2012, 55(3): 219-229.

组成的经济联合体。Zahra S. A.则认为创新生态系统是一个企业群体之间基于长期信任而形成的相互关联的松散网络。总体来说，国外有关创新生态系统的定义主要基于可持续发展、开放创新、价值创造的发展脉络，从动态变化过程中研究得出"企业组织必须拥有持续创新能力才保持长期竞争优势"的一般性结论。创新生态系统就是一个能够促进各创新要素相互合作、共生演进、持续创新的网络群落，该网络群落内各个创新要素都能够充分发挥自身价值，促进形成创新主体要素之间相互依赖的协同创新关系，进而吸引人才、信息、资本、技术等各类创新要素汇聚，实现价值创造、价值增值和可持续发展。

国内创新生态系统研究起步较晚，但研究更加深入。国内创新生态系统研究大致可以分为4个阶段：从最开始跟跑阶段（1996—2005年），即围绕"可持续发展"议题；到并跑阶段（2006—2010年），即围绕"开放创新"（Open Innovation）议题；再到领跑阶段（2011—2015年），即围绕"价值创造"（Value Creation）与"协同创新"（Collaboration）议题；最后到当前的扩大优势阶段（2017年至今），即聚焦"价值共同创造"（Value Co-creation）议题。这期间涌现了一批有价值的研究成果，总结出产学研合作、技术联盟、技术转让、技术外包等多种典型模式。例如，在跟跑阶段，苏屹、刘敏[1]从可持续发展机制上对创新生态系统的建设进行了深入研究，运用因子分析和TOPSIS综合评价法等研究方法，构建了我国高技术企业创新生态系统可持续发展评价指标体系，并对29个省级行政区高新技术企业创新生态系统可持续发展状况进行评价检验。在并跑阶段，解学梅、王宏伟[2]从创新生态系统价值共创模式和机制层面，刻画开放式创新生态系统的共创路径，强调创新生态系统要"突破传统的企业组织边界"，在研发合作中引入创新要素，缩短创新周期，提高创新效率，促进优势互补。在领跑阶段，楚应敬、周阳敏

---

[1] 苏屹，刘敏. 高技术企业创新生态系统可持续发展机制与评价研究[J]. 贵州社会科学，2018（5）：105-113.

[2] 解学梅，王宏伟. 开放式创新生态系统价值共创模式与机制研究[J]. 科学学研究，2020，38（5）：912-924.

[1]运用创新产出区域莫兰指数分析法,得出了高校、科研院所等科研机构与企业之间"协同创新过程与创新产出存在显著的正相关"的重要结论。在扩大优势阶段,樊霞[2]、范洁[3]等学者从"价值共同创造"的视角,更加重视参与者的价值实现问题,认为推进组织间创新协同的目的在于实现各主体在价值创造、分享等方面的互惠共赢。

国内学术界有关创新生态系统研究的"4阶段演进理论"基本勾勒了创新生态系统的发展规律,也从不同层面刻画了创新生态系统的内涵和要义。一是创新生态系统的研究对象是一定区域且在产业链、价值链、供应链等具有共生关系的企业群体,但这种共生关系是基于长期合作和信任而形成的相对松散的关联网络。二是创新生态系统的构成包含完善的创新合作支持体系及各个具有异质性的不同创新主体,各主体之间在相互依赖、共生演进中实现创新协同、价值创造和收益共享。三是创新生态系统是一个能够有效配置各种创新要素的群体部落,形成以企业需求导向为核心,高等院校、科研院所等科研机构、金融等服务机构和政府部门为骨干的复杂网络结构,各创新主体之间通过整合人才、技术、信息、资本等创新要素资源,吸引创新因子交融汇聚,实现创新协同和价值创造,不断提高持续发展能力。

二、创新生态系统的主体角色

创新生态系统是由政府部门、企业、科研机构、中介服务机构、创投机构、消费者等主体构成有机整体,各主体扮演着不同角色,发挥着独特的作用,彼此相互依存、共生发展。

政府部门是制度保障主体。政府部门在创新生态系统中发挥科技创新的宏观调控、法规保障、政策引导、财税支持、服务供给、环境优化

---

[1] 楚应敬,周阳敏. 产业集群协同创新、空间关联与创新集聚[J]. 统计与决策,2020,36(23):107-111.

[2] 樊霞,贾建林,孟洋仪. 创新生态系统研究领域发展与演化分析[J]. 管理学报,2018,15(1):151-158.

[3] 范洁. 创新生态系统案例对比及转型升级路径[J]. 技术经济与管理研究,2017(1):32-37.

第四章　中小企业创新生态研究

等基础性功能。政府部门在宏观层面可以制定和完善鼓励创新的法律、规章、政策等措施，为企业、科研机构、中介服务机构、创投机构在创新进程中的研发组织、实施、资金投入、知识产权服务等方面提供稳定的市场预期，形成主体间协同创新的正向激励。同时，政府部门也可以通过政府购买服务、税收减免、资金奖补、科研项目委托等方式直接对科技创新活动进行支持与推动，提高企业组织实施科技创新过程中汇聚资金、人才、技术、信息、服务等创新要素的能力。

企业是组织实施主体。企业在整个创新生态系统中发挥科技创新策源地作用，属于创新生态系统中的核心角色，是连接价值共同创造和价值实现共享的关键环节。一方面，企业直接或间接从创投机构融得无须偿付的资金，吸聚人才、技术等创新资源，联合高等院校、科研院所等开展协同创新，推动实施科技成果转化和产业化，提高产品质量和核心竞争力，满足消费者不断升级的消费需求。另一方面，企业可以直接承接政府委托的创新项目，获取政府部门提供的各项服务及政策支持，联合产业链上下游企业及相关科研机构等提升创新能力。

科研机构是原始创新主体。高等院校、科研院所等科研机构处于创新生态系统的基础支撑系统，是人才流、技术流、信息流等创新要素的源泉，具有显著的创新"溢出效应"。高等院校、科研院所等科研机构是新知识、新技术研发创造和传播应用的直接参与者，是整个创新生态系统发展的动力之源，是组织实施基础研究和前沿应用技术研究的主力军，是知识、技术、人才、理念等创新要素的主要提供者。一方面，科研机构尤其高等院校为企业提供了大量的创新人才和科技创新成果，直接帮助企业提高管理、研发、生产、技术等方面的能力和水平。另一方面，高等院校、科研院所等也可以通过科技立项获得相应的研发支持，甚至可以直接创办企业或通过技术市场上的科技成果转移转化和产业化获得相应的回报，加快自身发展。

中介服务机构是创新服务主体。中介服务机构是连接政府部门、科研机构与企业之间的桥梁和纽带，不仅可以直接为企业提供专业化、市场化的咨询服务，而且可以接受政府委托为企业提供财务、人才、法律、检验检测、技术咨询等普惠性的公共服务。中介服务机构的功能是发挥"润滑剂"作用，通过整合分散于各部门、各主体之间的各类创新要素

资源，缩减交流沟通环节，节约交易成本，加快推动创新知识传播和技术扩散，加速科技成果转移转化和产业化进程。同时，中介服务机构也可以从服务过程中获取一定的佣金和报酬，以便更好地创建服务队伍，促进自身发展壮大。

创投机构是创新投入主体。创新是一种不确定性风险非常高的冒险活动，失败的概率非常大。但创新也是一种"高风险高收益"的投资行为，一旦成功，获得的收益非常可观。创新的这种"高风险高收益"属性，决定了创新投资只能源自风险投资或政府部门，无论是银行等金融机构还是企业需要确定性收益回报的主体都很难保证。从发达国家的经验看，从事基础性创新研究的资金投入主要源自政府机构或非营利性组织，应用性创新研究的资金投入主要源自风险投资机构。企业主要通过资本市场获取的风险投资进行研发，很少用自由资金从事创新研发活动。

消费者是创新成果的最终使用者。只有创新成果所形成的创新产品被广大消费者认可、接受、使用或消费，创新成果才能实现价值，创新投入才能获得回报。消费是检验创新价值的唯一标准，只有创新成果转化的创新产品或服务得到大众的认可和接受，创新活动才真正有价值、有意义，才能转化为物质财富，形成现实生产力。创新投入才能通过创新产品或服务被消费从而兑现为现实价值，企业、创投机构等才能得到预期收益。

第二节　中小企业创新生态系统

一、科学内涵

中小企业创新生态系统是创新生态系统的重要组成部分，不仅具有创新生态系统的一般要义，而且具有自身的特殊内涵。这种特殊内涵是由中小企业自身特点决定的。与大型企业相比，中小企业在资金、人才、管理等创新要素集聚上不具有显著优势，不能承担创新活动的高风险。中小企业创新活动必须借助政府部门、科研机构、大型企业、中介服务机构等其他主体的力量，发挥自身贴近市场和消费者的特殊优势，与政

府部门、科研机构、大型企业、中介服务机构等形成一种共生共享的协作关系，构建命运共同体式的协同创新网络体系。中小企业、大型企业、政府部门、科研机构、中介服务机构、创投机构等主体在创新生态系统中各司其职，扮演不同的角色，享受创新成果转化带来的高额回报。

总体而言，中小企业创新生态系统是指在基于产业、市场、资源等要素禀赋形成的一定物理空间内集聚的若干不同类型的中小企业，通过正式的契约或非正式的制度安排，与大型企业、政府部门、高等院校、科研院所、开放式创新平台、中介服务机构、创投机构等主体形成的网络化创新命运共同体。该共同体内的各个主体基于各自创新要素禀赋优势，按照既有的网络运行机制，发挥不同的创新职能，协同推动创新的物质流、能量流、信息流的有序配置，促进创新要素资源有机整合，实现优势互补、风险共担、成果与收益共享的动态平衡系统。

二、主要特征

中小企业创新生态系统与一般创新生态系统的并没有本质区别，本质上都是基于一定范围内企业与政府部门、科研机构等其他主体之间形成的具有利益攸关、共生演进的动态平衡系统。但是中小企业创新生态系统又具有显著的内在特征。

一是中小企业创新生态系统内创新主体之间协同创新的内在机理与一般创新生态系统不同。一般创新生态系统中，企业与政府部门、科研机构和中介服务机构等主体之间协同创新的内在机理在于制定一系列的正式制度安排，如通过共同打造产学研创新中心、国家实验室、企业创新中心等，借助合同契约等制度安排，协同创新要素，实现"共建共享共荣"的创新目标。而中小企业创新生态系统则基于中小企业自身特点，政府部门制定政策措施，通过支持或引导大型企业、科研机构、中介服务机构、创投机构等主体向中小企业溢出创新要素资源，降低创新门槛，帮助中小企业提升创新能力和水平。

二是中小企业与大型企业之间的协同关系是构建中小企业创新生态系统的重点。一般创新生态系统理论忽视对不同规模类型企业的行为方式研究，没有充分考虑中小企业特殊行为方式对不同主体之间协同创新关系构建的影响。例如，一般创新生态系统中，企业作为追求自身利

益最大化的主体，其创新决策往往只需要基于对可能创新成果带来的预期收益与研发投入判断，如果研发投入小于预期收益，企业就会选择投入研发；如果研发投入大于预期收益，企业就不会选择投入研发。而在中小企业创新生态系统中，中小企业既是一个追求自身利益最大化的市场主体，也是弱势群体，更是需要政府政策扶持的特殊主体。由于受自身规模、资金、人才、信息、市场等各方面条件的限制，中小企业不可能像大型企业一样充分运用市场信息做出创新决策，而是需要政府部门在资金、科研条件、科研政策等方面进行支持和引导。

三是中小企业创新生态系统的源泉在于互联网经济条件下的大众创新。中小企业创新生态系统的一个重要特征是开放，其本质是支持中小企业利用外部创新资源促进自身创新发展。中小企业创新生态系统的一个关键环节是推进中小企业与外部创新资源的有效对接。这就需要政府部门在中小企业创新生态系统中发挥重要的调控作用，破除中小企业充分利用外部创新资源的体制机制障碍，支持引导外部资源流向中小企业，实现"政研产学用"的有效协同和对接。

四是中小企业创新生态系统研究适用基于系统论思维的系统动力学研究法。中小企业创新生态系统的研究对象是各创新主体、各创新主体间相互协同创新要素及其相互影响的动态关系和运用机理。研究目的是构建完善的中小企业创新生态系统运行机制，保障各创新主体之间充分信任合作，提高创新要素资源、创新成果的共享水平，最大限度地挖掘该系统内协同创新潜能，增强政府支持中小企业创新的政策针对性和效率性。

五是维持中小企业创新生态系统持续健康运行的根本在于构建完善的运行机制。只有构建完善的运行机制，才能保障中小企业创新生态系统维持健康、有序、良性的运转，才能确保实现协同创新、共生演进发展的实践价值。基于动态演化博弈模型和有限理性，中小企业创新生态系统运行机制应包含维持该系统健康运行的稳定机制，保障各主体生存发展的投入机制，统筹协调各主体利益分配的协调机制，以及维持系统良性循环的治理机制。

第三节 对策建议

一、培育创新文化，营造创新社会氛围

健全的创新创业文化和良好的创新社会氛围是促进和启发创新的内在动力源泉。完善的中小企业创新生态系统需要健全的创新文化。缺乏创新文化的肥沃土壤，创新将不可持续，变得功利而无为。

创新文化是一种企业家文化。中小企业创新发展离不开一批富有创新精神的企业家群体，而企业家群体的培育需要建立一种鼓励创新、容忍失败的文化，形成激发人们"干事创业"的正能量，正向激励年轻人把新理念转变为新产品，致力于成长为真正的企业家。创新文化是一种能够容忍失败的文化，这种文化认可个体之间的能力差异，拥有完善的容错、试错机制，任何市场风险带来的失败都有补偿的机会，可以东山再起、从头再来。

创新文化是一种崇尚冒险精神的文化，是一种"失败乃成功之母"的文化。这种文化把每一次失败经历都作为一次非常有价值的学习实践，在失败中汲取经验和教训，为未来创新准备条件。这种文化更加关注实际行动，擅长随机应变，挑战固有思维束缚，能够灵活修订规则，与崇尚创业风险的创投完全契合，是中小企业创新创业生态环境的主要内容。

二、强化基础研究，夯实企业创新基石

中小企业创新生态系统要建立在坚实的基础研究之上，只有拥有坚实的基础研究，科技创新才能历久弥新。当前，中国产业发展面临的诸多关键技术问题的根源在于基础研究方面，中国较欧美发达国家尚存较大的差距，很多重大技术的源头和底层理论没有搞清楚、弄明白，应用层面的技术创新还停留在模仿阶段。不掌握真正的核心技术，科技创新就会成为无源之水、无本之木。要使中小企业创新生态系统建设不成为"空中楼阁"，就要建立在强大的基础研究之上，统筹协调好基础研究与科技创新的关系。

进一步强化基础科学研究，切实提升创新引领能力。构建和完善中小企业创新生态系统，激发创新创业动力活力，加强基础研究能力，提升基础研究对科技创新的引领作用。要着力优化高等教育的学科布局，进一步加大对物理、天文、数学等基础学科研究的投入力度，科学安排研究项目，加快推动基础学科研究与应用科学研究的均衡协调发展，鼓励和支持开展跨学科、交叉学科研究，以及重大科学问题与社会需求的联合项目攻关，注重从科学原理、科学问题、科学方法的集成研究，发挥重大科研项目的创新引领作用。

进一步完善基础科学研究的保障机制。建立财政持续、稳定的投入机制，鼓励和引导社会以捐赠或基金等形式多渠道参与基础科学研究，保障基础科学研究领域的持续稳定投入，积极引导全社会关心和重视基础科学研究的良好氛围。建立健全科学研究评价指标体系，完善激励约束机制，鼓励广大科研人员大胆创新、潜心研究，为解决关键技术问题提供坚实的支撑。

三、深化体制改革，激发主体创新活力

创新是确保企业掌握市场竞争主动权、赢得比较优势的唯一途径。中小企业要持续健康发展，就必须充分发扬企业家的创新精神，拥有强烈的危机意识，保持科技创新主体地位，发挥创新策源地作用。构建完善中小企业创新生态系统的核心在于激发创新主体的内生活力，尤其是大型企业和科研机构参与协同创新的内在驱动力。

一方面，中小企业在竞争中求发展，对创新有强烈的冲动。然而，受资金、规模、人才、信息、市场等方面的要素制约，中小企业自主创新能力不强，亟须借助大型企业、科研机构、政府部门、中介服务机构、创投机构等其他主体的外溢资源开展协同创新，提升整体创新能力和水平，才能共享研发成果和共生演进。

另一方面，创新是企业提高劳动生产率和竞争力的主要源泉，是企业维持市场竞争优势、抢占商机的不二法宝。中小企业发挥创新主体作用，充分利用更加贴近市场、掌握消费者需求变化、能及时发现创新需求的优势和特长，积极构建"政产学研用金介"协作新模式，统筹创新资源配置，提升协同创新能力和水平，组织开展更加有效的创新活动。

四、完善制度措施，加速科技成果转化

支持大学等科研机构设立拥有完全自主权的科技成果转化机构。借鉴以色列的经验做法，推动大学等科研机构设立拥有完全自主权的技术转移办公室（TTO），组建专业的科技成果转化团队，专职从事科技成果管理、转化、处置、收益、分配等相关事宜。技术转移办公室拥有独立的资金、人事、分配等决策权，可以专业评估科技成果价值、对接购买市场中介服务机构的专业服务、设立天使基金、开展产学研合作等具体事务。

实施政府性科技成果强制转化制度。对各级财政资金支持形成的科技成果，设立一定的科技成果转化约束期（如 3 年），约束期满尚未成功转化的科技成果，自约束期满次日起进行强制性技术脱密，纳入可公开查询的专利技术范畴，免费供国内中小企业使用。

深入推进科技体制"放管服改革"，进一步简化知识产权注册程序、流程、审核标准的规范化，注重知识产权的价值审核而非流于形式，推动知识产权代理公司等中介服务机构回归本源，严禁知识产权代理服务过度商业化、产业化。建立科技成果转化与职称评定、评先评优、奖励等挂钩机制，坚决纠正"唯数量、轻质量"的错误倾向。加快科研资金管理改革，赋予高校、科研机构及项目负责人资金使用、技术路线的更大自主权，加快人才、技术、知识、资金等创新要素的顺畅流动，加快推动科技创新转化和产业化，形成风险共担、成果共有、收益共享的协同机制。

第五章

"专精特新"中小企业发展研究

中小企业的韧性是我国经济韧性的重要基础，是保市场主体、保就业的主力军。"专精特新"中小企业则是其中的佼佼者，具有专注于细分市场、聚焦主业、创新能力强等特征，是提升产业链、供应链稳定性和竞争力的关键环节，是构建新发展格局的有力支撑。本章在梳理国家部委、地方政府推动"专精特新"中小企业发展经验的基础上，结合北京市"专精特新"中小企业发展情况，提出下一步工作建议。

第一节 国家部委推动"专精特新"中小企业的发展经验

国家部委紧紧围绕高质量发展要求，不断建立健全优质中小企业培育体系，完善梯度培育路径。引导和培育中小企业突出优势和竞争力，成长为"专精特新"中小企业。支持"专精特新"中小企业进一步提升技术创新能力、市场竞争力和品牌影响力，发展成为专精特新"小巨人"企业。鼓励专精特新"小巨人"企业进一步发展成为制造业单项冠军企业，为制造业高质量发展和制造强国、网络强国建设奠定坚实基础。

一、发展"专精特新"中小企业

工业和信息化部把推动中小企业"专精特新"发展作为提升中小企业高质量发展的重要工作。工业和信息化部在《"十二五"中小企业成

长规划》指出了中小企业"专精特新"发展是转型升级的重要途径。《工业和信息化部关于促进中小企业"专精特新"发展的指导意见》（工信部企业〔2013〕264号）指出，推动中小企业向专业化、精细化、特色化和新颖化发展。工业和信息化部印发的《促进中小企业发展规划（2016—2020年）》指出，要在"十三五"期间开展"专精特新"中小企业培育工程。财政部、工业和信息化部联合印发《关于支持"专精特新"中小企业高质量发展的通知》（财建〔2021〕2号）指出，要在"十四五"期间进一步提升中小企业创新能力和专业化水平，积极落实党十九届五中全会提出的"支持创新型中小微企业成长为创新重要发源地"的重要指示。

地方政府不断加大省级"专精特新"中小企业培育力度，出台培育认定办法和扶持政策，通过认定公示，培育省级"专精特新"中小企业，带动地方经济增长。全国有26个省级中小企业主管部门（含计划单列市和兵团，下同）出台了培育认定办法，如福建省、河南省、西藏自治区、陕西省等出台了"专精特新"中小企业认定管理办法；安徽省、西藏自治区、江苏省、山东省等出台了相关指导意见。地方政府关于申报、认定"专精特新"中小企业的政策如表5-1所示。地方政府关于指导培育"专精特新"中小企业的政策如表5-2所示。

表5-1 地方政府关于申报、认定"专精特新"中小企业的政策

颁布时间	政策文号	出台部门	政策名称	政策要点
2020年3月10日	晋企发〔2020〕14号	山西省小企业发展促进局	山西省小企业发展促进局《关于开展2020年省级中小微企业发展专项资金"专精特新"中小企业项目申报工作的通知》	根据山西省财政厅、山西省中小企业局《中小微企业发展专项资金管理办法》（晋财建一〔2018〕113号）的有关规定，开展2020年省级中小微发展专项资金"专精特新"中小企业项目申报工作，规定了项目申报程序、项目申报数目、项目申报时间、项目申报要求

续表

颁布时间	政策文号	出台部门	政策名称	政策要点
2020年6月29日	沪经信企〔2020〕453号	上海市经济和信息化委员会	关于组织推荐2020年度"专精特新"中小企业申报（复核）的通知	为贯彻落实中共中央、国务院《关于促进中小企业健康发展的指导意见》和《上海市促进中小企业发展条例》，提升中小企业专业化发展能力和大中小企业融通发展水平，引导中小企业走专业化、精细化、特色化、新颖化发展之路，组织推荐2020年度"专精特新"中小企业申报，并详细规定申报对象、主要条件、申报要求、服务和管理等
2020年8月4日	闽工信中小〔2020〕119号	福建省工业和信息化厅	福建省工业和信息化厅关于开展2020年福建省"专精特新"中小企业认定申报工作的通知	为加大"专精特新"中小企业培育认定力度，促进中小企业高质量发展，根据《福建省工业和信息化厅关于印发〈福建省"专精特新"中小企业认定管理办法〉的通知》（闽工信法规〔2020〕118号，开展2020年福建省"专精特新"中小企业认定申报工作，对申报对象、申报条件、组织申报、奖励政策等进行了详细规定
2020年4月14日	琼工信企业〔2020〕65号	海南省工业和信息化厅	海南省工业和信息化厅关于开展2020年海南省"专精特新"中小企业申报工作的通知	为进一步鼓励我省中小微企业创新转型升级，增强自主创新能力，走专业化、精细化、特色化、创新型发展之路，根据《海南省工业和信息化厅关于印发海南省促进中小微企业"专精特新"发展工作实施方案的通知》（琼工信企业〔2018〕209号）要求，开展2020年海南省"专精特新"中小企业申报工作，对申报程序、申报材料和复核材料、工作要求进行了详细规定

续表

颁布时间	政策文号	出台部门	政策名称	政策要点
2020年3月13日	—	北京市经济和信息化局	关于开展北京市"专精特新"中小企业自荐工作的通知（2020年）	根据《关于推进北京市中小企业"专精特新"发展的指导意见》等文件要求，开展北京市"专精特新"中小企业自荐工作，并详细规定了办理流程、自荐条件及管理服务等
2020年5月15日	—	北京市经济和信息化局	关于开展2020年北京布"专精特新"中小企业补充自荐工作的通知	在前期"专精特新"中小企业自荐工作的基础上，充分研究不同行业企业特点，进一步明确了企业自荐条件，扩宽了企业评价方式
2020年4月1日	冀工信企业函〔2020〕179号	河北省工业和信息化厅	关于组织2020年河北省"专精特新"中小企业培育库入库申报工作的通知	组织2020年度"专精特新"中小企业培育库入库申报工作，对企业申报、初审把关、审核推荐等环节进行了详细规定。参考2019年各地入库培育完成企业数量，提出2020年入库培育不少于700家的任务要求，明确各地推荐入库申报企业基本数量
2020年3月18日	晋企发〔2020〕18号	山西省小企业发展促进局	山西省小企业发展促进局关于评选专精特新"小巨人"企业的通知	在全省"专精特新"中小企业中，认定一批创新能力强、专业化发展明显、管理水平先进、转型升级突出、市场占有率高、质量效益较好的专精特新"小巨人"企业，对基本条件、专项指标（包括经济效益、专业化程度、创新能力、经营管理）、组织实施等方面进行了详细规定
2020年11月4日	黑工信企业规〔2020〕9号	黑龙江省工业和信息化厅	《黑龙江省"专精特新"中小企业遴选办法（试行）》	按照科学、公正、公平、公开的原则，企业自愿申报，且应符合两项通用条件和任一专项条件，不存在限制条件所列行为

续表

颁布时间	政策文号	出台部门	政策名称	政策要点
2020年6月2日	皖经信中小企〔2020〕72号	安徽省经济和信息化厅	《安徽省专精特新冠军企业遴选办法》	根据《关于进一步发挥专精特新排头兵作用促进中小企业高质量发展的实施意见》（皖政办〔2020〕4号）等文件精神，为培育一批专业化、精品化、特色化、创新化的专精特新冠军企业，制定本办法，对申报条件、遴选程序、政策服务等做出了详细规定
2020年1月20日	粤工信规字〔2020〕3号	广东省工业和信息化厅	《广东省工业和信息化厅专精特新中小企业遴选办法》	为深入贯彻落实习近平总书记在中央财经委员会第五次会议上关于培育一批"专精特新"中小企业的重要讲话精神，根据中共中央办公厅、国务院办公厅印发《关于促进中小企业健康发展的指导意见》要求，结合省委、省政府关于扶持中小企业健康发展的决策部署，制定本办法，详细规定了基本条件与指标要求
2020年8月3日	闽工信法规〔2020〕118号	福建省工业和信息化厅	《福建省"专精特新"中小企业认定管理办法》	为进一步规范"专精特新"中小企业的认定管理，引导中小企业走"专精特新"发展道路，推动形成"专精特新"中小企业、专精特新"小巨人"企业、制造业单项冠军企业、"瞪羚""独角兽"企业、上市企业梯度发展的良好格局，制定本办法，对认定条件、申报与认定、管理与扶持等进行了详细规定

续表

颁布时间	政策文号	出台部门	政策名称	政策要点
2020年6月29日	豫工信企业〔2020〕61号	河南省工业和信息化厅	《河南省"专精特新"中小企业认定管理办法》	为贯彻落实《中华人民共和国中小企业促进法》，以及中共中央办公厅、国务院办公厅《关于促进中小企业健康发展的指导意见》，引导河南省中小企业走专业化、精细化、特色化、新颖化发展道路，提升自主创新能力、加快转型升级，培育一批主营业务突出、竞争力强以及具有良好发展前景的"专精特新"中小企业，根据《工业和信息化部关于促进中小企业"专精特新"发展的指导意见》，结合河南省中小企业发展实际，制定本办法，对认定条件、认定程序以及监督管理做出了详细规定
2020年6月1日	藏经信发〔2020〕58号	西藏自治区经济和信息化厅	《西藏自治区"专精特新"中小企业认定管理办法》	为规范西藏自治区"专精特新"中小企业的认定管理，根据工业和信息化部《关于促进中小企业"专精特新"发展的指导意见》《关于开展专精特新"小巨人"企业培育工作的通知》《西藏自治区促进中小企业"专精特新"发展的工作方案》，制定本办法，对共性条件、专项条件、限制条件等进行了详细规定

续表

颁布时间	政策文号	出台部门	政策名称	政策要点
2020年6月11日	陕工信发〔2020〕139号	陕西省工业和信息化厅	《陕西省"专精特新"中小企业认定管理办法》	为深入贯彻中共中央办公厅、国务院办公厅《关于促进中小企业健康发展的指导意见》精神，加快培育"专精特新"中小企业，推动中小企业高质量发展，制定本办法，对申报条件、申报材料、认定程序、支持与管理等进行了详细规定

表5-2 地方政府关于指导培育"专精特新"中小企业的政策

颁布时间	政策文号	出台部门	政策名称	政策要点
2020年3月14日	皖政办〔2020〕4号	安徽省人民政府办公厅	安徽省人民政府办公厅《关于进一步发挥专精特新排头兵作用促进中小企业高质量发展的实施意见》	就进一步发挥专精特新中小企业"排头兵"作用，提出如下实施意见：坚持专业化发展，坚持精品化发展，坚持特色化发展，坚持创新化发展，健全优质企业梯度培育体系，支持企业做强做优，激发企业创新活力，加强质量品牌建设，保障企业用地需求，强化企业人才支撑，降低企业成本负担，加大信贷支持力度，拓宽企业融资渠道，完善社会信用体系等
2020年5月29日	藏经信发〔2020〕56号	西藏自治区经济和信息化厅、西藏自治区科技厅、西藏自治区财政厅	《西藏自治区促进中小企业"专精特新"发展的工作方案》	为贯彻落实中央和自治区关于促进中小企业健康发展的决策部署，加强对中小企业创新创业支持，制定此工作方案。确定了总体要求、重点任务及推进措施。重点任务包括加强培育指导、增强创新能力、强化载体建设、提升质量品牌、完善服务体系、提升信息化水平、促进协作配套、提高管理水平

续表

颁布时间	政策文号	出台部门	政策名称	政策要点
2020年5月2日	苏政发〔2020〕38号	江苏省人民政府	江苏省政府《关于印发苏南国家自主创新示范区一体化发展实施方案（2020—2022年）的通知》	实施千企升级行动计划，建立全省万家专精特新"小巨人"企业培育库，省、市、县联动实行梯度培育，鼓励和引导中小企业专注细分领域精耕细作做精做强。实施重点企业高价值专利培育计划，支持企业培育创造一批能够引领产业发展的高价值专利。到2022年，苏南地区力争高新技术企业达2.1万家，独角兽企业达10家，瞪羚企业达360家，培育认定500家省级专精特新"小巨人"企业，争创50家国家专精特新"小巨人"企业和制造业单项冠军企业
2020年2月19日	鲁工信发〔2020〕1号	山东省工业和信息化厅	《关于贯彻落实国家和省有关政策措施促进中小企业平稳健康发展的实施细则》	鼓励专精特新"小巨人"企业和"专精特新"中小企业针对新冠肺炎防治，在检测技术、药物疫苗、医疗器械、防护装备等方面开展技术攻关和生产创新，对取得重大突破的"专精特新"中小企业，优先推荐其申报专精特新"小巨人"企业
2020年4月26日	湘工信中小发展〔2020〕151号	湖南省工业和信息化厅	《湖南省中小企业技术创新"破零倍增"三年行动计划（2020—2022）》	大力培育"专精特新"中小企业。在核心基础零部件（元器件）、关键基础材料、先进基础工艺和产业技术基础等领域和工业新兴优势产业链中，根据发明专利授权量、科研团队建设情况、上下游协同创新等综合创新能力，发掘和培育一批具有核心发明专利、成长性好的"专精特新"中小企业，支持"专精特新"中小企业成长为专精特新"小巨人"企业和制造业单项冠军企业。发挥"创客中国"中小微企业创新创业大赛、新型信息消费大赛、人工智能创新大赛等平台作用，孵化提升"专精特新"中小企业。支持"专精特新"中小企业进入全省产融合作"白名单"及上市后备企业资源库

二、培育专精特新"小巨人"企业

为提高中小企业专业化能力和水平,助推中小企业高质量发展,《工业和信息化部关于开展专精特新"小巨人"企业培育工作的通知》(工信厅企业函〔2018〕381号,以下简称《培育通知》)指出,为促进中小企业在创新、国际市场开拓、经营管理、智能转型等方面提升发展能力,启动专精特新"小巨人"企业培育,计划用3年时间,培育600家左右专精特新"小巨人"企业。截至2020年年底,工业和信息化部已公示了两批专精特新"小巨人"企业,总计小巨人企业数达到1992家。《培育通知》将专精特新"小巨人"企业定义为"'专精特新'中小企业中的佼佼者,是专注于细分市场、创新能力强、市场占有率高、掌握关键核心技术、质量效益优的排头兵企业。"专精特新"小巨人"企业的特征如下:

一是专注细分领域,走专业化发展道路。企业长期专注并深耕于产业链某一环节或某一产品,从事特定细分市场的时间较长,主营业务收入占本企业营业收入比重较高,主导产品享有较高知名度,在细分市场占有率在全国名列前茅。这些企业是"中国制造"从高速发展转向高质量发展的"排头兵",其示范效应能够引导和带动中小企业专业化发展。

二是集中于制造业关键领域,不断积累创新优势。专精特新"小巨人"企业主要集中在工业"四基"领域,通用设备、专用设备、计算机通信和其他电子设备等制造业企业占绝大多数,产业技术基础、核心基础零部件(元器件)、关键基础材料、先进基础工艺领域的企业占比较高。此外,在精密光学机械、工业机器人、智能家居等新兴领域,也开始涌现一批高水平企业。这些企业在研发设计、生产制造、市场营销、内部管理等方面不断创新并取得比较显著的效益,是创新的生力军。

三是民营企业占主导,推动大中小企业融通发展。专精特新"小巨人"企业中民营企业占比较高,有助于鼓励民营企业家增强发展信心,激发民营经济活力。此外,专精特新"小巨人"企业能够为大企业、大项目提供核心关键零部件、元器件及专业成套产品,有助于推动产业链

企业协作，实现大中小企业融通发展。

四是区域分布均衡，为地方经济发展创造良好环境。专精特新"小巨人"企业培育充分考虑了区域分布，为增强区域经济活力，促进就业、改善民生，特意放宽了培育条件，允许部分省级行政区从地方重点鼓励发展的支柱和优势产业中推荐优势企业，有利于区域经济的全面振兴。培育专精特新"小巨人"企业政策梳理如表 5-3 所示。

表 5-3 培育专精特新"小巨人"企业政策梳理

颁布时间	政策文号	出台部门	政策名称	政策要点
2020年7月24日	工信部联企业〔2020〕108号	工业和信息化部、国家发展和改革委员会等十七部门	《关于健全支持中小企业发展制度的若干意见》	完善支持中小企业"专精特新"发展机制。健全"专精特新"中小企业、专精特新"小巨人"企业和制造业单项冠军企业梯度培育体系、标准体系和评价机制，引导中小企业走"专精特新"之路。完善大中小企业和各类主体协同创新和融通发展制度，发挥大企业引领支撑作用，提高中小企业专业化能力和水平
2020年7月8日	工信厅企业函〔2020〕159号	工业和信息化部办公厅	关于开展第二批专精特新"小巨人"企业培育工作的通知	组织开展第二批专精特新"小巨人"企业培育工作
2020年6月2日	银发〔2020〕120号	中国人民银行、中国银保监会等八部门	《关于进一步强化中小微企业金融服务的指导意见》	探索建立制造业单项冠军、专精特新"小巨人"企业、"专精特新"中小企业，以及纳入产业部门先进制造业集群和工业企业技术改造升级导向计划等优质中小微企业信息库，搭建产融合作平台，加强信息共享和比对，促进金融机构与中小微企业对接，提供高质量融资服务

续表

颁布时间	政策文号	出台部门	政策名称	政策要点
2020年4月9日	工信厅企业函〔2020〕72号	工业和信息化部办公厅	关于开展2020年中小企业公共服务体系助力复工复产重点服务活动的通知	将"专精特新"企业培育服务列为重点服务活动,强调建立完善"专精特新"中小企业培育库,为入库企业提供技术创新支持、知识产权托管维权、品牌宣传推广等专项服务,促进其成长为专精特新"小巨人"企业、制造业单项冠军企业。开展"专精特新一腾计划"等活动,助力企业借助电子商务升级转型
2020年3月27日	工信厅联企业〔2020〕12号	工业和信息化部办公厅 民政部办公厅	《关于开展志愿服务促进中小企业发展的指导意见》	强调跟踪重点行业发展态势,及时了解重点行业企业面临的难题,加强对"专精特新"中小企业的服务
2020年3月18日	工信厅企业〔2020〕10号	工业和信息化部办公厅	《中小企业数字化赋能专项行动方案》	强调将中小企业数字化改造升级纳入"专精特新"中小企业培育体系和小型微型企业创业创新示范基地建设,予以重点支持
2020年2月9日	工信明电〔2020〕14号	工业和信息化部	关于应对新冠肺炎疫情帮助中小企业复工复产共渡难关有关工作的通知	鼓励专精特新"小巨人"企业和"专精特新"中小企业针对新冠肺炎防治,在检测技术、药物疫苗、医疗器械、防护装备等方面开展技术攻关和生产创新,对取得重大突破的"专精特新"中小企业,在申报专精特新"小巨人"企业时予以优先考虑

三、打造制造业单项冠军企业

为提升我国制造业国际竞争力,引导企业树立"十年磨一剑"的精神,长期专注于擅长领域,走"专特优精"发展道路,工业和信息化部发布《制造业单项冠军企业培育提升专项行动实施方案》(工信部产业

〔2016〕105号），开展了制造业单项冠军企业培育提升专项行动。专项行动实施以来，工业和信息化部会同中国工业经济联合会、各地工业和信息化主管部门等，每年论证推出一批制造业单项冠军企业和产品。截至2019年，先后发布了4批共256家制造业单项冠军企业和162项制造业冠军产品。在地方工业和信息化部门、行业组织、企业等共同努力下，制造业单项冠军企业"十年磨一剑"意识得以强化，企业家"工匠精神"得以弘扬，行业"排头兵"特征更加凸显。

一是有较强的持续技术创新能力。制造业单项冠军企业拥有核心自主知识产权，主导或参与制定相关业务领域技术标准。以宁波市为例，2019年，宁波市制造业单项冠军企业及培育企业R&D经费支出总额达到138.1亿元，占宁波市规上工业企业R&D经费支出总额的41%，成为宁波市制造业技术创新的中坚力量。

二是国际市场占有率较高。制造业单项冠军企业拥有强大的市场地位和较高的市场份额，单项产品市场占有率位居全球前3位。以浙江省为例，制造业单项冠军企业的主营产品销售收入占企业主营业务收入的比重平均达80%以上，国际市场占有率平均达20%左右，一半以上企业的产品市场占有率位居全球第一，企业国际化程度不断提升，在全球产业链中占据重要地位。

三是盈利经营能力突出。制造业单项冠军企业近3年平均主营业务收入增长率为23.6%，是全国规上工业企业平均水平的6倍多。制造业单项冠军企业的利润率为7%～21%，远高于制造业企业的利润率3%～5%的平均水平。此外，制造业单项冠军企业普遍具有稳定的客户资源和充足的自有资金，具备较强的市场抗风险能力。

四是企业结构逐步优化。在所属产业领域方面，制造业单项冠军企业在精密光学、精密轴承、液晶显示模组等先进制造领域不断涌现。在企业发展规模方面，中大型企业占比较高。在区域分布方面，制造业单项冠军企业多集中在广东省、浙江省、江苏省、山东省，且与各地制造业发展水平呈正相关。在企业性质方面，民营企业占比不断提高。

五是示范引领作用不断增强。制造业单项冠军企业通过加强产业链上下游企业协同发展，不断发挥自身示范优势，带动产业链和产业集群

整体水平不断提升。以首批入选制造业单项冠军企业的京东方科技集团股份有限公司（以下简称"京东方"）为例，京东方积极发挥自身行业龙头优势，引导软件、芯片、材料、装备等产业集聚发展，支持产业链上下游企业协同创新。在京东方的带动下，其产业链上下游部分企业也已成长为制造业单项冠军企业。

第二节　地方政府推动"专精特新"中小企业的典型经验

各地积极贯彻国家推动"专精特新"中小企业发展的相关政策，从完善培育体系、加大财政支持、加强融资服务等方面着手，不断加大对地方"专精特新"中小企业的培育和扶持力度，带动地方经济增长。

一、完善培育体系

各地通过建立"专精特新"中小企业培育库，加大入库培育力度，逐步构建梯度培育体系。目前，29个省级行政区已建立企业培育库，入库培育企业6万多家，初步形成各地共同推进"专精特新"中小企业培育工作的格局。以重庆市为例，重庆市按照每年储备一批、培育一批、成长一批、认定一批的工作思路，出台了《关于实施中小企业"万千百十"五年培育成长计划的通知》。该通知要求在5年内培育"专精特新"中心企业1000户以上，专精特新"小巨人"企业100户以上，"隐形冠军"企业50户以上。以河北省为例，在印发的《河北省"专精特新"中小企业培育工作指南》中指出，按照"入库培育、择优认定、选拔示范"的培育梯度，分层设置"专精特新培育库"入库企业、"专精特新"中小企业、"专精特新"示范企业。分层打造"专精特新"中小企业群体，分类促进"专精特新"中小企业发展壮大，示范和引导广大中小企业抢抓制造强国、质量强国、网络强国、数字中国，以及京津冀产业协同发展、雄安新区建设等重大历史机遇，聚焦主业实业，走"专精特新"发展之路，加快转型升级，不断提高发展质量和水平。

二、加大财政支持

多地在省级财政资金中设立专项,对"专精特新"中小企业创新项目进行奖补,支持企业增强创新实力。目前,26个省级行政区为"专精特新"中小企业提供专项资金支持。以安徽省为例,安徽省财政自 2019 年开始,为推进中小企业"专精特新"发展,加快推进总规模 200 亿元的省中小企业(专精特新)发展基金落地,统筹新增 10 亿元设立省中小企业(民营经济)发展专项资金,重点用于创新创业、企业家培训、融资服务体系建设、公共服务体系建设等。以重庆市为例,出台"专精特新"中小企业奖励政策,分 3 个梯度进行奖励。对首次获得"隐形冠军"企业称号的,每户企业奖励不超过 200 万元;对首次获得专精特新"小巨人"企业称号的,每户奖励不超过 60 万元;对首次获得"专精特新"中小企业称号的,每户奖励不超过 30 万元。以新疆维吾尔自治区为例,每年预算安排 1 亿元左右的中小企业发展专项资金,支持"专精特新"中小企业培育、创新创业升级等项目,以及中小企业公共服务体系和融资服务体系建设。

三、加强融资服务

以广东省为例,在全国首推助力"专精特新"中小企业融资服务实施方案,4 个月内在 20 个地市举办 23 场银企对接活动,为 1661 家企业新批 96 亿元贷款。以天津市为例,天津市工业和信息化局与市中小企业信用融资担保中心合作,举办"专精特新"中小企业融资对接活动,推出了专门面向"专精特新"中小企业的"专精特新贷"。该产品属于融资担保产品,可给予"专精特新"中小企业 1%以下的优惠担保费率,信用担保额放大到 2000 万元。此外,天津市工业和信息化局通过与中国建设银行天津市分行签订框架协议,出台《中小微企业金融服务战略合作工作方案》,举办"金智惠政"普惠金融专题培训,积极构建"政银担"创新合作机制,引导金融资源向"专精特新"中小企业汇集。

四、强化创业服务

以大连市为例,支持大连经济技术开发区申报国家级大中小企业融通型创新创业特色载体，争取国家资金支持。通过实施医诺生物、兆和环境、华录国正模具、达利凯普、冰山集团、华晨汽车平台化发展，带动生物医药、环保、模具、智能制造、汽车、电子信息产业的 1000 多家大中小企业融通发展，形成了"龙头企业+孵化"共生共赢的产业创新生态，使龙头企业与中小企业的协同创新质量和资源融通效率不断提高。以福建省为例，福州高新区以加快建设国家自主创新示范区为抓手，以打造"双创"标杆示范中心为目标，加快发展众创空间、科技企业孵化器等创业孵化服务平台，园区创新创业资源加速集聚，创新创业生态不断优化，福州高新区成为福建省 2020 年唯一获批国家创新创业特色载体的园区。该园区拥有孵化面积 10 万多平方米，集聚中国福州留学人员创业园、启迪之星孵化基地、云泽速创、国科双创等 22 家创业孵化平台，其中，省级以上创业孵化平台 12 家，拥有创业企业（团队）近 900 个，吸纳就业人数 2000 余人，拥有国家级高新技术企业近 200 家、中国福建光电信息科学与技术创新实验室等各类创新平台 48 个。

五、助力市场开拓

以云南省为例，大力开展"滇之粹"网络促销活动，以线上直播形式帮助中小企业开拓市场，推广产品。此外，积极组织中小企业参加大型展会，已组织了 200 多户中小企业参加了中国中部投资贸易博览会、APEC 中小企业技术交流暨展览会、中国-南亚博览会等大型会展活动。为中小企业带来产品展示、交流合作、思路拓展、商机捕捉的机会，加快企业"走出去"步伐。以安徽省为例，在央视新闻频道合作，持续开展"精品安徽"宣传活动。助推"专精特新"中小企业品牌产品在央视宣传播出，帮助企业扩大产品知名度，提升安徽产业整体形象。

六、加强企业培训

以安徽省为例，根据中小企业实际发展需求，坚持分层次、成系列、广覆盖的原则，按照成长型小微企业、"专精特新"中小企业、专精特新"小巨人"企业、领军企业，形成"一讲堂、两中心、三市场"的培训体系，开设"新时代·新制造·新徽商"大讲堂。2018 年，该讲堂累

计培训企业经营管理人员 7000 余人。以山西省为例，为提升中小企业经营管理人员素质水平，与北京大学合作，组织举办了"专精特新"中小企业董事长专题研修班。以新疆维吾尔自治区为例，加大对中小企业经营管理者素质能力、经营管理水平的提升，持续开展中小企业"专精特新"领军人才培训，每年培训中小企业经营管理人员近 9000 人。

第三节 北京市"专精特新"中小企业发展情况分析

一、企业分布情况

北京市专精特新"小巨人"企业区域分布不均，海淀区数量最多。从区域分布看，海淀区、大兴区、昌平区的专精特新"小巨人"企业数量较多，其中海淀区位居第一。西城区、门头沟区、怀柔区、东城区的专精特新"小巨人"企业数量较少。北京市专精特新"小巨人"企业区域分布情况如图 5-1 所示。

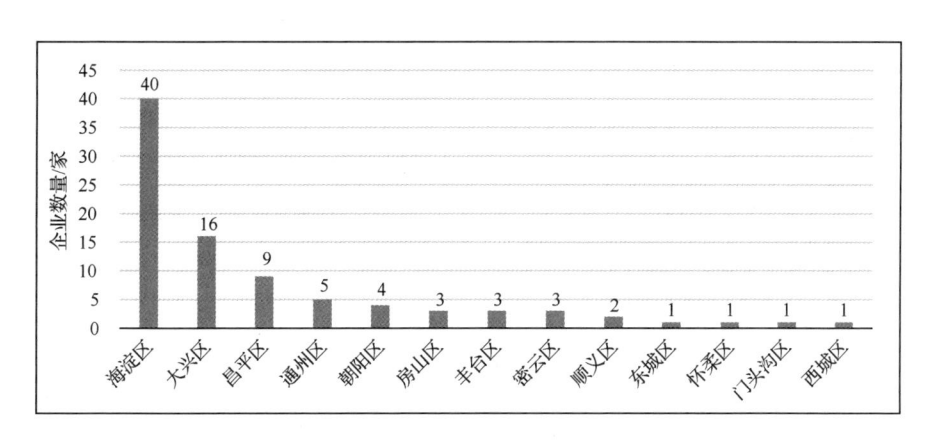

图 5-1 北京市专精特新"小巨人"企业区域分布情况[①]

北京市专精特新"小巨人"企业所属产业分布不均，多集中在科技推广和应用服务业。从所属产业分布看，科技推广和应用服务业、批发

---

① 北京臻迪科技股份有限公司没有披露区域分布信息，故统计北京市专精特新"小巨人"企业区域分布时，样本数为 89 家。

业、研究和试验发展是北京市第一批专精特新"小巨人"企业较为集中的产业，且科技推广和应用服务业的企业最多，占到所有企业的一半以上。互联网和相关服务业、化学原料和化学制品制造业、汽车制造业、专用技术服务业、专用设备制造业的企业则相对较少。北京市专精特新"小巨人"企业所属产业分布情况如图5-2所示。

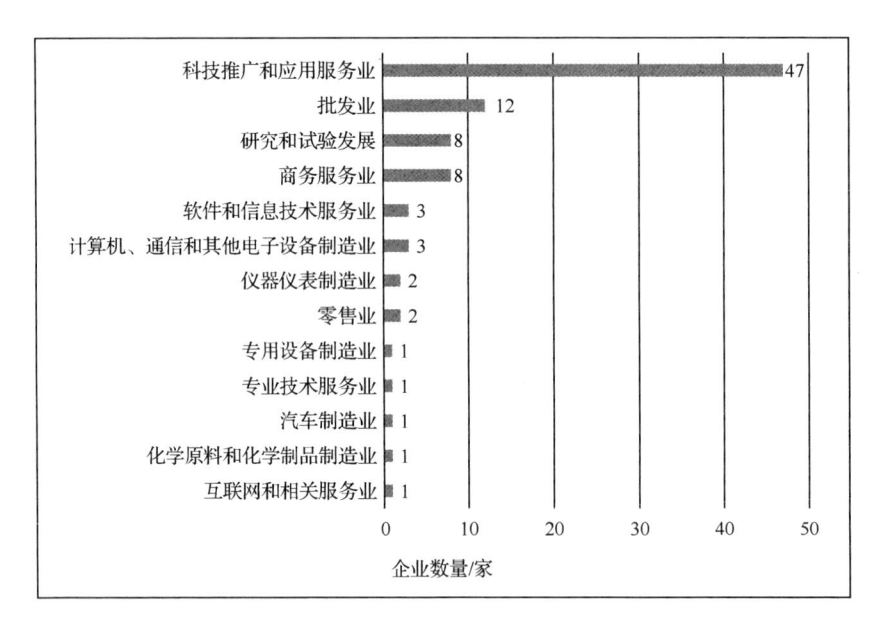

产业	企业数量/家
科技推广和应用服务业	47
批发业	12
研究和试验发展	8
商务服务业	8
软件和信息技术服务业	3
计算机、通信和其他电子设备制造业	3
仪器仪表制造业	2
零售业	2
专用设备制造业	1
专业技术服务业	1
汽车制造业	1
化学原料和化学制品制造业	1
互联网和相关服务业	1

图5-2 北京市专精特新"小巨人"企业所属产业分布情况

二、企业创新能力

北京市专精特新"小巨人"企业的知识产权数量总体较多，创新能力较强，但企业之间存在较大差距。从商标数量看，排名前10位的北京市专精特新"小巨人"企业的商标数量均在100项以上；排名后10位的北京市专精特新"小巨人"企业，其商标数量均在1项以下。从专利数量看，排名前10位的北京市专精特新"小巨人"企业的专利数量均在300项以上；排名后10位的北京市专精特新"小巨人"企业，其专利数量均在30项以下。从软件著作权数量看，排名前10位的北京市专精特新"小巨人"企业的软件著作权数量均在80项以上；排名后10位的北京市专精特新"小巨人"企业，其软件著作权数量均在1项以下。

三、企业经营管理能力

大多数北京市专精特新"小巨人"企业未披露经营收入情况，但披露的北京市专精特新"小巨人"企业营业收入均在亿元以上。从营业收入看，披露 2019 年营业收入的北京市专精特新"小巨人"企业仅有 17 家，且营业收入均在 1 亿元以上。从营业收入增速看，多数北京市专精特新"小巨人"企业增速较快，且部分北京市专精特新"小巨人"企业增速在 80%以上。

四、企业上市情况

大多数北京市专精特新"小巨人"企业为非上市企业。从上市情况看，一半以上的北京市专精特新"小巨人"企业为非上市企业，且大多数非上市企业为自然人投资控股或法人独资，少部分为中外合资。北京市专精特新"小巨人"企业上市情况如图 5-3 所示。

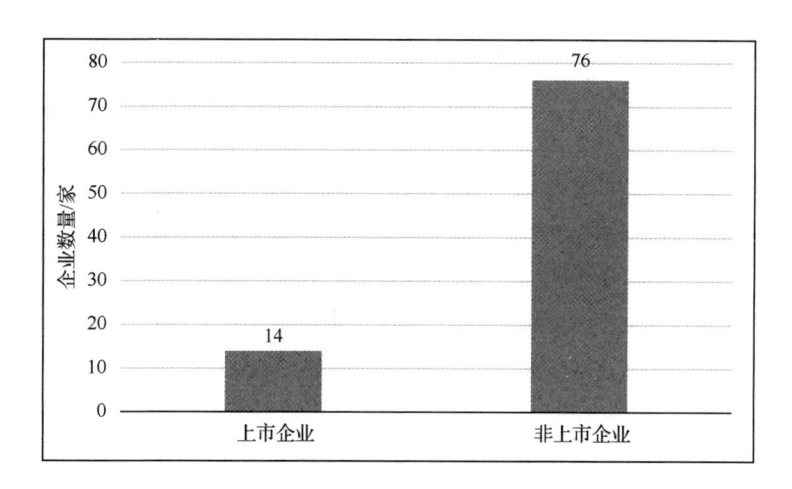

图 5-3 北京市专精特新"小巨人"企业上市情况

五、企业融资情况

从融资次数看，北京市专精特新"小巨人"企业加权平均融资次数为 3.4 次，融资 1~3 次的企业数量相对较多（共计 31 家）；没有融资经历的北京市专精特新"小巨人"企业数量较多，为 25 家。北京市专精特新"小巨人"企业融资情况如图 5-4 所示。

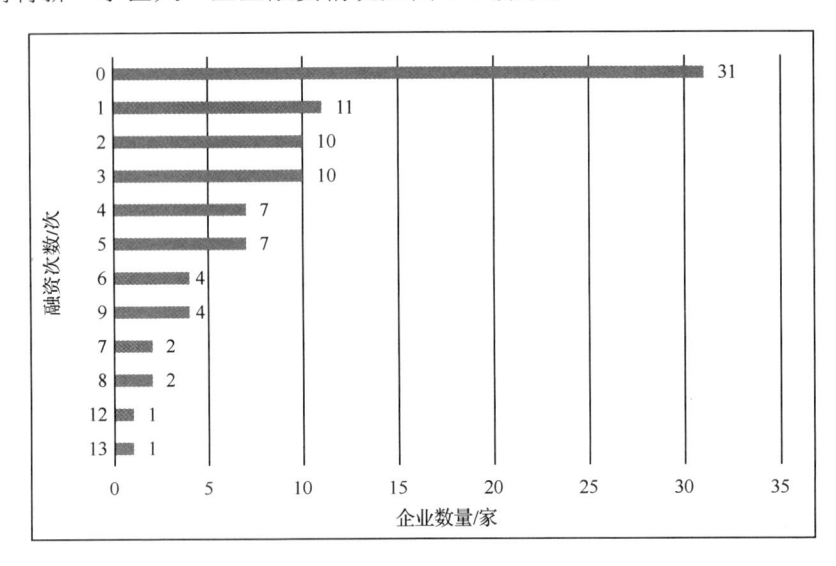

图 5-4　北京市专精特新"小巨人"企业融资情况

六、企业成长性

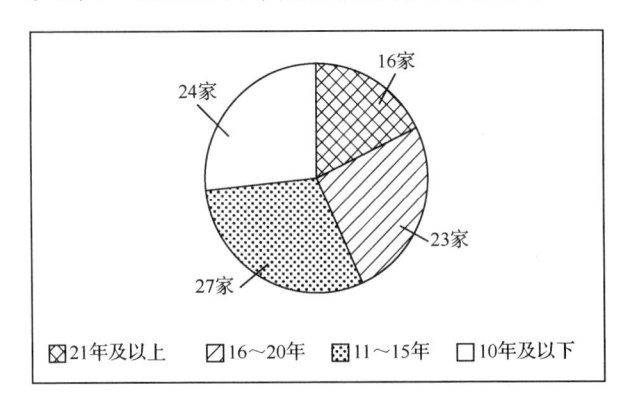

北京市专精特新"小巨人"企业经营年限均较短，成长速度较快。从经营年限看，截至 2021 年，北京市专精特新"小巨人"企业加权平均经营年限为 13.6 年，表现出较快的成长速度。此外，经营 21 年及以上、16~20 年、11~15 年、10 年及以下的北京市专精特新"小巨人"企业数量分别为 16 家、23 家、27 家、24 家，分布较为平均。北京市专精特新"小巨人"企业经营年限情况如图 5-5 所示。

图 5-5　北京市专精特新"小巨人"企业经营年限情况

第四节　下一步工作建议

结合上述国家部委、地方政府的发展经验，以及北京市专精特新"小巨人"企业的发展情况，结合企业实际需求和各类资源优势，提出下一步工作建议，助推"专精特新"中小企业高质量发展。

一是多区域开展专精特新"小巨人"企业培育宣传活动，提高专精特新"小巨人"企业分布的平均程度。以"专精特新"中小企业公共服务平台为载体，以区（县）为单位，同时开展"专精特新"中小企业培育宣传活动。提高不同区（县）中小企业对当前扶持政策的认知，积极梳理不同区（县）中小企业发展过程中面临的问题，推动中小企业积极对接平台，有效解决发展问题瓶颈，进一步推动各区（县）"专精特新"中小企业均衡发展。

二是面向不同产业"专精特新"中小企业开展针对性培训，强化对高精尖产业的"专精特新"中小企业均衡培育。以国家战略性产业发展方向为引领，强化对新一代信息技术、集成电路、医药健康、智能制造、新能源汽车等高精尖产业的"专精特新"中小企业培育。结合"专精特新"中小企业实际需求，积极开展品类多样、形式丰富、内容专业的培训服务。在经营管理、技术服务、产品产销等方面，切实提高不同类型"专精特新"中小企业的发展水平，助推走专精特新"小巨人"之路。

三是积极对接"专精特新"中小企业开展智能诊断评测服务，助力提高创新能力。通过对"专精特新"中小企业专业化、系统化的智能诊断评测，切实使"专精特新"中小企业了解发展过程中存在的问题和瓶颈。协同软件测试、网络安全、机器人评测、辅导培训等专业服务，助推"专精特新"中小企业不断提高自主创新能力，进一步提高"专精特新"中心企业发展质量。

四是积极开展"专精特新"中小企业经营管理专题培训，帮助"专精特新"中小企业规避经营管理风险。面向中小企业管理者、骨干人员开展形式多样的经营管理专题培训，切实提高"专精特新"中小企业人员对财务数据的管理能力，以及公布财务信息的诚信意识。进一步建立健全"专精特新"中小企业信息库，加强全社会对"专精特新"中小企

业的监管和关注,帮扶"专精特新"中小企业规避经营管理风险。

五是加强对"专精特新"中小企业融资、上市的专题培训,强化"专精特新"中小企业有效利用社会资本的能力,提高"专精特新"发展水平。针对中小企业"融资难、融资贵"的常态化问题,积极开展融资、上市方面的专题培训,助推中小企业深入理解当前融资政策,有效掌握融资方式方法。此外,以讲座论坛、沙龙交流等形式,开展中小企业与金融机构的对接活动,提高中小企业获取融资的成功率。

第六章

中小企业公共服务平台

为贯彻落实国家促进中小企业高质量发展相关文件精神，从中小企业实际发展需求出发，以线上线下联动、公益与经营并举为主要形式，中央和地方政府不断建立健全中小企业公共服务平台。围绕政策信息、技术创新、投融资、教育培训、专家志愿等服务领域，不断提高对中小企业的服务质量。国家中小企业公共服务示范平台作为领军代表，深入结合新一代信息技术发展趋势，不断提升对中小企业服务的专业化能力，助推中小企业"专精特新"发展。

第一节　国家助推中小企业公共服务平台的发展经验

为贯彻落实《国务院关于进一步促进中小企业发展的若干意见》，推动中小企业公共服务平台建设，促进中小企业发展，以工业和信息化部为主导部门，截至 2020 年 12 月，已开展了 8 批国家中小企业公共服务示范平台评选工作，累计评选出管理规范、业绩突出、公信度高、服务面广，具有示范带动作用的公共服务平台 1286 家。国家中小企业公共服务示范平台以企业需求为导向，不断提高对企业的信息、技术、创新、培训等公共服务质量。此外，为深入贯彻习近平总书记在中央财经委员会第五次会议上关于"要发挥企业家精神和工匠精神，培育一批'专精特新'中小企业"的重要指示精神，财政部、工业和信息化部联合印发了《关于支持"专精特新"中小企业高质量发展的通知》(财建〔2021〕2 号，以下简称《通知》)。根据《通知》要求，2021—2025 年，分 3 批

(每省每批次不超过3个)评选出支持国家(或省级)"专精特新"中小企业高质量发展的中小企业公共服务示范平台，并辅以资金支持。这些中小企业服务示范平台可为专精特新"小巨人"企业提供技术创新、上市辅导、创新成果转化与应用、数字化/智能化改造、知识产权应用、上云/用云及工业设计等服务，并对重点专精特新"小巨人"企业提供"点对点"服务，推动提升专精特新"小巨人"企业数量和质量，助力实体经济特别是制造业"做实做强做优"，提升产业链、供应链稳定性和竞争力。

国家主管部门积极指导构建线上中小企业公共服务平台，与线下中小企业公共服务平台联动衔接，不断扩大中小企业公共服务的覆盖面。在政策信息服务方面，工业和信息化部指导国家工业信息安全发展研究中心构建了"国家中小企业政策信息互联网发布平台"，梳理汇总并及时更新中央和地方政府关于中小企业的相关政策文件，助推企业及时跟进国家政策动向，不断优化企业战略发展布局。在技术创新服务方面，科技部指导构建了"科技型中小企业服务平台"，中国科学技术协会指导构建了"中国科协企业创新服务中心"，分别开展了科技型中小企业评价工作、企业科学技术协会建设，促进企业不断提高技术创新水平，加速向"专精特新"方向发展。在投融资服务方面，国家发展改革委、商务部、证监会等部门联合指导构建了"全国中小企业融资服务平台""全国中小企业股份转让系统""中小企业行业信用公共服务平台"，着力解决中小企业"融资难、融资贵"问题，为中小企业投融资提供多渠道。在培训教育服务方面，工业和信息化部指导构建的"国家中小企业人才引进公共服务示范平台"、人社部指导构建的"国家职业技能提升培训服务平台"可为企业提供公益招聘、专业技能培训、数字图书馆等高质量人力资源服务，不断为中小企业输送高水平、专业化人才。

第二节　地方发展中小企业公共服务平台的典型经验

各地积极贯彻国家助推中小企业公共服务平台发展的相关政策，依托各省市中小企业公共服务平台，以政策信息服务、技术创新服务、融资投资服务、教育培训服务和专家志愿服务为重点，不断优化和完善中

小企业公共服务平台，助推中小企业高质量发展。

一、政策信息服务

北京市依托"北京市中小企业公共服务平台"建立了线上中小企业政策库，汇集政策信息，并通过微信公众号等网络端口发布。线下深入各联网窗口，通过举办一系列政策宣贯、政策解读、一对一政策咨询等活动，解决政策"最后一公里"难题。

上海市经济和信息化委员会会同市财政局建立了上海市财政资金类惠企政策统一申报系统，开设了"惠企政策一窗通"平台，为企业提供"一站式"在线检索、订阅、匹配、申报服务，为企业切实解决在享受政策红利过程中遇到的政策"难找难解难报"等问题。

山西省依托"山西省中小企业公共服务平台"，下设"政策信息服务"子平台。该子平台遵循"广覆盖、强服务、见实效"的运营服务理念，突出跨部门政策信息的及时发布和推送的主体功能，突出政策在线解读、咨询、对接和帮办服务功能。努力破解中小企业对政府惠企政策"不知道、看不懂、不会用"的问题，打通政策落地"最后一公里"，助力全省中小企业健康成长。

二、技术创新服务

四川省依托"四川省中小企业公共服务平台"，开设了"技术创新和质量服务"板块，整合工业设计、知识产权、清洁生产、使用技术推广、质量检验检测、质量管理体系建立等领域优质服务供应商，引导企业与供应商直接对接，有效解决企业技术创新过程中遇到的问题。

福建省依托"福建省中小企业公共服务平台"，下设"福企云平台"。福企云平台作为福建省企业上云的重要服务入口，通过汇集与整合平台服务商、应用服务商、安全服务商及公共服务机构等云服务商资源，为全省企业提供云基础资源、工业互联网平台能力、大数据应用和行业云解决方案等"一站式"云服务，促进企业数字化转型，助力云计算产业发展。

安徽省依托"安徽省民营企业公共服务平台"，下设"中小企业知识服务专栏",为企业提供知识产权对接、查询、分析等服务。引导中小企业建立健全知识产权管理制度,帮助中小企业开展知识产权创造和价值运用工作,推动科技成果和专利项目向优质中小企业转移。

三、投融资服务

福建省依托"福建省中小企业公共服务平台",下设"福建产融云"子平台。该子平台立足于福建省中小企业金融服务需求,汇聚全省优质金融服务资源,打造线上线下同步对接的"政银企"对接会,形成集快速融资、产品丰富、专属服务、精准匹配、权威可靠、全程跟踪于一体的产业链、金融链生态圈。

厦门市依托"厦门市中小企业公共服务平台",下设"产融云"子平台。该子平台采用"信用+金融"的服务模式,集成政府、企业和金融机构的各类信用信息,以大数据、智能风控为核心技术,引入政府金融扶持政策,为全市中小企业提供覆盖全生命周期的金融综合服务。

北京市依托"北京市中小企业公共服务平台"的"找资金"板块,与市内各区金融机构深入开展合作,共同定制中小企业融资产品方案。该板块联合金融机构为中小企业执行优惠及基准利率,开辟绿色通道审批,提供专属金融服务。

四、教育培训服务

宁夏回族自治区依托"宁夏企业公共服务平台",开设"培训服务"板块,围绕企业数字化转型、大数据发展、财税申报、客户管理等与企业发展密切相关领域开设在线平台课程。为便于企业学习,与"钉钉""企业微信"相结合开设"企业微课",免费为企业开放培训资源。截至2020年12月,宁夏回族自治区已推进"全区企业经营管理人才素质提升工程""全区非公经济领军人才培训工程""全区中小企业星光培训工程",累计完成工程百余期,累积培训人数万人。

柳州市依托"柳州中小企业网",开设"培训服务"板块。该板块集职场、创投、信息化、智能制造、政策宣讲等培训课程,以线上线下相结合、"公益+经营"相结合的形式,以企业实际发展需求为导向,为

企业开展多品类、专业化的教育培训活动。

内蒙古自治区依托"内蒙古自治区中小企业公共服务平台",下设"人才与培训服务"板块,整合员工培训、人力资源培训、财税管理培训等教育培训资源,引导企业与服务机构直接对接,加快企业人才培训效率,有效提高企业人才专业化能力。

五、专家志愿服务

广东省依托"广东省中小企业志愿服务平台",积极整合数字化转型、智能制造、技术创新、行业规划、外贸、财会、法律等业内专家、优秀企业家、企业高管、园区高级管理人员、高校及科研院所学者积极加入中小企业志愿服务专家团队。以线下深入企业走访与线上教育咨询相结合的方式,帮助企业免费解决数字化转型、法律、财税、融资、技术、市场、人才等领域问题,助中小企业高质量发展。

浙江省依托"浙江省中小企业公共服务平台",为帮助中小企业有效解决发展过程中遇到的债券债务纠纷、合同纠纷、人事纠纷等法律问题,浙江省经信厅、浙江省司法厅、浙江省法学会中小企业法学研究会组织设立了"浙江省企业综合平台线上律师团",以直接电话对接律师的形式,为中小企业提供公益性法律咨询服务。

安徽省依托"安徽省中小企业公共服务平台",开设"中小企业线上职员服务中心"。构建一支"熟政策、精法律、懂技术、会管理、肯奉献、乐助企"的高水平志愿服务专家队伍。围绕政策宣讲、融资对接、质量品牌、知识产权、创业辅导等领域,组织专家开展线上线下相结合的志愿义诊活动,为中小企业无偿提供咨询和个性化解决方案。

第三节 国家中小企业公共服务示范平台服务开展情况

国家中小企业公共服务示范平台(以下简称"国家平台")作为对中小企业提供公共服务的优质载体,深入结合新一代信息技术发展趋势,从中小企业实际经营发展需求出发,不断提高对中小企业的技术创新服务、数字化/网络化/智能化服务、教育培训服务和信息咨询服务能力，助推中小企业"专精特新"发展。

一、技术创新服务

以为企业提供创造新技术或核心技术攻关为目的，助推企业实现降低创新成本，促进创新资源共享，提供技术创新效率、效果、效益。近年来，国家中小企业公共服务示范平台结合企业在人工智能、网络安全等前沿技术领域的技术创新需求，不断提升技术创新服务层次，大力开展机器人产品测试服务、网络和信息安全服务。

（一）机器人产品测试服务

机器人产品测试服务主要面向生产经营机器人整机、关键零部件的企业。依托"一站式"服务平台，可为机器人企业提供机器人产品检验、检测、计量、认证、咨询、培训、标准、知识产权、解决方案、成果转化等专业化服务，助推企业技术创新。在具体服务流程方面，通过各项测试内容，摸清企业机器人整机及关键零部件的核心技术水平与国内外先进水平的差距。进一步将测试和验证数据转化为促进机器人核心关键技术水平提升的工程化解决方案，促进企业机器人关键零部件规模化应用。此外，为助推数字化赋能企业，机器人产品测试服务进一步深化服务内容，在机器人数字化应用保障服务、机器人数据采集混合云服务方面深耕细作。

在机器人数字化应用保障服务方面，通过为企业机器人产品建立数字化应用保障体系，将机器人整机及零部件企业核心技术上云并连接终端用户，拉近机器人整机企业、零部件生产企业与用户之间的距离，建立基于机器人核心关键技术验证与支撑保障服务的制造运行生态链。该服务可帮助企业完善供需对接、减少投入、节约成本，帮助机器人生产企业在小批量、多品种、标准化的生产环境下，提高生产的准时、保量、高质能力。

在机器人数据采集混合云服务方面，可为机器人生产企业对标验证数据库及基于云的数据建模分析与研判系统软件提供必要的存储和处理资源。该服务主要包括数据采集、数据存储、数据备份与监测、数据

加工与治理、数据分析超融合云服务五大模块。基于分析与研判结果，以及企业机器人安全性与可靠性影响分析，提出机器人整机或零部件产品安全性与可靠性技术水平提升解决方案。

（二）网络和信息安全服务

网络和信息安全服务主要针对企业的网络信息系统，在安全技术、安全管理等方面进行测评，以确保其达到国家要求的安全等级，为企业安全生产经营奠定坚实的基础。其中，安全技术测评包括安全物理环境、安全通信网络、安全区域边界、安全计算环境和安全管理中心。安全管理测评包括安全管理制度、安全管理机构、安全管理人员、安全建设管理和安全运维管理。对于尚不符合要求的网络信息系统，分析和评估其潜在威胁、薄弱环节及现有安全防护措施，综合考虑网络信息系统的重要性和面临的安全威胁等因素，提出相应的整改建议，并在系统整改后进行复测确认，以确保整改措施符合相应安全等级的基本要求。

通过对企业提供网络和信息安全服务，可取得如下效果。一是帮助企业合理规避网络安全风险。提高信息系统的信息安全保护能力，在测评和安全整改的过程中降低信息系统遭受各种攻击的风险。二是规范企业合法经营。帮助企业有效履行国家法律法规要求的安全保护义务，保护网络不受干扰、损害，防止网络数据泄露、被盗、篡改。三是提高企业网络安全意识。企业经历过多次网络和信息安全测评，对于技术防护水平和安全管理方针策略便会有更清晰的定位与认识。

二、数字化/网络化/智能化服务

为推动数字化/网络化/智能化赋能中小企业，推动中小企业实现数字化管理和运营，提升智能制造和上云用云水平，国家中小企业公共服务示范平台对企业开展的数字化/网络化/智能化服务主要体现在智能制造核心能力评价服务方面。该服务依据《智能制造能力成熟度模型》《智能制造能力成熟度评估方法》等文件的要求，参考德国机械设备制造联合会（VDMA）的"工业4.0"能力成熟度评价、"工业4.0"工具箱，以及工业互联网联盟（美国IIC）的智能工厂生态体系标准等国际知名智能制造架构，吸收丰田、GE、海尔、三一重工等智能制造、精益生

产、流程优化的先进经验,按车间和工厂两个层级,建立并不断完善企业智能制造核心能力评价指标体系。

基于智能制造核心能力评价指标体系,组织细分行业专家,深入参评企业生产现场环境,依托智能制造诊断评估平台,通过多维考察、线上员工自测、线下专家访谈、先进水平对标等手段,对企业的厂房规划、装备与控制系统、信息系统、生产水平、能源管控等环节的能力水平以百分制形式进行定量打分,加权平均后得出企业智能制造诊断的总评分,进一步参照相关成熟度理论,按初始级、基础级、规范级、优秀级、卓越级 5 个级别对企业现状进行精准定位,找准关键指标的差距及根源。针对企业现状和存在的问题,有针对性地提出具体方案和建议。

通过对企业提供智能制造核心能力评价服务,可取得如下效果。一是有利于提高企业智能化水平。促进企业在市场研判、产品研发、生产组织、经营管理、仓储物流、销售推广、服务增值等环节发展和应用数字化技术,打通全流程数据链,促进协同创新,提升企业快速响应市场需求和柔性高效的供给能力。二是有利于引导企业更多地参与行业体系建设。引导企业积极参与智能化技术和应用等相关标准的研究制定和应用推广工作,加强企业与标准化研究机构、龙头骨干企业、上下游企业的合作交流,提高企业在标准制定和实施过程中的话语权和参与度。

三、教育培训服务

国家中小企业公共服务示范平台在开展教育培训服务方面,深入实施中小企业人才培育计划,围绕提升中小企业经营管理水平、引领产业中高端发展要求,以集中辅导为主要方式,辅以考察学习、管理咨询、交流研讨、在线教育等形式,为中小企业人才培育和管理提升提供全方位、多层次的服务。重点帮助和引导中小企业经营管理者改变思想观念、掌握现代化的管理方法,提高领导管理水平、创业创新能力、政策应用能力及诚信守法意识,在中小企业中建立科学、有效的管理制度和体系,应用新技术、新模式、新设备、新工艺,提升中小企业生产管理水平和市场竞争能力。

在中小企业高级管理者教育培训方面,面向中小企业高级管理者,在产业政策解读、规划落地、产业指引、企业发展战略、管理能力提升、

投资机会分析、企业转型升级等方向提供定制化的专题培训。围绕企业战略、企业文化、集团管控、公司治理、信息化管理、人力资源、组织变革，以及营销策略、品牌提升、上市辅导、资本运作、商业模式创新等企业管理专业领域，努力提供企业高级管理者的管理水平和创新能力，助推推中小企业向高质量发展。

在中小企业技术骨干及行业紧缺人才培训方面，面向高精尖产业紧缺人才及中小企业技术骨干，以技术趋势为导向，以紧缺人才培训为核心，提供智慧城市、智能制造、工业互联网、物联网、云计算、大数据、人工智能、虚拟现实、区块链等前沿技术咨询和教育培训，助推中小企业加快数字化转型步伐，向"专精特新"方向发展。

在初创企业孵化培训方面，以产业园区为实体依托，设立专业孵化器，为初创企业孵化提供专业的培训指导和资源整合服务。通过与企业开展"孵化服务+创业培训+投融资对接+企业服务+开放平台"，与地方政府共建"飞地孵化器"等方式，实现产业健康发展，增强创业创新实效。此外，组织细分行业专家，推出初创企业沙龙，形式主要包括项目评估、企业案例讲评、投资机会对接等。旨在加强企业与专家间的联系，增加初创企业间的沟通交流，促进双向合作。

四、信息咨询服务

国家中小企业公共服务示范平台的信息咨询服务主要致力于为企业提供高水平的决策支撑和产业咨询服务，助推中小企业高质量发展。信息咨询服务以线上线下相结合为主要形式。在线上服务方面，以线上平台为依托，为企业打造集在线咨询、数字化赋能、创业投资、法律财税、教育培训等"一站式"信息咨询服务平台，不断强化信息传播内容的前瞻性、可参考性，优化信息获取的便捷性、时效性，帮助中小企业解决法律纠纷、投融资难、人才培养困境等发展问题，大力推动中小企业向高质量发展。在线下服务方面，主要通过深入走访调研企业，切实了解企业发展的难点、痛点，以方案、报告等形式，为企业发展提供全方位、宽领域、有较高思想深度的决策建议，助推企业转型升级。

第四节　下一步工作建议

一、增强企业认知度

中小企业对中小企业公共服务平台及其开展相关服务的认知度不高，极大地限制了企业能力提升。特别是在网络和信息安全服务方面，鉴于金融、电力、医疗、轨道交通、教育、卫生等行业的主管单位都要求业内企业定期开展网络和信息安全评测工作，提高网络安全风险的规避能力。为此，要加强中小企业网络安全宣传教育，大力提高中小企业网络安全意识，以线上线下联动、"公益+经营"结合为主要形式，加强中小企业的网络和信息安全服务，为企业经营发展奠定良好的网络和信息安全基础。

二、强化服务针对性

以智能制造核心能力评价服务为例，要不断强化对中小企业服务的针对性，以中小企业为特定服务对象，完善中小企业智能制造核心能力评价指标体系。参考国内外前沿研究成果，加强对智能制造核心能力评价指标体系、权重系数、评价模型的研究，构建出适合中小企业的支撑能力评价指数模型、业务能力评价指数模型、引领能力评价指数模型。以中小企业发展实际为出发点，根据对支撑能力、业务能力和引领能力3个层级智能制造关键要素的分析，提炼出基础设施、业务运营、战略规划智能制造核心能力3个一级评价指标，并进一步细化、分解成为二级和三级指标，进一步完善中小企业智能制造核心能力评价指标体系，助推中小企业深入了解自身在数字化、网络化、智能化发展过程中存在的核心问题，推动中小企业发展。

三、优化线上服务平台

中小企业线上公共服务平台的交互性、便捷性、集成性等方面仍有较大提升空间。以智能制造核心能力评价服务为例，要进一步结合线上服务中小企业实际，通过 SaaS 服务的方式，优化智能制造核心能力评

价服务的线上平台功能，不断完善在线测评、在线评估、中小企业档案收集、专家咨询等核心板块，提高中小企业线上自助服务的易操作性。在线测评方面，完善深度测评和自主测评板块，分别针对企业核心能力中核心业务流程和全业务流程进行测评。在线评估方面，建立中小企业智能制造诊断评价专家库，针对在线测评结果，为企业提供在线点评和分析，生成诊断报告。在中小企业档案收集方面，包含企业基础信息、企业核心能力图谱、核心业务能力行业对标、企业核心能力测评变化趋势、能力短板分析等。在专家咨询方面，为区域内企业提供在线智能制造的专家问题咨询，不仅包括测评项，而且包括企业实际操作业务过程中的各项细节问题，为企业提供增值的服务。

四、形成整体服务方案

以机器人产品测试服务为例，需进一步完善对企业的整体服务方案。一是面向特种、服务、物流、工业机器人形成可靠部署与应用，进行测试能力拓展。搭建核心零部件验证子平台、整机安全与可靠性验证子平台，细化企业机器人产品服务品类，找准攻克核心技术的关键问题，提高企业技术创新效率。二是进一步完善机器人及其核心零部件关键技术验证评价体系，基于关键技术支撑与保障子平台采集、存储的对标验证数据，对企业机器人整机或零部件产品形成安全性与可靠性技术水平提升的整体服务方案。

五、开展前沿技术专题培训

围绕助推中小企业高质量发展，以培育适应未来高精尖产业发展的高质量、专业化人才为目标，重点面向"专精特新"中小企业高层管理者、技术骨干、管理骨干等从业人员，积极开展前沿技术专题培训。以新一代信息技术发展为导向，以线上线下相结合的形式，大力开展工业互联网培训、新一代信息技术培训、无人机飞控系统开发培训、智能硬件系统开发培训、软件测试工程师培训、DMU 运动仿真分析培训、ADAMS 汽车动力学仿真分析培训、ADAS 与自动驾驶功能软件开发培训，助推中小企业从业者深入掌握前沿技术，助推中小企业"专精特新"

方向发展。

六、增强信息服务深度

紧密结合中央和地方政府对提升中小企业高质量发展的政策文件精神，聚焦中小企业"专精特新"发展，不断增强中小企业信息服务深度，切实解决中小企业经营发展中面临的重要问题。以"理论结合实际、信息服务企业"为导向，通过深入走访企业、定期举办学术研讨、开展企业家座谈等形式，形成对中小企业发展现状的深刻判断，逐步形成促进中小企业高质量发展的理论体系、战略体系、评估体系和措施体系，紧密围绕中小企业技术创新、转型升级、产业竞争、新动能构建、园区建设等与企业发展密切相关的领域，不断提高对信息服务的针对性和专业化程度，增强信息服务深度，进一步"树品牌、立形象"，提高信息服务的社会影响力。

第七章

创新型中小企业知识产权能力提升研究

提升创新型中小企业知识产权能力是激发创新活力的内在要求,是推动企业专业化发展的重要举措,是保持产业链、供应链竞争力的重要保障。本章通过明晰知识产权能力和创新型中小企业的内涵,梳理当前创新型中小企业知识产权发展现状及面临的困难,提炼创新型中小企业知识产权能力提升的路径,最终提出提高创新型中小企业知识产权能力的对策建议。

第一节 相关概念与研究的必要性

一、相关概念

(一)知识产权能力

关于知识产权能力,目前并没有系统的理论。"能力"的字面含义是"能胜任某项任务的主观条件",而要胜任某项任务,实现某个目标,需要整合、调配资源,并有效运用于具体行动中。具体到知识产权能力,国家核心竞争能力越来越体现为对智力资源和智慧成果的培育、拥有、配置和调控能力,尤其体现为对知识产权的拥有和运用能力。由此,知识产权能力应当着重指知识产权的获得和运用能力,其中,"获得"应当理解为包括自主创新和购买、受让等各种方式。

本章将知识产权能力界定为企业在生产经营和技术创新活动中获得专利权、商标权、著作权、商业秘密、集成电路布图设计专有权等多种形式的知识产权,并有效运用知识产权参与市场竞争、实现其价值的能力。这一概念的主要特征是如下。

1. 知识产权能力是一种综合能力

知识产权创造、运用、保护、管理4个方面的内容构成一个整体,密不可分。市场主体创造、运用、保护和管理知识产权的能力不是各自孤立的,而是相辅相成、密不可分的,四者共同构成了知识产权能力这一综合性概念,从知识产权生产、使用和价值的发挥过程看,知识产权运用能力在其中承上启下,居于关键环节。积极创造和努力获得自主知识产权是提升其他各项能力的基础,也是我国突破和掌握核心技术、关键共性技术,提升产业核心竞争力的基础;依法保护和科学管理知识产权为知识产权的创造、运用提供保障;知识产权的价值和生命力在于运用,有效运用知识产权是推动创新成果产业化、市场化,实现知识产权价值的关键。

2. 知识产权能力所涵盖的知识产权类型具有多样性和包容性

知识产权能力所涵盖的知识产权类型不仅包括企业较为关注的专利权,还包括商标权、著作权、商业秘密和集成电路布图设计专有权等多种形式。只有全面提升多种类型的知识产权创造和运用能力,才能推动企业提高技术创新水平,促进技术进步,打造有影响力的知名品牌,实现整个产业的转型升级。

3. 知识产权能力贯穿企业生产经营全过程

知识产权能力不仅体现在企业的生产过程中,也体现在企业参与市场竞争的整个过程,与产业转型升级过程中企业的技术创新、商业模式创新、品牌建设、质量提升、标准体系建设等各项工作密不可分。

4. 知识产权能力的落脚点是实现知识产权的商业价值

企业应通过获得和有效运用各类知识产权,实现其市场化和产业化,为其产品赋予商业价值。企业在生产经营和技术创新活动中,一方面,要以知识产权的使用为目的,考虑通过自主创新、并购等多种方式获得知识产权;另一方面,要注重创新成果知识产权化之后实现其市场化和产业化,通过知识产权转让、许可和质押等方式实现其市场价值。

（二）创新型中小企业

目前，国内尚没有针对创新型中小企业的界定标准，只存在与之相关的创新型企业、高新技术企业和科技型中小企业的概念与认定条件。中国电子信息产业发展研究院中小企业研究所认为，从企业的创新要素看，拥有一定科技人员、掌握专有技术或自主知识产权、通过科技投入开展创新活动提供产品或服务的中小企业是创新型中小企业。

创新型中小企业的特征包括4个方面。一是创新型中小企业将创新作为企业发展动力，二是创新型中小企业的创新应是持续创新，三是创新型中小企业的创新是全面创新，四是创新型中小企业的创新是自主创新。

二、研究意义

（一）提升创新型中小企业知识产权能力是激发创新活力的内在要求

习近平总书记在中央政治局第二十五次集体学习时指出，创新是引领发展的第一动力，保护知识产权就是保护创新。同时强调，知识产权保护工作关系国家治理体系和治理能力现代化，关系高质量发展，关系人民生活幸福，关系国家对外开放大局，关系国家安全。《中共中央关于制定国民经济和社会发展第十四个五年规划和二〇三五年远景目标的建议》中指出，发挥大企业引领支撑作用，支持创新型中小微企业成长为创新重要发源地，加强共性技术平台建设，推动产业链上中下游、大中小企业融通创新。中小企业直面市场激烈竞争，对市场需求反应灵敏，适应市场需求进行创新的愿望强烈，是创新的主力军和重要源泉。创新型中小企业是中小企业群体中的先进代表，是创新能力强、市场占有率高、掌握关键核心技术的"排头兵"企业。提升创新型中小企业知识产权能力是激发企业创新活力的内在要求，是助力中小企业成长为创新重要发源地的强大动力。

（二）提升创新型中小企业知识产权能力是推动企业专业化发展的重要举措

我国正在从知识产权引进大国向知识产权创造大国转变，知识产权工作正在从追求数量向提高质量转变。同时，我国将"大力提升中小企业专业化能力和水平"作为推动中小企业"专精特新"发展的核心环节。我国创新型中小企业具有较高的专业化能力（包括生产、服务和协作配套），能够与大企业、大项目深入融合、相互嵌入式发展，以其美誉度高、性价比好、品质精良的产品和服务在细分市场中占据优势，是推动我国产业链、供应链向高端升级的重要力量。创新型中小企业的专业化能力来源于自身较高的自主创新能力。知识产权能力的提升有助于加强其自主创新能力的提升，进一步提高核心竞争力。可见，推动我国中小企业向专业化方向发展，不断提高创新型中小企业专业化能力和水平，关键在于提高自身的知识产权运用和管理能力，不断提高我国知识产权质量。

（三）提升创新型中小企业知识产权能力是保持产业链、供应链竞争力的重要保障

创新型中小企业作为我国企业群体中创新的主力军，多数处于产业链、供应链的关键环节，对我国产业链、供应链"延链、补链、强链"起到强有力的助推作用。此外，从产业生态来看，实现产业基础高级化和产业链现代化，不仅需要大企业带动，还需要大量专注于特定细分领域、细分产品的创新型中小企业。大力推动大中小企业深度融合、相互嵌入式发展，形成大中小企业协同共赢格局，共同推动产业链、供应链稳健高效地运转。可见，提升创新型中小企业知识产权能力，有利于激发企业自主创新，增强企业核心竞争力，不断提高自身发展质量和水平，进一步推动我国增强产业链、供应链的竞争力。

（四）提升知识产权能力是助力创新型中小企业应对国际竞争的迫切要求

当今世界科技进步日新月异，知识经济迅猛发展，经济全球化步伐明显加快，国际社会对知识产权的争夺日益激烈。发达国家及跨国企业

为维护其既得利益，充分利用在专利控制和制度设计上的先发优势，借助知识产权更加牢固地占据技术和市场的垄断地位，对其他国家及其企业的知识产权发展进行限制。特别是美国等近年来对中国战略性新兴产业领域设置越来越多的知识产权壁垒，对中兴、华为、字节跳动等高新技术企业猛烈打压，遏制中国高新技术产业调整升级，阻碍中国新模式、新业态发展。为打破发达国家及其跨国企业日益加强的技术垄断和控制，摆脱知识产权受其压制和遏制的被动局面，实现产业链从低端环节向高端环节跃升，创新型中小企业作为创新的主力军，要通过不断提高自身知识产权能力获得高质量发展的持久动力，不断提高自身国际竞争力，积极应对国际挑战。

第二节 创新型中小企业知识产权发展现状

一、创新活力提高，国家知识产权优势示范企业增加

随着国家知识产权战略的深入实施，各地中小企业知识产权相关机构加大了对中小企业知识产权的宣传力度和扶持力度，中小企业知识产权创造、运用、保护和管理意识不断增强，已经成为我国提升自主创新能力、加快经济发展方式转变的生力军。相关统计表明，技术创新日益成为中小企业提高竞争力的主要途径，35%的中小企业正在加大产品和服务创新，33%的中小企业加强了技术投资。目前，中小企业在高技术企业中占比超过70%，民营企业研发投入占企业整体研发投入接近50%。中小企业的创新活动日益增加，国家知识产权优势示范企业不断增加。截至2020年12月，国家知识产权局培育国家知识产权优势示范企业5729家，其中中小企业占76%。

二、研发投入较多，知识产权成果显著增长

创新型中小企业重视创新，其平均研发经费占营业收入比重远高于中小企业平均研发经费投入强度（3%）。在高研发经费投入下，创新型中小企业创新成果非常显著。以工业和信息化部第一批专精特新"小巨人"企业为例，第一批专精特新"小巨人"企业研发投入强度平均超过

5%，户均拥有发明专利 23 项、实用新型专利和外观专利 52 项。面对新冠肺炎疫情的挑战，这批专精特新"小巨人"企业在 2020 年 3 月下旬即实现 100%复工复产，明显早于规模以上工业企业整体水平。此外，相关统计表明，我国 70%以上的国内发明专利是由中小企业获得的，75%以上的新产品开发是由中小企业完成的。创新型中小企业是技术创新和商业模式创新的生力军，大量新技术、新产品、新服务和新模式源自中小企业。近年来，涌现出的一批新业态、新产业中，中小企业和民营企业表现突出，网络打车、共享单车、外卖送餐、分类信息网站等领域鲜有大型国有企业的影子。

三、长期坚持主业，深化核心知识产权积累

创新型中小企业长期聚集主业，从事特定细分市场多年，为其自身提高自主创新能力，强化核心知识产权积累奠定了坚实的基础。例如，上海自动化仪表股份有限公司下一代核级阀门驱动装置技术性能达到国际先进水平，填补国内空白并打破国外垄断替代进口。创新型中小企业积极与大企业配套，优化了自身组织结构，提升了专业化能力和水平。这些中小企业普遍与大企业建立了良好的合作关系，在产业链"延链、补链、强链"中发挥了重要的作用。一些地区形成了以龙头企业带动、中小企业集聚为特征，行业区域特色明显的"块状经济"。例如，广东中山小榄镇的五金制品产业集群、浙江嵊州的领带产业集群、温州乐清的低压电器产业集群等是维持我国良好经济韧性的重要基础。

四、聚焦重点领域，不断优化知识产权布局

创新型中小企业主要集中在我国重点发展领域，兼顾地方优势特色产业，对优化我国知识产权布局奠定了坚实基础。例如，96.37%的第一批专精特新"小巨人"企业分布在产业技术基础领域、核心基础零部件（元器件）、关键基础材料、先进基础工艺领域等"四基"领域。上述领域不仅是我国战略性新兴产业，而且也是国际知识产权布局中的热点领域。当前，我国创新型中小企业在这些热点领域深耕细作、坚实发展，助推企业知识产权布局不断优化，不断提高知识产权国际竞争力。此外，

创新型中小企业中，还有部分中药民族药、特色食品等相关地区优势和特色产业，不仅在增强区域经济活力、促进和吸纳就业方面发挥积极作用，而且助推我国加强知识产权新领域布局。

第三节 创新型中小企业提升知识产权能力面临的困难

一、企业知识产权管理能力较弱

一是中小企业知识产权管理规范性有待进一步提升。部分创新型中小企业没有建立知识产权制度，没有实施《企业知识产权管理规范》（GB/T 29490—2013），长此以往，中小企业易遭受知识产权侵权，无法有效保护自主研发技术成果。此外，部分中小企业获得专利后，不愿意维护知识产权，致使知识产权存活期较短。二是中小企业内部缺乏知识产权专职管理人员。国家知识产权局发布的《2019年中国专利调查报告》指出，企业知识产权兼职管理人员的比例高于专职人员比例。此外，民营企业设立知识产权专职管理人员的比例为55%，而国有企业设立知识产权专职管理人员的比例约为70%。三是缺乏独立的知识产权管理部门。部分中小企业为控制运营成本，不单独设立知识产权专管部门，跨部门兼职管理知识产权的现象较为普遍，致使企业内部缺乏专业、有序的知识产权管理运营系统，更缺乏长期有效的知识产权战略，不利于企业的长远发展。

二、知识产权政策体系有待优化

一是政策的针对性和操作性有待提高。创新型中小企业作为中小企业中的优质企业群体，其科技创新、知识产权储备均名列前茅。现有政策已对民营企业、中小企业的知识产权工作做出部署，但与创新型中小企业特性的结合不够紧密，现有政策与中小企业知识产权能力提升需求存在结构性错配，政策的匹配性有待提高。此外，中小企业相关知识产权政策执行方面，地方政府存在落实领会中央政策不到位现象，制约了相关知识产权政策的贯彻和执行。二是法律维权力度有待进一步加强。

国家知识产权局发布的《2020年中国专利调查报告》指出，中型企业、小型企业遭遇专利侵权的比例分别为10.9%和10.6%。在遭遇专利侵权时，企业规模越小，越倾向于不采取任何措施（中型企业为14.2%，小型企业为26.1%）。此外，对知识产权的法律保护具有较强的专业性，打击侵权行为存在难度，特别是打击专利转化过程中的知识产权侵权行为难度较大。

三、知识产权服务体系有待完善

一是知识产权服务质量参差不齐。国家知识产权局发布的《2020年中国专利调查报告》指出，中小企业购买较多的知识产权服务是知识产权代理服务（中型企业为91.8%，小型企业为90.3%，微型企业为90.7%）、知识产权咨询服务（中型企业为50.3%，小型企业为45.9%，微型企业为40.9%）。中小企业对知识产权法律服务、知识产权信息服务、知识产权商用化服务、知识产权培训服务的购买量均较少。同时，知识产权代理服务、知识产权咨询服务获得高质量评价的比例较大，分别为51.6%、49.8%。可见，受中小企业知识产权服务需求倾向影响，各类服务质量参差不齐，不利于创新型中小企业知识产权能力的全方位提升。二是对知识产权服务的监管仍需加强。国家知识产权局发布的《2019年中国专利调查报告》指出，中小企业认为在规范知识产权服务方面，最需要加强的是建立统计监测体系（中型企业为33.8%，小型企业为35.1%）。同时，中小企业对强化事中事后监管、建立年审制度也十分关注。可见，强化监管是中小企业对规范知识产权服务的重要诉求，加强对知识产权服务监管仍有一定的提升空间。

四、知识产权专业人员配备不足

一是当前我国知识产权人员数量难以满足我国企业知识产权快速发展的需要。按照国际标准，一般企业应按研发人员的1%～4%比例配置知识产权人才，以全国企业科技活动人员5352.4万人计算，我国知识产权人才的社会总需求量约为3.5万～14万人，知识产权人员队伍明显不足。二是知识产权从业人员仍需加强培训。国家知识产权局发布的

《2019年中国专利调查报告》指出，在政府提供的知识产权服务中，中小企业最希望加强知识产权从业人员培训（中型企业为74.4%，小型企业为69.7%）。三是知识产权高端和复合型从业人才相对缺乏。企业加强自身知识产权建设需要涉及法律、经济、知识产权等多方面的复合型专业人才。目前，我国从事知识产权相关工作的人员大多只侧重于专利或商标等领域，专业涉猎范围较窄，知识结构较为单一，业务素质同质化严重，限制了创新型中小企业知识产权能力提升。

五、知识产权质押融资获取难度较大

从全国知识产权价值绝对拥有量与实现质押贷款总额和笔数来看，虽然中小企业获得的知识产权质押贷款额度快速增长，但获得知识产权质押融资的中小企业数量占比较低。国家知识产权局发布的《2020年全国知识产权服务业统计调查报告》指出，在主要开展的知识产权运营服务中，开展金融投资服务、知识产权担保服务的机构占比较小，分别为14.4%和10.2%。此外，国家知识产权局发布的《2019年中国专利调查报告》指出，中小企业对专利价值评估服务的需求较高（中型企业为61.1%，小型企业为60.7%）。目前，我国中小企业知识产权融资资金大部分来源于银行，由于无形资产评估困难、评估体系有待健全、知识产权价值分析难以把握、流转变现机制待完善等原因，银行缺乏为中小企业提供知识产权融资的动力。此外，虽然我国于1995年颁布的担保法中对无形资产质押担保做出了规定，但融资担保机制仍需完善。无论是"银行+企业专利权/商标专用权质押""银行+政府基金担保+专利权反担保"，还是"银行+科技担保公司+专利权反担保"的融资担保模式，从质押风险分摊到处置变现没有形成闭环，银行和担保机构开展知识产权质押融资业务存在较大风险和顾虑。由此，需要进一步完善知识产权质押等金融环境。

六、重点领域知识产权布局有待加强

一是知识产权海外布局能力不足。世界知识产权组织发布的《2020年世界知识产权指标》报告显示，2019年我国国内专利申请量位居世

界第一，近年来保持较高增速，但海外申请专利的比重显著较低，对推动创新型中小企业融入国际产业链布局造成了不利影响。二是重点技术领域知识产权布局薄弱。《2020年世界知识产权指标》报告显示，机电工程、仪器仪表领域的专利布局方面，中国逊于美国，中国专利布局的平均占比分别为3.2%、2.7%，美国专利布局的平均占比则分别为4.5%、3.5%。特别是数字通信、计算机技术、医学技术领域，中国专利申请占比明显低于美国专利申请占比，这些领域的专利是各国领军企业争夺的焦点。同时，针对中小企业如何结合自身优势有效布局知识产权，相关指导和培训仍需进一步加强。

第四节　提升创新型中小企业知识产权能力的路径分析

一、完善知识产权制度体系

我国当前对中小企业提升知识产权能力已出台相关政策措施，但针对创新型中小企业的政策措施和制度体系仍需进一步完善。完善知识产权制度体系有助于中小企业知识产权能力提升。一是通过有效衔接创新型中小企业相关政策，紧密结合重点领域、重点产业、重大专项发展的要求，完善针对创新型中小企业知识产权创造、运用、保护、管理、服务的全链条制度体系，能够有效地加强创新型中小企业知识产权能力提升政策措施的针对性。二是建立健全创新型中小企业知识产权保护和维权援助制度体系，探索构建国家、省、市三级联动的知识产权维权援助工作体系，能够有效地消除中小企业的知识产权侵权行为，切实保障中小企业的合法权益。三是建立健全大数据、人工智能、基因技术等新领域、新业态知识产权保护制度，能够有效地保护处于新领域、新业态的中小企业的知识产权，进一步加强我国在前沿技术领域的知识产权布局。

二、加强中小企业人才培养

提升创新型中小企业知识产权能力需要高质量的知识产权人才队

伍支撑。一是通过构建"高校培养、企业实践、实战应用"的一条龙人才培养机制，支持有条件的高校开设知识产权专业，对法律、金融、企业管理等专业开设知识产权相关课程，强化高校与中小企业之间的理论与实践结合，为中小企业知识产权工作定制化培养复合型人才。二是通过鼓励中小企业有计划、分期分批地开展知识产权培训，推动中小企业与知识产权教育培训基地加强合作，整合各类优质培训教育资源，从而实现中小企业不同岗位员工加快提升知识产权能力的目标。三是通过鼓励中小企业定期组织相关人员参加知识产权诉讼案件的集体旁听、专题培训，强化中小企业知识产权维权能力，帮助中小企业有效化解知识产权纠纷问题。

三、强化知识产权融资支持

创新型中小企业因创新投入比重较高，对研发创新的资金投入量较多。为此，强化知识产权融资支持、完善知识产权质押融资体系建设对推动创新型中小企业提高自身创新能力，进一步提升其知识产权能力起到极为重要的作用。一是加强企业财税优惠政策，对掌握国际先进专利的创新型中小企业给予一定比例的税收优惠，减免费用负担，能够有效地减轻企业知识产权获取、申报的资金压力。二是强化中小企业知识产权融资指导，由政府牵头带动相关部门和机构，针对不同发展阶段、不同层级的企业及其人员提供知识产权融资分类指导，助推中小企业顺利开展知识产权融资工作，提高知识产权融资成功率。三是引导企业将获得的知识产权融资积极投资于研发和提升资产运营效率，进一步促进中小企业提高知识产权融资成功率，助推创新型中小企业创新发展。

四、优化知识产权服务体系

企业的知识产权创造、运用、保护、管理的各阶段都离不开知识产权服务。以政府为主导带动社会各方力量，构建形成涵盖政府公共服务、社会中介机构服务和公益性服务的知识产权服务体系，能够为创新型中小企业高质量发展起到关键的助推作用。一是健全知识产权信息公共服务平台，优化知识产权服务体系，制定知识产权服务标准，有利于促进

创新型中小企业打造更高品质的知识产权，助推其将创新成果在实际生产中转化为生产力。二是高效发挥知识产权服务行业协会等中介组织的作用，增强知识产权服务机构服务中小企业的规范性、专业性和积极性，有利于创新型中小企业提高知识产权创造、运用、保护、管理各环节的衔接效率，推动中小企业优化知识产权布局、高效维权。三是深化知识产权领域产学研融合，为创新型中小企业提供高质量知识产权复合型人才，能够提高知识产权转化效率，促进创新成果市场化应用，带动知识产权领域产业链、供应链稳健高效运转。

第五节　提升创新型中小企业知识产权能力的对策建议

一、强化企业知识产权保护

（一）加强对中小企业知识产权法律保护

一是完善创新型中小企业知识产权保护的相关法律法规，加快推进《中华人民共和国专利法》修改，提高侵犯企业知识产权成本。二是加强中小企业维权援助工作力度。探索构建国家、省、市三级联动的知识产权维权援助工作体系，建立健全中小企业知识产权保护和维权援助工作机制，推进知识产权保护中心和快速维权中心建设。三是有效结合新一代信息技术，通过源头追溯、实时监测、在线识别等，着力提升打击知识产权侵权行为的力度和精准度。

（二）大力开展知识产权预警工作

一是建立"政府主导、协会参与、企业自助"的创新型中小企业知识产权预警风险体系。二是依据试点先行、示范带动的原则，依托地方支柱产业、特色产业，建立地方知识产权预警公共服务平台，加强对区域、行业和企业预警信息的收集发布，指导创新型中小企业加强知识产权保护。三是明确创新型中小企业知识产权预警流程，指导企业顺利实施知识产权预警与应急对策。

（三）强化知识产权协同保护

一是加强快速协同保护机制建设，加快知识产权保护中心布局。综合运用法律、行政、经济、技术、社会治理等多种手段，从审查授权、行政执法、司法保护、仲裁调解、行业自律、公民诚信等环节完善保护体系，加强协同配合，为中小企业提供知识产权"一站式"综合服务。二是打通知识产权创造、运用、保护、管理、服务全链条，健全知识产权综合管理体制，增强系统保护能力。协同做好知识产权保护、反垄断、公平竞争审查等工作，鼓励建立知识产权保护自律机制，加强知识产权保护宣传教育，增强全社会尊重和保护知识产权的意识。三是加强知识产权信息化、智能化基础设施建设，推动知识产权保护线上线下协同发展。

二、完善知识产权质押融资

（一）完善知识产权质押融资机制

一是修订完善《专利权质押登记办法》，进一步优化企业知识产权质押融资的价值评估、风险管理等机制，推行知识产权质押便利化服务，设立专利商标质押登记绿色通道，提升质押登记服务能力。二是扩大知识产权质押融资规模，支持专利权、商标权和版权实行联合质押。改变重视知识产权所有权质押的现状，引导企业申请权、许可实施权等参与质押。三是放宽质押标的法定有效期限，延长高价值知识产权质押期限。取消对质押融资最高额度的限制，推行评估价值质押率指标。

（二）拓宽知识产权质押融资主体范围

一是引导金融机构放宽融资主体限制，鼓励企业与个体、科研机构等实施联合质押。消除融资主体为新兴产业企业的限制，支持拥有知识产权的各类中小企业参与质押。二是降低融资主体的经营年限和经营业绩等要求，推行有别于固定资产抵押融资的政策。三是适当放开银行融资业务限制，鼓励银行为更多中小企业提供知识产权质押融资服务。四是引导中小企业建立现代法人制度，以便更好地实施知识产权质押融资。

（三）强化知识产权质押融资指导

一是由政府牵头带动相关部门机构，针对中小企业不同发展阶段、对不同层级的企业工作人员提供知识产权融资分类指导。二是引导中小企业将获得的知识产权质押融资积极投资开发新技术、新产品，用于提升资产运营效率，占领优势市场，促进企业继续通过知识产权获得融资，同时利于中小企业获得高价值创新收益。

三、助推知识产权转移转化

（一）创新知识产权转移转化方式

充分发挥全国知识产权运营平台体系作用，设立专业化的服务模块，促进中小企业知识产权转移转化。鼓励国有企事业单位将闲置专利低价向中小企业许可或转让，引导国有企事业单位支持中小企业知识产权转移转化活动。倡导社会资本参与中小企业知识产权转移转化，鼓励开展知识产权流转储备、转移转化风险补偿等活动。

（二）助推企业加强产学研合作

发挥创新型中小企业的创新主体作用，牵头或参与产学研合作研发项目，强化与科研院所、行业协会、知识产权专业机构的合作力度，加强新型科技机构培育，加快反赋能平台建设，积极整合科技创新资源，促进创新要素向企业聚集，促进科技创新成果向中小企业有效转移，推动知识产权加快产业化。此外，政府牵头并引导社会各界规范国内外技术开发合作活动，对合作所产生的科研成果权属予以清晰界定，有效保护企业知识产权，促进中小企业在关键领域技术加强攻关。

四、加强知识产权重点领域布局

（一）支持中小企业加强重点知识产权布局

一是加快前沿技术关键节点的知识产权布局。大力开展人工智能、工业互联网、集成电路、高性能新材料等前沿重点领域的专利技术生命周期和技术功效分析，引导中小企业加快推进关键知识产权布局。二是

鼓励中小企业在国外已布局的关键核心技术周边，布局一批价值较高、覆盖面广的外围知识产权，建立海外知识产权风险防御，增强我国知识产权抗风险韧性，突破海外知识产权布局壁垒。三是引导优质中小企业积极参与或主导制定产业国际准则，在新兴市场、目标市场布局一批具有优先权的标准及必要专利组合，保护自身海外知识产权，削弱对手的海外竞争力。

（二）激励企业培育高价值专利

一是建立健全高价值专利评价指示体系。建立知识产权质量专家评审制度，出台知识产权质量提升政策，引导中小企业开发和布局高质量、低风险、能够主导产品发展趋势的必要专利。二是组织开展中小企业专利与主营业务相关性调查行动，将主营业务相关专利的质量作为评价中小企业知识产权能力的重要指标，强化中小企业知识产权质量意识。三是引导中小企业紧跟产业发展趋势。对本领域核心技术或主流技术发展进行梳理整合、细化延伸，针对主要竞争对手进行专利检索和分析，合理确定技术创新方向，保障技术研发路线的前瞻性和可行性，培育高价值专利。

五、优化企业知识产权服务

（一）完善企业知识产权服务机制

一是提升知识产权审查质量和效率。优化知识产权审查流程，压缩审查周期，综合运用优先审查、集中审查、知识产权保护中心快速预审、专利审查高速路（PPH）等多种审查模式满足中小企业多样化需求。二是优化知识产权托管服务。建立健全行业性组织、知识产权服务机构、中小企业共同参与的知识产权托管工作体系。引入市场竞争机制，加大对托管工作的监督审查力度，引导和支持知识产权服务机构不断提高对中小企业的托管服务质量。三是发挥行业性组织提供知识产权服务的作用。引入竞争机制，探索行业性组织提供知识产权服务的有效模式，激发行业性组织服务中小企业的热情，成为助推创新型中小企业提升知识产权能力的重要支撑。

（二）加强知识产权公共服务平台建设

一是完善知识产权公共服务平台体系。支持各地集聚现有服务资源，建立健全多功能、综合性的中小企业知识产权公共服务平台，与国家知识产权运营公共服务平台体系融合发展，为中小企业提供全方位的知识产权服务。二是加强知识产权公共信息服务平台建设。完善专利数据服务试验系统，扩大专利基础数据开放范围，推进商标数据库逐步开放，便于企业获取知识产权信息。三是将高新区、特色产业基地、国家重点实验室、国家工程技术研究中心、企业技术中心等作为推进中小企业知识产权的重要平台和载体，打造一批具有国家竞争力的知识产权优势企业。

（三）促进知识产权服务业发展

一是大力发展专业化、规范化的知识产权服务机构。鼓励建立知识产权服务业协会，发挥其联系政府、高等院校、科研机构、企事业单位的桥梁和纽带作用，加速中小企业知识产权成果转化。二是完善中小企业知识产权服务机构的绩效评估机制。对中小企业知识产权服务机构数量、服务质量、专业程度、服务内容及时进行绩效评估，明确区分政府的一般性服务和市场化的专业性服务，完善中小企业知识产权服务机构绩效评估体系。三是从政策、税收、机构建设等方面对中小企业知识产权服务机构给予重点支持。重点帮扶推动中小企业知识产权能力提升的创新服务机构、信息咨询机构和技术服务机构，促进知识产权服务业高质量发展。

六、加强知识产权人才培养

（一）强化知识产权定向人才培养

一方面，构建高等院校培养、企业实践、实战应用的"一条龙"人才培养机制。支持有条件的高等院校开设知识产权专业，加大高等院校在知识产权管理和保护专业方向的投入。通过降低中小企业社保负担、提供工资补贴、便利子女就学等方式，增强中小企业对专业人才的吸引力，实现供需对接。另一方面，引导中小企业加大对员工知识产权知

技能培训力度,提高中小企业知识产权人才质量。鼓励中小企业有计划、分期分批地开展对各级、各类人员的知识产权培训。推动中小企业与知识产权教育培训基地加强合作,整合各类优质培训教育资源,加快培养一批中小企业急需的知识产权经营管理人才。

(二)优化知识产权人才评审制度

一方面,创新知识产权人才职称制度。完善知识产权工程师及更加专业的高级知识产权工程师职称制度,并将其纳入国家专业技术职称体系,完善专业人才培养制度。另一方面,建立健全知识产权人才优势企业评审制度。定期评选出国家级和省级知识产权人才优势企业,并给予资质认定,对中小企业重视知识产权人才发展给予正向激励,通过示范效应引导和鼓励更多中小企业重视知识产权人才培养。

第八章

新冠肺炎疫情期间保市场主体的主要措施研究

中小企业是实体经济的重要基础，在促进经济增长、扩大就业、繁荣市场、满足人民群众需求等方面发挥着极为重要的作用。然而，由于规模小、抗风险能力弱，中小企业受新冠肺炎疫情影响严重，不少中小企业面临生存危机。党中央、国务院高度重视中小企业应对新冠肺炎疫情、复工复产工作，从财政资金支持、金融税收优惠、市场开拓等方面，提出了"一揽子"保市场主体措施，支持企业渡难关、促发展、稳就业。

第一节 加大财税支持力度

一、减免中小企业税费负担

一是阶段性降低小规模纳税人增值税征收率。财政部、国家税务总局《关于延长小规模纳税人减免增值税政策执行期限的公告》（财政部 国家税务总局公告2020年第24号）明确，将支持个体工商户复工复业增值税优惠政策的实施期限延长到2020年12月31日。因此，2020年12月31日以前，对湖北省增值税小规模纳税人，适用3%征收率的应税销售收入，免征增值税；适用3%预征率的预缴增值税项目，暂停预缴增值税。除湖北省外，其他省级行政区的增值税小规模纳税人，适用3%征收率的应税销售收入，减按1%征收率征收增值税；适用3%预

征率的预缴增值税项目，减按 1%预征率预缴增值税。二是阶段性免征公共交通运输、餐饮住宿、旅游娱乐、文化体育等服务增值税。自 2020 年 1 月 1 日至 2020 年 12 月 31 日，对纳税人提供公共交通运输服务、生活服务，以及为居民提供必需生活物资快递收派服务取得的收入，免征增值税。三是阶段性减免企业社保费。人力资源社会保障部、财政部、国家税务总局《关于延长阶段性减免企业社会保险费政策实施期限等问题的通知》（人社部发〔2020〕49 号）规定，2020 年 2—12 月，免征中小微企业基本养老保险、失业保险、工伤保险单位缴费部分。国家医保局、财政部、国家税务总局三部门联合印发《关于阶段性减征职工基本医疗保险费的指导意见》，对职工医保单位缴费部分实行减半征收，减征期限不超过 5 个月。四是有条件的地方可依法依规减免房产税、城镇土地使用税等地方税种和涉企行政事业性收费。例如，重庆市缴纳房产税和城镇土地使用税确有困难的中小企业，可向主管税务机关提出申请，经审核后，给予不少于 2 个月的应纳税款减免。

二、加大中小企业财政支持

一是扩大财政赤字、发行 2020 年抗"疫"特别国债。2020 年，政府财政赤字规模比 2019 年增加 1 万亿元，由 2019 年的 2.76 万亿元扩大至 2020 年的 3.76 万亿元。同时，发行 1 万亿元 2020 年抗"疫"特别国债，主要用于保就业、保基本民生、保市场主体。二是有条件的地方可设立专项纾困资金，加大对受新冠肺炎疫情影响严重的中小企业的支持。例如，北京市建立新冠肺炎疫情防控专项资金池，主要用于医药物资储备、医疗卫生机构开展新冠肺炎疫情防控所需医用设备设施和防护物资等。三是提供低成本专项再贷款资金。为减轻新冠肺炎疫情对企业影响，央行设立了 3000 亿元低成本专项再贷款，提供低成本专项再贷款资金，通过主要的全国性股份制银行和湖北省等重点省份的部分地方法人银行，向重点医用物品和生活物资的生产、运输和销售的重点企业提供优惠利率信贷支持。资金投向实行重点企业名单制管理。综合低成本贷款利率和财政部贴息，确保重点企业实际融资成本降至 1.6%以下。

三、延期缴纳企业税款

一是小微企业、个体工商户延缓缴纳所得税。《关于小型微利企业和个体工商户延缓缴纳2020年所得税有关事项的公告》（国家税务总局公告2020年第10号）明确，小型微利企业和个体工商户可延缓缴纳所得税。2020年5月1日至2020年12月31日，小型微利企业、个体工商户在2020年剩余申报期按规定办理预缴申报后，可以暂缓缴纳当期的企业所得税，延迟至2021年首个申报期内一并缴纳。其中，个体工商户实行简易申报的，2020年5月1日至2020年12月31日期间暂不扣划个人所得税，延迟至2021年首个申报期内一并划缴。二是缓缴社会保险费。人力资源社会保障部、财政部、国家税务总局《关于延长阶段性减免企业社会保险费政策实施期限等问题的通知》（人社部发〔2020〕49号）规定，受新冠肺炎疫情影响生产经营出现严重困难的企业，可申请缓缴社会保险费至2020年12月月底，缓缴期间免收滞纳金，可申请降低住房公积金缴存比例和暂缓缴存住房公积金。三是交通运输、餐饮、住宿、旅游等困难行业企业延长纳税申报期限。财政部、国家税务总局《关于支持新型冠状病毒感染的肺炎疫情防控有关税收政策的公告》（财政部 国家税务总局公告2020年第8号）第四条规定，受新冠肺炎疫情影响较大的困难行业企业2020年度发生的亏损，最长结转年限由5年延长至8年；困难行业企业，包括交通运输、餐饮、住宿、旅游（指旅行社及相关服务、游览景区管理两类）四大类，具体判断标准按照现行《国民经济行业分类》执行。困难行业企业2020年度主营业务收入须占收入总额（剔除不征税收入和投资收益）的50%以上。

四、加大政府采购支持与清欠工作力度

一是政府采购向重点防疫物资生产企业倾斜，及时支付采购款项。例如，北京市要求采购新冠肺炎疫情防控相关货物、工程和服务的，可不执行《中华人民共和国政府采购法》规定的方式和程序。设立进口防控物资快速通关专用窗口和绿色通道，采购进口物资无须审批。二是加大政府采购支持力度。盐城市、马鞍山市等地发文规定，对于受新冠肺炎疫情影响损失的中小企业，鼓励采购人在同等条件下，优先采购其产

品和服务。三是国家机关、事业单位和国有企业不得以任何理由新增拖欠中小企业、民营企业账款。例如，盐城市提出加快中小企业账款支付，组织政府部门、政府平台公司、国有企业全面清理与中小企业的业务往来账款，对已达付款期的，加快支付账款，确保账款清偿率达 100%；对未到付款期的，可按合同约定酌情提前支付。

第二节　增强融资可获得性

一、加大信贷金融支持

一是实施定向降准，扩大对中小企业的低息优惠贷款。进一步实施对中小银行的定向降准，引导中小银行将获得的全部资金，以优惠利率向"量大面广"的中小企业提供贷款，支持扩大对涉农、外贸和受新冠肺炎疫情影响较重产业的信贷投放。二是提供再贷款、再贴现精准支持。增加再贷款、再贴现额度 1.5 万亿元，重点用于中小银行加大对中小企业的信贷支持。同时，下调"支农支小"再贷款利率 0.25 个百分点至 2.5%。三是增加专项信贷额度。政策性银行增加 3500 亿元专项信贷额度，以优惠利率向民营企业和中小企业发放。对个体工商户的贷款，各银行金融机构要在 2019 年基础上力争再增加 5000 亿元以上。四是加大债券支持力度。支持金融机构发行 3000 亿元小微金融债券，全部用于发放小微贷款。引导增加公司信用类债券净融资额，为民营和中小企业低成本融资拓宽渠道。五是对中小企业贷款实施阶段性延期还本付息。中国人民银行等部门《关于进一步对中小微企业贷款实施阶段性延期还本付息的通知》（银发〔2020〕122 号）明确，对于 2020 年 6 月 1 日至 2020 年 12 月 31 日期间到期的普惠小微贷款（包括单户授信 1000 万元及以下的小微企业贷款、个体工商户和小微企业主经营性贷款），按照"应延尽延"要求，实施阶段性延期还本付息。对于 2020 年年底前到期的其他中小企业贷款和大型国际产业链企业（外贸企业）等有特殊困难企业的贷款，可由企业与银行业金融机构自主协商延期还本付息。

二、优化融资担保服务

一是提高金融服务效率。国家发展改革委、工业和信息化部、财政部、中国人民银行印发《关于做好 2020 年降成本重点工作的通知》(发改运行〔2020〕1183 号),明确推动各级政府性融资担保、再担保机构提高业务办理效率,逐步减少、取消反担保要求。二是优化对受新冠肺炎疫情影响企业的融资担保服务。财政部印发《关于支持金融强化服务做好新型冠状病毒感染肺炎疫情防控工作的通知》(财金〔2020〕3 号),明确鼓励银行合理让利,提高贷款审批和发放效率,不抽贷、不压贷、不断贷。对于确无还款能力的小微企业,为其提供融资担保服务的各级政府性融资担保机构应及时履行代偿义务,视新冠肺炎疫情影响情况适当延长追偿时限,符合核销条件的,可按规定核销代偿损失。三是健全贷款风险分担机制。中共中央办公厅、国务院办公厅印发《关于加强金融服务民营企业的若干意见》,鼓励有条件的地方设立民营企业和小微企业贷款风险补偿专项资金、引导基金或信用保证基金,鼓励发展为中小微企业增信的商业保险产品,对金融机构向小微企业发放的贷款不良部分给予适当补偿。

三、强化直接融资支持

一是减免新冠肺炎疫情严重地区公司上市等部分费用。中国人民银行、财政部、中国银行保险监督管理委员会、中国证券监督管理委员会、国家外汇管理局《关于进一步强化金融支持防控新型冠状病毒感染肺炎疫情的通知》(银发〔2020〕29 号),明确免收湖北省上市公司、挂牌公司应向证券交易所、全国中小企业股份转让系统缴纳的 2020 年度上市年费和挂牌年费。二是加快推进股权投资及服务。工业和信息化部印发《关于应对新型冠状病毒肺炎疫情帮助中小企业复工复产共渡难关有关工作的通知》(工信明电〔2020〕14 号),明确积极发挥国家和地方中小企业发展基金协同联动效应,引导社会资本扩大对中小企业的股权融资规模,尤其是加大对受新冠肺炎疫情影响暂时出现困难的创新型、成长型中小企业投资力度,加大对受新冠肺炎疫情影响较大的被投企业投后服务力度。三是创业板试点注册制改革。中央全面深化改革委员会

第十三次会议审议通过了《创业板改革并试点注册制总体实施方案》，在创业板试点注册制改革，精简优化发行条件，增加制度包容性，更好地服务成长型创新创业企业。四是加快推进"新三板"改革。《中国证监会关于全国中小企业股份转让系统挂牌公司转板上市的指导意见》（中国证券监督管理委员会公告〔2020〕29号）提出，建立全国中小企业股份转让系统挂牌公司转板上市机制，发挥"新三板"市场承上启下的作用，打通中小企业成长壮大的上升渠道。

第三节 保障企业复工稳岗

一、减轻企业运营成本

一是阶段性降低企业用电成本。《国家发展改革委关于阶段性降低企业用电成本支持企业复工复产的通知》（发改价格〔2020〕258号）明确，阶段性降低企业用电成本。2020年2月1日至2020年6月30日，对一般工商业及其他电价、大工业电价的电力用户（高耗能行业用户除外）按原到户电价水平的95%结算。二是阶段性降低用气、用水成本。《国家发展改革委关于阶段性降低非居民用气成本支持企业复工复产的通知》（发改价格〔2020〕257号）明确，提前执行淡季价格政策，对执行政府指导价的非居民用气，要以基准门站价格为基础适当下浮，尽可能降低价格水平；对价格已放开的非居民用气，鼓励天然气生产经营企业根据市场形势与下游用气企业充分协商沟通，降低价格水平。此外，工业和信息化部印发《关于应对新型冠状病毒肺炎疫情帮助中小企业复工复产共渡难关有关工作的通知》指出，对新冠肺炎疫情期间中小企业生产经营所需的用电、用水、用气，可实施阶段性缓缴费用，国有供电、供水企业对新冠肺炎疫情期间欠电费、水费的中小企业不断供、不收取滞纳金。三是推动减免企业房租。北京市、上海市等地鼓励减免国有房产租金，引导和鼓励园区、孵化器、商务楼宇等市场运营方对承租的中小企业减免房租、物业管理和其他费用，可对让利小微企业的私有用房业主、平台企业给予补贴。四是降低企业网络宽带费用。国家发展改革委、工业和信息化部、财政部和中国人民银行印发《关于做好

2020年降成本重点工作的通知》(发改运行〔2020〕1183号)明确,降低企业宽带和专线平均资费。针对企业实施互联网接入宽带和专线降费,重点向中小企业和制造业倾斜,整体上实现企业宽带和专线平均资费降低15%。

二、加大减负稳岗力度

一是加大失业保险稳岗返还。国务院办公厅《关于应对新冠肺炎疫情影响强化稳就业举措的实施意见》(国办发〔2020〕6号)规定,对不裁员或少裁员的中小企业,返还标准最高可提至企业及其职工上年度缴纳失业保险费的100%,湖北省可放宽到所有企业;对暂时生产经营困难且恢复有望、坚持不裁员或少裁员的参保企业,适当放宽其稳岗返还政策认定标准,重点向受新冠肺炎疫情影响的企业倾斜,返还标准可按不超过6个月的当地月人均失业保险金和参保职工人数确定,或按不超过3个月的企业及其职工应缴纳社会保险费确定。二是给予吸纳高校毕业生就业补贴。国务院办公厅《关于应对新冠肺炎疫情影响强化稳就业举措的实施意见》(国办发〔2020〕6号)规定,对中小企业招用毕业年度高校毕业生并签订1年以上劳动合同的,给予一次性吸纳就业补贴。三是对吸纳重点群体就业和培训补贴。例如,苏州市利用失业保险基金滚存结余部分资金,对中小企业吸纳下岗失业人员、农村劳动力、转岗职工和就业困难人员等重点群体就业按规定开展培训时给予补贴。四是畅通企业用工信息供需对接机制。例如,青岛市、聊城市等地发文规定,引导中小企业用好各类人才信息供需对接平台,推进线上供求匹配对接和远程招聘。精准摸查中小企业用工需求,协调中小企业间暂时性员工共享,加强中小企业需求与本地富余劳动力、外来务工人员的精准对接,帮助中小企业满足阶段性用工需求。五是推动员工返岗就业。鼓励制定组织务工人员返岗方案,可运用信息化"行程证明""健康码"等手段做好员工健康监测,帮助中小企业做好员工返岗后新冠肺炎疫情防控工作。人社部、公安部、交通运输部、国家卫生健康委、国家乡村振兴局、中国民航局、国家铁路集团联合印发《关于做好返岗复工"点对点"服务保障工作的通知》,明确组织开展对用工集中地区和集中企业"点对点"的专车专列运输服务,保障安全有序返岗复工。

三、确保物流运输通畅

一是做好新冠肺炎疫情防控物资保障工作。山东省、江苏省等地政府指出，要大力支持新冠肺炎疫情防控物资企业尽快高效复工复产，做好防控物资储备工作。要及时了解企业复工复产面临的防控物资实际需求，帮助企业协调解决复工复产所需的口罩、消杀用品、测温仪等防控物资保障等难题。二是保障企业运输需求。例如，湖南省要求加快处置未经批准擅自设卡拦截、断路等阻碍交通现象，保障高速公路服务区正常运营，恢复交通网络和交通运输通道畅通。可为新冠肺炎疫情救援人员、防疫物资运输车辆开辟"绿色通道"，对新冠肺炎疫情防控企业和人员发放特别通行证，确保车辆的安全、快速、优先通行。

第四节 推动开拓国内外市场

一、帮助企业恢复出口订单

一是强化法律服务帮助企业降低风险。《商务部关于应对新冠肺炎疫情做好稳外贸稳外资促消费工作的通知》（商综发〔2020〕30号）明确，支持贸促会、商会等为外贸企业和境外项目实施主体无偿出具因新冠肺炎疫情导致未能按时履约的不可抗力事实性证明。对确因新冠肺炎疫情影响无法正常履行相关义务的企业，协调不记入信用记录。二是推动中小企业参加展会。商务部办公厅印发《关于帮助外贸企业应对疫情克服困难减少损失的通知》明确，推动各商会协调国内外组展机构，帮助因新冠肺炎疫情无法出国参展的中小企业妥善处理已付费用等问题。可对中小企业参加境外展会的费用给予适当补贴。三是加强出口信用保险支持。《商务部关于应对新冠肺炎疫情做好稳外贸稳外资促消费工作的通知》（商综发〔2020〕30号）明确，进一步扩大出口信用保险覆盖面，合理降低短期险费率，帮助中小企业应对订单取消、出运拒收等风险；开辟理赔服务绿色通道，在贸易真实的情况下适当放宽理赔条件，做到应赔尽赔、能赔快赔。四是增加外贸信贷投放。引导金融机构增加外贸信贷投放，落实好贷款延期还本付息等政策，对受新冠肺炎疫情影响大、前景好的中小微外贸企业可协商再延期。

二、简化进出口环节流程

一是加快出口备案企业审批流程，压缩检疫审批时长。中共海关总署委员会印发《关于应对疫情影响 促进外贸稳增长的十条措施》（署党发〔2020〕11号），鼓励优化出口前监管，提供便捷出证服务，有针对性地做好出口货物检疫证书、处理证书、原产地证、卫生证书等出具工作。二是降低进出口环节通关成本。财政部《关于取消港口建设费和调整民航发展基金有关政策的公告》（财政部公告2021年第8号）规定，自2021年1月1日起取消港口建设费。以前年度欠缴的港口建设费，相关执收单位应当足额征收及时清算，并按照财政部门规定的渠道全额上缴国库。自2021年4月1日起，将航空公司应缴纳民航发展基金的征收标准，在按照《财政部关于调整部分政府性基金有关政策的通知》（财税〔2019〕46号）降低50%的基础上，再降低20%。三是加快验放进口生产设备和原材料。中共海关总署委员会印发《关于应对疫情影响 促进外贸稳增长的十条措施》（署党发〔2020〕11号）规定，对企业生产急需进口的机器设备、原材料做到快速验放，如需实施查验的，提高机检比例，减少开箱检查，满足企业顺势监管需求。对于需要送实验室检测的，可凭第三方认证、检测报告或企业质量安全自我声明快验快放，进一步降低送实验室检测比例。

第五节　持续强化精准服务

一、进一步深化"放管服"改革

一是规范审批事项和行为，压缩复工复产审批办理时间。简化复工复产审批和条件，优化复工复产办理流程，提升中小企业投资生产经营事项审批效率，加快实现复工复产等重点事项"网上办"，清理取消阻碍劳动力有序返岗和物资运输的烦琐手续。清理取消不合时宜的临时管制措施和不合理的证明、收费等规定。简化各项助企纾困政策办理手续，尽可能网上办理政府涉企事项。二是严格执行"双随机、一公开"制度。杜绝多头执法、重复执法，合并、精简检查/抽查频次，促进中小企业休养生息。三是加大政策协调落实力度。采取"企业管家""复工复产

联络员""企业服务包"等举措,深入中小企业走访摸查,主动靠前服务,帮助中小企业办理复工复产手续,抓好用工、原材料、资金等要素保障。

二、加大线上线下服务支持

一是畅通中小企业问题反映渠道。通过线上开设专栏等形式及时梳理各项惠企支持政策,集中受理中小企业复工复产遇到的难题,建立快速响应机制,明确办理部门、办理时限及反馈方式,为中小企业提供政策咨询解读等专项服务,帮助中小企业排忧解难。二是加强对中小企业线上培训力度。通过"企业微课"等形式,开发中小企业线上培训课堂,为中小企业送政策、送技术、送管理。三是引导社会力量服务中小企业。国家发展改革委办公厅、民政部办公厅《关于积极发挥行业协会商会作用 支持民营中小企业复工复产的通知》(发改办体改〔2020〕175号)明确,行业协会、商会编制复工复产政策指南和民营中小企业自救指南,搭建线上政策咨询平台,帮助指导中小企业了解并用好税费减免延缴、援企稳岗、劳动用工、金融支持、房租补贴等各项优惠政策。

第九章

银企合作助力中小企业融资研究

第一节　信息不对称下的银行和企业合作困境

一、新发展阶段下中小企业的融资特点

（一）中小企业融资外界环境更加严酷

当前，世界仍处于国际金融危机后的深度调整期，世界经济陷入持续低迷期，国际经济大循环动能弱化，生产和贸易活动出现收缩。我国经济正处于从高速增长向高质量转变的关键时期，结构转换复杂性上升，发展不平衡问题较为突出。加之"后疫情时代"我国经济持续回升基础并不牢固，在劳动力成本持续上升、企业盈利空间进一步收紧的大环境下，中小企业资金回流速度减慢，经营成本增加。虽然包括中央在内的各级政府部门出台了大量政策，包括继续执行制度性减税政策、延长小规模纳税人增值税优惠等部分阶段性政策执行期限、延续普惠小微企业贷款延期还本付息政策、加大再贷款/再贴现支持普惠金融力度等在内的优惠政策在一定程度上增强了中小企业信心，但中小企业融资环境仍然有待改善，银行和企业（以下简称"银企"）对接便利度有待提升，贷款效率的长效机制有待建立。

（二）中小企业融资供给无法满足融资需求

在新发展阶段、新发展理念、新发展格局下，大力提倡创新创业离

不开中小企业，同时也给中小企业发展提供了更多机会和更大空间，因此，我国涌现出一批竞争力强、成长性好、知名度高的高质量中小企业。随着"独角兽"企业、"隐形冠军"企业、"瞪羚"企业等出现，创新创业热潮推动中小企业数量达到一定规模，为进一步加快中小企业发展，其资金需求也相应快速增加。但从资金供给方面来看，金融机构（尤其是银行）在资金安排使用方面结合风险防控、战略规划等各种因素，按要求拨付给中小企业的金额相比于中小企业需要的金额少很多，加之中小企业独有的特征，在融资需求刚性增加的前提下，融资供给却没有按比例增加，融资供需矛盾加剧，中小企业在创新创业浪潮中更好地生存下来还存在一定困难。

（三）中小企业融资需求向多元化发展

随着新一轮科技革命和产业变革深入推进，新一代信息技术与新能源、新材料、现代生物等技术和产业加速融合，催生新产业、新业态、新模式不断涌现，带动全球产业组织变革和产业梯度转移不断加速。此外，随着居民收入水平和消费水平不断提高，新一轮消费结构升级动力持续增强，发展型、享受型消费占比不断上升并逐步成为消费核心，从事教育、文化、医疗、健康等新兴服务领域的中小企业逐渐成为热点。这些新特点给传统企业的融资方式带来了巨大的挑战，融资需求向多元化发展，银企双方信息不对称问题更加凸显。

（四）支持中小企业融资政策日益丰富

为缓解中小企业"融资难、融资贵"问题，中央和地方各级政府、金融监管部门出台了一系列扶持政策，以加强银企合作，缓解中小企业资金压力。为降低中小企业融资成本，2018年以来，中国人民银行相继降低存款准备金7次，将资金定向用于扶持中小企业发展。从《关于进一步深化小微企业金融服务的意见》出台，到民营企业家座谈会，都体现出了对中小企业融资的支持。2019年，金融支持中小企业发展的政策文件密集出台，如《关于加强金融服务民营企业的若干意见》《关于营造更好发展环境支持民营企业改革发展的意见》等，中小企业的融资环境持续得到缓解。2020年，新冠肺炎疫情在全球蔓延，我国各级

政府出台大量行之有效的金融政策，以激活市场活力。例如，适当延长中小企业到期贷款支付期限、引导金融机构开设针对中小企业融资担保业务的绿色通道、减低担保费率等，中小企业融资支持政策不断丰富。

二、信息不对称的含义及表现

（一）信息不对称含义

信息不对称是指信息在委托人和代理人之间分布不均匀，代理人拥有更多的私有信息，如企业的真实经营情况，以及在履行委托代理的过程中有关执行者采取的策略、后果等信息，这些私有信息可能被代理人利用。信息不对称现象使处于"信息劣势"的主体无法实现政策的完全合理性，也使处于"信息优势"的主体可以通过隐藏行动或隐藏信息来谋取利益。例如，在企业融资的过程中，企业相对于银行来说，具有"信息优势"，企业有可能为获得最大额度的资金而选择信息隐瞒或作假，此时，作为"信息劣势"方的银行从自身利益出发，将选择不给企业拨款或减少拨款金额，导致在企业融资过程中无法实现最优结果。

（二）银企间信息不对称的表现

在银行与企业对接中，双方拥有的信息量大小不同，相较而言，双方都有可能处于"信息劣势"地位。

1. 银行无法获取中小企业的真实数据信息

银行作为资金供给方，无法获取中小企业的真实财务信息（包括资产、负债等数据），因此，无法判断中小企业的履约能力。具体来说，在企业融资过程中，企业的经营情况是银行是否放贷的关键因素，大企业资金实力和抗风险能力强，加之其规范的财务制度可以为银行提供经专业人员审核后的财务报表，数据信息真实可信。而中小企业的财务管理不规范，无法提供经专业人员审核后的财务报表，甚至存在提供家庭经营的"流水账"、为获取贷款而美化财务报表等情况。

此外，银行判断中小企业还贷能力的成本较高。从银行的角度来看，大部分中小企业缺乏合格抵押物，当中小企业无法还款时，通过变卖抵押物偿还贷款的方式一般难以实现，更多的是依靠信用借贷。但在信用

借贷中，银行需要根据企业的信用数据来判断其信用及风险承担能力，而企业的信用数据涉及多个政府部门，收集成本较大，整合难度较高。加之受规模影响，中小企业相较于大企业来说，希望得到的贷款金额及利率较低，银行从中获取收益较少。因此，较高的信用判定成本降低了银行给中小企业提供金融服务的意愿。

2. 中小企业无法及时获取银行的贷款政策

大多数中小企业管理经营模式简单，较少设立或安排专门对接银行的部门或人员，无法及时获取银行贷款政策。加之银行的贷款政策繁多，信息服务平台建设有待加强，中小企业寻找到适合自身贷款产品的成本较高，因此，更多地选择自筹资金或民间借贷。

此外，即使大部分银行根据相关规定制定了具体的尽职免责办法，尤其是针对小微企业贷款的"尽职免责制度"也陆续出台，但在现实贷款中，一旦出现风险（如产生不良贷款），仍须对业务具体经办人进行问责，极大地损害了银行给中小企业贷款的积极性。因此，银行在设计贷款业务上，更多的是发布适合大企业的金融业务，专门针对中小企业的金融业务宣传力度较低。

第二节 信用体系不健全制约银企合作

一、信用体系建设的必要性分析

（一）信用缺失下的"融资难"制约中小企业发展

银行作为独立的企业法人，在某种意义上与一般的企业相同，不仅要接受绩效考核和严格的监督，而且要在风险可控的范围内实现利益最大化。银行从自身利益出发选择不向中小企业拨款，中小企业高质量发展受资金制约。

（二）资本认缴下建立完善的企业征信体系更加迫切

根据有关规定，认缴资本制度代替了原有的注册资本实缴登记制度，成为企业经营管理的法律基础。在实行注册资本实缴登记制度时，企业以法定年限内出资完毕的数额对所负债务偿还承担着保障责任，此

时企业的具体注册资本可以作为债券担保，为债权人提供资产规模、财务状况及偿债能力等情况说明。在认缴资本制度框架下，相应的门槛变低、条件放宽，债务担保功能转移到企业动态的资产上，这种动态的资产具有更高的灵活性和多变性，债权人无法轻易地通过现有的情况判断企业的经营情况。此时，建立相配套的信用体系尤为重要。

二、中小企业信用危机产生的机理分析

（一）失信机会成本低

在一定程度上来说，守信与否只是一种经济行为的选择，社会经济信用程度低的根本原因在于各主体做出不守信选择时收益高于成本，即失信机会成本低。具体来说，企业间的竞争关系使得某一家企业与其他企业存在非合作博弈关系。在法律对失信制裁力度不大时，企业可以通过失信获得更高的市场份额，从而在市场竞争中占优势，失信成为企业的"最优选择"。长此以往，市场上的企业都会选择失信，市场将陷入无序竞争。

中小企业的管理人员大多没有接受过专业的培训，其经营理念以"人治"为主，股东和管理者身份重合致使产权和控制权高度统一，缺乏制度建设、制度管理的观念；其经营模式以家族式经营为主，治理结构不完善，财务管理不规范，运营方式责权利不够清晰，缺乏长远的战略规划考量。这些问题导致中小企业尤其是小微企业的管理者，比较容易忽视企业经营中出现的各种风险，不重视企业自身的信用价值和名誉价值。在现实中，这突出表现在以下两个方面：一是受宏观经济和经营不善等因素的影响，中小企业发生资金链断裂、倒闭危机的概率更大；二是当出现经营危机时，中小企业主多选择"跑路"、失联、转移资产等恶意方式以逃避银行追责，拒绝偿还银行债务，将成本和风险转移给金融机构。因此，中小企业被银行贴上"抗风险能力弱、信用程度低"的标签。此外，中小企业的财务管理不规范，经营资金流进流出多通过特定的个人账户管理，银行难以通过中小企业的财务报表和账户流水来判断其生产经营状况。以上这些因素导致银行向中小企业放贷的意愿和积极性较低。

（二）数据整合不畅通

企业的信用度评价时需要依靠大量数据，但数据散落在各个不同的部门，形成"数据孤岛"，缺乏部门间数据的有效整合。虽然我国通过不断努力已建立了全国统一的信用信息公示系统，如国家企业信用信息公示系统、全国企业信用信息数据库、全国信用信息共享平台等，但信息的采集依然需要企业按照规定自行报送，作假、造假可能性极高，信息的真实性有待考证。

（三）企业内部管理不规范

从中小企业发展历程和经营特点中可以看出，中小企业存活周期较短、账务不清晰、未建立规范的管理制度等特征并未改变，银行贷款需要的信用难以提供。尤其是在中小企业初创阶段，内源式融资方式普遍存在。随着中小企业的发展，其所需资金迅速扩大，通过内源式融资方式已不能满足发展的需要，因此，需要完善的信用担保体系帮助其获取资金。

第三节 打破银企对接壁垒

一、提高中小企业失信机会成本，进一步优化银企合作环境

加强行政监管力度。推动各级政府在中小企业办理市场准入、行政审批等过程中进行信用监管，通过差异化的惩戒措施，减少中小企业失信行为的发生。建立各行业"黑名单"制度，制定针对进入"黑名单"中小企业的限制性措施，严格执行，约束中小企业。

提升市场约束水平。通过失信信息公开曝光和信用服务机构及时曝光失信企业信息，提高中小企业在市场上失信活动的机会成本，进而加大失信企业借贷、上市难度。完善舆论监督，激发市场其他主体对失信企业的讨论等，约束失信企业的行为。

二、打通各部门间信息壁垒，为银企合作提供数据支持

建设数据共享平台。加快推进数据共享平台建设，将社会保障、教育医疗、公共安全、社会信用、食品药品监管等重要信息接入数据共享交换平台，实现数据交换，减少数据收集成本。

规范数据的采集和处理。在已有的数据平台基础上，充分利用"互联网+"和大数据技术，整合工商、税务、统计、海关等各业务系统中的信息资源，开发安全、可靠的自动化采集系统。将散落在工商、税务、统计、海关等各业务系统中的信息资源，抓取并整合为中小企业贷款的信用依据，并形成便于在各官网查询的报表，为银行和企业办理金融业务时提供真实、可信的数据。

三、畅通银企对接，为银企合作提供保障

搭建融资增信平台。中小企业自身规模小、信用能力低、缺乏信用担保所导致的"融资难"问题，可通过强化征信建设的手段来有效缓解。征信建设的核心在于建立一个与银行系统联通的企业信息共享网络，便于银行全面掌握企业的经营信息和信用信息，降低银行方面的信息不对称性，提高银行评估企业客户能力的有效性，切实为经营状态良好、信誉度高的中小企业解决"融资难"问题。建议相关部门成立专门的中小企业融资项目库，科学、合理地设置项目库信息指标，严格、及时地审核录入信息的真实性。通过政府部门审核把关，为有融资需求和有偿还能力的中小企业增信，降低银行尽职调查过程中所投入的时间、人力、物力成本。融资增信平台实行有进有出的实时动态管理措施，搭建风险提示和预警功能，健全对失信企业的约束惩罚手段，及时披露有经营风险、信用风险的企业，剔除失信"黑名单"企业，且一定时期内不得再进入融资项目库，帮助银行有效识别优质客户，减少中小企业贷款审批时间。

充分利用各类数据资源。充分调动金融机构"同业合作、混业互补"，促进各主体自觉将金融资源投放到实体经济。利用各类资源，建立集产品介绍、政策优惠、业务办理、后续服务等"一站式"融资对接平

台，形成互联网运营模式，减少因办理业务烦琐而拒绝银行贷款的现象发生。

完善落实尽职免责制度。找准尽职免责制度推行的梗阻点，通过修补制度漏洞，出台相关实施办法和细则，完善尽职免责制度，进一步明确信贷业务经办人员及管理人员尽职免责的认定标准和适用条件。探索建立尽职免责"正面清单"，对业务经办时履行相应岗位职责及执行尽职免责制度规定，但因客观原因引发不良资产的，经查实后对相关人员不予追究责任，降低信贷办理人员"恐贷、惜贷"的心理包袱，强化对中小企业的金融服务。按照风险等级分类，制定不同梯度的尽职免责处罚力度。同时，银行根据实际情况制定针对信贷业务经办人员及管理人员的申诉机制，畅通申诉渠道，充分释放制度势能，激发基层银行机构和人员服务中小企业的内生动力。

完善风险转移和分担机制。通过设立贷款风险补偿资金池和贷款担保资金池，组建政府性融资担保集团，为民营企业和中小企业贷款增信，转移和分担银行贷款风险。探索银行与保险公司合作机制，促进金融机构积极参与民营和中小企业贷款保证保险试点工作，在银行对产业园区、经开区、特定行业客户开展批量业务时，借助保险公司植入民营企业和中小企业贷款保险，发挥保险产品风险转移和分担的作用。突出政府在企业增信、风险防范和补偿、贷款投向等领域的引导功能，设立中小微企业贷款引导基金，撬动多样化的社会资本投入，利用风险补偿降低民营企业和中小企业的融资门槛，利用政策担保增加企业信用，提高中小企业融资规模，打通金融服务民营企业和中小企业的"最后一公里"。

第十章

地方支持中小企业国际化发展的主要做法研究

结合当前中小企业的发展环境分析,新冠肺炎疫情的持续进一步加剧了世界经济复苏的难度,国际贸易和投资短期内恢复增长困难重重,海外金融市场濒临"黑天鹅事件"冲击,国际保护主义、单边主义、逆全球化等思潮泛滥,中小企业外部发展空间受限,"走出去、引进来"更加困难。此时,中外中小企业合作区作用凸显。中小企业充分利用中外中小企业合作区,积极对接海外资源,增加对外沟通,成为"后疫情时代"促进中小企业国际化发展的重要手段。作为对外沟通交流的重要渠道,中外中小企业合作区日益成为应对国际市场空间压缩的有效抓手,有助于进一步提高中小企业对接科技、人才、市场等创新创业资源便利化。

截至2020年10月,广东揭阳、河北沧州、江苏太仓等地已建立中外中小企业合作区10余个,对中部、东部、西部中小企业"走出去、引进来"发挥了重要作用,提供了政策支持、交流合作、资源对接、人才支撑等多种服务,取得了显著成绩。但自中外中小企业合作区建设以来,其评估体系尚未形成,因此,本章从现实出发,通过建立中外中小企业合作区的评估体系,以期更好地发挥中外中小企业合作区作用。

第一节 中外中小企业合作区评估的必要性分析

一、中小企业国际化发展面临新老问题交织的现状

2020年，新冠肺炎疫情在全球蔓延，世界经济发展持续低迷，美国、日本等世界主要经济体经济增速长期徘徊于负增长区间，下行压力不断积累，国际贸易投资大幅萎缩，经济全球化遭遇逆流，中小企业国际发展环境不确定性增强，"引进来"受挫。中国经济仍然面临结构性、体制性、周期性等多重问题叠加，加之阶段性新冠肺炎疫情冲击和可能存在的新冠肺炎疫情防控常态化，中小企业"走出去"难度上升。

（一）中小企业国际化发展新问题凸显

一是面对新冠肺炎疫情带来的冲击，国际经济增长长期低迷，全球产业链、供应链受到重创，中小企业在生产、贸易和跨境投资等方面都面临较大困难，国际市场空间进一步压缩。

二是国际新冠肺炎疫情泛滥，贸易保护主义和单边主义思潮抬头，部分地区贸易及技术交流受阻，中小企业难以对接海外优质资源。

三是进出口难度增加，中小企业拓展海外市场意愿受到影响。在当前全球抗击新冠肺炎疫情阶段，为保障公共卫生安全，进出口货物被要求执行更为严格的检验检疫程序。此时，货物进出口流程增加、周期延长、成本上升，制约了本就处于弱势地位的中小企业拓展海外市场的意愿。

四是人员流动难度增加，中小企业对接资源难度加大。虽然部分国家已开通往返航班、重新组织对外商谈，但相较于新冠肺炎疫情暴发前，国外资源对接便利程度大幅下降，加之国外感染人数不断增加，投资交流活动延迟或取消，中小企业获取国际信息的通道进一步缩小，对外商谈难度进一步加大。

（二）中小企业国际化发展老问题依旧

一是中小企业自身能力不足，制约国际化发展。中小企业规模小，甚至存在家庭式经营管理模式，难以匹配国际对接所需的管理机制和专

业人才。

二是中小企业获取信息的渠道单一，获取成本较高。受市场服务机构价格较高、国际贸易规则普及力度欠缺等因素影响，中小企业开展国际业务普遍存在时间较短、专业知识欠缺、经验不足等问题，难以较好地对接国际市场。

三是中小企业"融资难、融资贵"问题仍然存在。就银行来说，中小企业贸易进出口业务普遍存在管理不善、经营混乱的问题，银行批准其融资申请意愿较低。

此外，相较于发达经济体来说，我国资本市场尚未完善，融资功能未发挥最大实效，中小企业资金问题仍未解决。

二、中外中小企业合作区的作用日益凸显

2017年7月，工业和信息化部发布《中小企业"一带一路"同行计划》，聚焦"扶持外向型中小企业在国内集聚发展，通过展览展销、组团考察、人才培训、招商引资、项目对接、服务体系建设等方式培养园区企业国际合作能力"等核心内容，着力打造一批中外中小企业合作示范区。2019年4月，工业和信息化部相关领导再次强调，要高度重视中外中小企业合作区建设工作，强化部门间协作，统筹政府、企业、行业协会等各方资源，进一步"探索支持中小企业海外园区建设，继续支持有条件的地方设立中外中小企业合作区，拓展中小企业对接全球创新资源的新空间"，推动国内外优势创新创业资源集聚，助力中小企业"走出去、引进来"、实现高质量发展。

（一）中外中小企业合作区是帮助中小企业对接国际创新创业资源的重要交流平台

中外中小企业合作区坚持把开展国际化交流与合作作为发展的重要抓手，积极对接各主体，拓展中小企业对外交流渠道，通过搭建合作载体平台、举办展览论坛、组织文化交流会、开展创新大赛等手段，学习国外先进的经营理念，探索适合中小企业发展的运营模式，聚集丰富的产业要素资源，推动中小企业国际合作向纵深发展。

（二）中外中小企业合作区是帮助中小企业缓解资金压力的重要保障

中外中小企业合作区充分引导中外中小企业深度合作、资源协同，同时进一步转变思路，创新方式方法，借助中外中小企业合作区对接交流平台，支持海外高端创新创业项目、资金流、信息流及人才资源进入中小企业，破解中小企业发展面临的资金瓶颈。

（三）中外中小企业合作区是促进中小企业高质量发展的重要载体

中外中小企业合作区围绕区内主导产业、投/融资、翻译等方面，大力引进海外高端专业人才，或与海外高校合作招揽人才，以助力中小企业高质量发展。同时，中外中小企业合作区匹配国际学校，为海外人员解决子女就学问题，解决海外高端人才来华工作的后顾之忧。此外，中外中小企业合作区将德国"双元制"教育本土化，创新教育模式，全面提高中小企业专业人才动手能力和操作技能，进一步帮助中小企业缓解用人问题。

三、中外中小企业合作区评估的意义

（一）理论价值

中外中小企业合作区评估是评估中小企业促进工作的重要内容，是中小企业研究的重要组成部分，也是推动完善中小企业理论研究的重要切入点。开展中外中小企业合作区评估不仅可以推动中外中小企业合作区建设不断完善，有助于推动各地中外中小企业统一建设标准，明确发展方向，也可以为中小企业合理布局海外市场提供坚实的基础。此外，开展中外中小企业合作区评估还可以为高校等从事中小企业研究的机构提供重要的理论支撑，具有重要的理论价值。

（二）实践价值

开展中外中小企业合作区评估可以进一步理清中外中小企业合作区建设的关键环节和主要指标，从而为推动中外中小企业合作区提高服务水平、实现高质量发展提供保障。同时，开展中外中小企业合作区评

估也是对现有中外中小企业合作区建设情况的大摸底、大考核,有利于发现我国中外中小企业合作区建设面临的主要问题、瓶颈和发展方向等,从而为我国中外中小企业合作区建设把好脉,进一步发挥中外中小企业合作区在促进中小企业国际化发展、实现全球合理布局中的最大效能。

第二节　园区评估实践经验

一、境外经济贸易合作区评估经验

(一)国家级境外经济贸易合作区考核

1. 基本情况介绍

2015 年 8 月,由商务部、财政部印发的《境外经济贸易合作区考核办法》(以下简称《考核办法》)出台,《考核办法》是对 2013 年出台的《境外经济贸易合作区确认考核和年度考核管理办法》的完善。《考核办法》包括总则、确认考核、年度考核、罚则、附则 5 个部分。其中,总则对境外经济贸易合作区、考核分类、部门分工进行了规定;确认考核详细说明了考核对象应具备的条件,包括基本条件和其他要求;年度考核论述了考核的申请办法、考核的具体内容;罚则对考核中违规行为的处罚进行了分类及论述;附则包括合作区主要类型及确认考核、年度考核的具体要求、合作区确认考核和年度考核的申请材料要求、境外经济贸易合作区确认函 3 个文件。

2. 考核指标设计

《考核办法》的考核指标分为确认考核指标和年度考核指标。境外经济贸易合作区确认考核指标如表 10-1 所示。确认考核指标将符合基本条件的境外经济贸易合作区划分为加工制造型、资源利用型、农业产业型、商贸物流型、科技研发型 5 个类型,并从土地面积(建筑面积)、基础设施(软/硬件)建设投资额、中资成分入区企业投资总额等方面对不同类型的境外经济贸易合作区进行考核。例如,《考核办法》中要求,加工制造型境外经济贸易合作区在满足基本条件后,仍需具备"已取得完备法律手续的土地面积不低于 $1km^2$,且满足合作

区扩展的用地面积不低于 $3km^2$，并已经取得扩展用地的相关协议或书面承诺；已完成区内水、电、路等基础设施建设投资 3000 万美元；已有 8 家以上具备中资成分的加工制造型入区企业，其中至少 4 家已开工建设且境内投资主体不同。具备中资成分的入区企业投资总额超过 4000 万美元"。

表 10-1　境外经济贸易合作区确认考核指标

类型	土地面积（建筑面积）	扩展用地面积	是否已取得拓展用地协议或承诺	基础设施（软/硬件）建设投资额	中资成分入区企业个数	已开工且境内投资主体不同的企业个数	中资成分入区企业投资总额	其他
	km^2	—		万美元	家	家	万美元	
加工制造型	≥1	≥3	是	3000	>8	≥4	>4000	满足管理要求
资源利用型	≥1	≥4	是	5000	>5	≥3	>5000	满足管理要求
农业产业型	≥0.5	—	—	2000	>5	≥3	>2000	满足管理要求
商贸物流型	≥0.03	—	—	3000	—	—	—	满足管理要求，物流强度≥100 万吨/（平方千米·年），上年贸易额≥2 亿美元，实际经营企业≥100 家
科技研发型	≥0.01	—	—	>5000	>3	—	—	满足管理要求，研发人员≥200 人，授权专利技术≥100 项

资料来源：根据《考核办法》整理

境外经济贸易合作区年度考核指标如表 10-2 所示。境外经济贸易合作区年度考核指标包括基础设施投资、新增中资入区企业、新增投资额、物流强度等方面。例如，对于加工制造型境外经济贸易合作区来说，需在考核期满足"完成合作区基础设施投资不低于 1500 万美元；新增具备中资成分的加工制造型入区企业 5 家以上，或入区企业考核期内新增投资额不低于 2000 万美元"。

表 10-2 境外经济贸易合作区年度考核指标

类　　型	基础设施投资	新增中资入区企业	新增投资额	物流强度	增加量	商户入驻率
	万美元	家	万美元	万吨/(平方千米·年)		%
加工制造型	≥1500	>5	≥2000	—		
资源利用型	≥2000	>1	≥3000	—		
农业产业型	≥500					
商贸物流型	—	—	—	≥100	≥5	70
科技研发型	≥500	>1				

资料来源：根据《考核办法》自行整理

3. 考核流程及责任主体

境外经济贸易合作区考核采取申请考核制，在核查满足考核要求后，由境外经济贸易合作区实施企业按照文件规定的考核内容提交申请报告并附确认考核和年度考核材料。商务部和财政部负责组织境外经济贸易合作区考核相关工作，并对通过确认考核或年度考核的境外经济贸易合作区给予一定的中央财政专项资金资助。

（二）省市境外经济贸易合作区考核

在《考核办法》的指导下，各省市纷纷出台配套考核办法。例如，2018年，浙江省商务厅印发《浙江省省级境外经贸合作区考核管理办法》；山东省商务厅、财政厅联合印发《山东省境外经贸合作区考核管理办法》。省级境外经济贸易合作区考核办法的出台，是在充分结合中央政策文件的基础上，力图加强合作区建设，加快培育国际经济合作和竞争优势。

二、国家级经济技术开发区评估经验

（一）基本情况

2016年4月，《国务院办公厅关于完善国家级经济技术开发区考核制度促进创新驱动发展的指导意见》（国办发〔2016〕14号）出台，明确规定"商务部要改革完善国家级经济开发区发展水平考核评价制度，

制定并发布《国家级经济技术开发区综合发展水平考核评价办法》"。随后，商务部印发《国家级经济技术开发区综合发展水平考核评价办法》（商资函〔2016〕192号），并要求各地商务主管部门依法指导本地区国家级经济技术开发区（以下简称"经开区"）参加考核评价。

《国家级经济技术开发区综合发展水平考核评价办法》（以下简称《考核评价办法》）明确了国家级经济技术开发区的定位及工作方向，共包括7个部分，分别为总则、指标体系、考核评价程序、审核要求、结果发布及应用、动态管理机制、附则。

（二）指标体系

考核评价办法包括5个一级指标、53个二级指标及3项扣分指标。具体来说，一级指标包括产业基础、科技创新、区域带动、生态环保、行政效能。其中，产业基础包括13个二级指标，且分别从高经济发展、对外开放、财税收入、产业集聚、单位土地产出强度、基础设施等方面进行考核；科技创新包括15个二级指标，分别从技术平台、科技资源、科研能力、人才供应水平等方面对经开区进行考核；区域带动包括12个二级指标，主要考核经开区的带动能力；生态环保包含9个二级指标，分别从生态环境建设、单位产值能耗、主要污染物排放等方面考核经开区的生态环境效能；行政效能包括4个二级指标，主要是用于提高经开区行政效率、透明度等。此外，对于在报告期内存在事故、违法违规等行为的经开区，将会在考核评价中做相应的扣分处理。

需要说明的是，为保证考核的客观性，在权重的设置上，《考核评价办法》充分考虑了东部、中部、西部的地域差异和各经开区的性质差异，通过具有差异性的权重来客观评价不同区域、不同阶段、不同性质的经开区。

（三）考核流程

根据《考核评价办法》可知，每年商务部会对上一年度经开区综合情况进行考核评价，由各国家级经开区通过特定平台填报申请并提交审核材料后，省级商务主管部门进行初审评定。经过初审评定后，由本省商务主管部门给商务部提交初审意见、汇总材料，商务部核查相关材料并交专家小组或第三方机构进行考核评价。

第三节　合作区评估体系构建

一、中外中小企业合作区评估原则

中外中小企业合作区评估应从实际出发，充分结合实际、科学、可操作等原则，着重考察中外中小企业合作区对促进中小企业国际化发展的作用。

（一）科学性

评估指标的设计必须以科学性为原则，以科学的理论方法为指导，从实际出发，客观、真实地反映评估指标衡量的内涵。

（二）可操作性

评估指标的选取必须概念明确、定义清晰，既便于采集，又便于定量处理。在选取中外中小企业合作区评估指标时，应尽可能地选取便于理解、统计口径和范围一致的指标，确保指标获取的一致性。

（三）代表性

对中外中小企业的评估可以从多方面展开，但考虑到实际工作强度和现有资源，评估指标的选取应聚焦重点，通过核心指标反映中外中小企业合作区对外合作情况。

（四）动态性

受外部发展环境及中外中小企业合作区内部升级的影响，中外中小企业合作区的评估指标应不断调整变化，具有动态性。因此，在建立中外中小企业合作区评估指标体系时应尽量选取不易更改的指标，便于纵向对比。同时每年对评估指标体系进行审核，及时更新评估指标体系。

二、中外中小企业合作区评估指标选取

（一）目标

通过构建科学、合理的评估指标体系，从横向及纵向比较不同合作区的发展现状，及时评估合作区发展短板，从而有针对性地提出政策建议，以发挥中外中小企业合作区的最大效用，加强中小企业对外合作能力。

（二）指标选取依据

根据现有的文献资料可知，当前对中外中小企业合作区评估的研究较少，大部分研究着重讨论的是经开区、自贸区、境外合作区的评估。此外，从国家层面上看，也尚未有关于对中外中小企业合作区评估工作的报道，因此，中外中小企业合作区评估体系尚属空白。但鉴于中外中小企业合作区与境外经济贸易合作区在吸引海内外资源、推动企业转型升级等方面有相似之处，本节将充分借鉴对境外经济贸易合作区的评价指标来构建中外中小企业合作区的评估维度。此外，根据工业和信息化部出台的《促进中小企业发展规划（2016—2020年）》《促进中小企业国际化发展五年行动计划（2016—2020年）》等文件，中外中小企业合作区应成为开放合作水平高、体制机制新、产业结构优、科技创新强、生态环境好、综合服务佳的合作区，因此，本节从开放合作、机制构建、结构优化、创新发展、综合服务5个方面，构建中外中小企业合作区评估体系。

（三）指标体系构建

1. 开放合作

习近平总书记在博鳌亚洲论坛2018年年会开幕式上的主旨演讲强调，实践证明，过去40年中国经济发展是在开放条件下取得的，未来中国经济实现高质量发展也必须在更加开放条件下进行。这是中国基于发展需要做出的战略抉择，同时也是在以实际行动推动经济全球化造福世界各国人民。并且指出，中国将通过进一步拓展市场准入范围、改善并优化投资环境、强化知识产权保护、增加出口强度等方式释放国际贸

易活力。因此，将市场准入、招商引资、知识产权、进出口规模4个指标作为衡量中外中小企业合作区开放合作的指标。

2. 机制构建

工业和信息化部相关领导于2019年4月12日在国新办举行的吹风会上表示，支持中小企业国际化发展，深化中小企业领域的双多边政策磋商机制。下一步，工业和信息化部将继续发挥好中小企业领域的多双边合作机制的引领作用，完善支持中小企业国际化发展的服务体系。鉴于此，从管理机制、合作机制、人才交流机制、风险防范机制4个方面对中外中小企业合作区的机制建立进行评估。

3. 结构优化

2015年11月10日，习近平总书记主持召开中央财经领导小组第十一次会议强调，要牢固树立和贯彻落实创新、协调、绿色、开放、共享的发展理念，适应经济发展新常态，坚持稳中求进，坚持改革开放，实行宏观政策要稳、产业政策要准、微观政策要活、改革政策要实、社会政策要托底的政策，战略上坚持持久战，战术上打好歼灭战，在适度扩大总需求的同时，着力加强供给侧结构性改革，着力提高供给体系质量和效率，增强经济持续增长动力，推动我国社会生产力水平实现整体跃升。其基本含义是从生产端入手，通过体制机制改革来调整产业和产品结构，以更好地满足社会需求的一种宏观经济政策。2016年中央经济工作会议对如何推进供给侧结构性改革做出了全面部署，2018年中央经济工作会议延续了这一重要政策，并提出在"巩固、增强、提升、畅通"上下功夫。2019年中央经济工作会议进一步提出，要坚持以供给侧结构性改革为主线，坚持以改革开放为动力，推动高质量发展。因此，通过产业结构、企业结构、产品机构3个指标来评估中外中小企业合作区的结构优化程度。

4. 创新发展

《工业和信息化部关于促进中小企业"专精特新"发展的指导意见》（工信部企业〔2013〕264号）指出，增强企业技术创新能力，发挥中小企业创新主体作用，鼓励中小企业不断加大研发投入和技术改造投资力度。

2009年，中国科协发展研究中心编制的《国家创新能力评价报告》基于国家创新能力理论，从研发投入、创新成果、发展潜能和效率水平

4个层次构建了国家创新能力评价的"投入-产出模型",形成了一套完整的国家创新能力评价指标体系。国家统计局社科文司则从创新环境、研发投入、创新成果和实施效果4个方面,构建了国家创新能力评估指标体系,并形成了"中国创新指数(CII)",进而可以从环境、投入、产出和成效等维度客观评估一个国家的创新能力和水平。这些指标体系尽管在内容上有很大的不同,但都把创新投入和创新成果产出作为衡量国家创新能力的关键要素,也是当前有关创新能力研究的基本共识。选取创新投入和创新成果产出作为评估中外中小企业合作区高质量发展的关键指标具有重要的理论和实践价值。因此,选取创新投入、创新成果产出、合作区发展作为衡量中外中小企业合作区创新发展的指标。

5. 综合服务

《中华人民共和国中小企业促进法》第七章第四十三条规定,国家建立健全社会化的中小企业公共服务体系,为中小企业提供服务。结合中外中小企业合作区特点,采用政务服务和金融支持服务两个指标评价中外中小企业合作区综合服务水平。中外中小企业合作区建设的指标结构示意如图10-1所示。

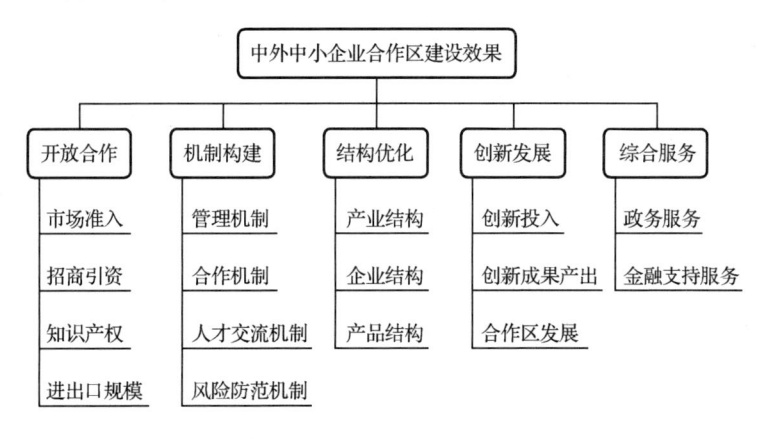

图 10-1 中外中小企业合作区建设的指标结构示意

（四）指标权重

对于中外中小企业合作区建设而言,开放合作、机制构建、结构优化、创新发展和综合服务同等重要,因此在权重方面,参考国际权威第三方评估指标体系,特别是营商环境指数、全球贸易促进指数及上海自贸区卓越指数对评估指标体系权重设置的做法,中外中小企业合作区评估指标采用"等权法"进行权重分配,即各维度/分指标的权重均为 0.2。同时,对一级指标、二级指标、参量化数据同样采用"等权法"进行权数的分配,即各个量化数据的权重为 1/n(n 为该指标下参量化数据的个数)。

第四节 中外中小企业合作区评估指标

综上所述,中外中小企业合作区评估由 5 个一级指标、16 个二级指标、43 个三级指标组成中外中小企业合作区评估指标权重及内涵,如表 10-3 所示。

表 10-3 中外中小企业合作区评估指标权重及内涵

一级指标	二级指标	三级指标	单位	指标内涵
开放合作(权重为0.2)	市场准入	外资企业开办时长	工作日	中外中小企业合作区内外资企业从设立到具备一般性经营条件所需平均时间,包括且不限于办理营业执照、社保登记、税务登记、备案刻章等时间
		外资企业开办成本	%	外资企业开办成本占人均收入比重
		新设外资企业进入难易程度	%	通过备案制进入中外中小企业合作区的新设外资企业占新设企业的比重
	招商引资	招商引资活动频次	次/年	中外中小企业合作区每年开展招商活动次数
		招商完成率	%	实际入区企业数量占中外中小企业合作区计划招商数量的比重
		引资增长率	%	截至统计期末,实际引资额增长率
	知识产权	国内发明专利有效数量	件	统计期内,中外中小企业合作区内企业国内发明专利有效数量
		技术合同成交额占比	%	经认定登记的技术合同成交项目总金额占中外中小企业合作区项目总金额的比重

第十章 地方支持中小企业国际化发展的主要做法研究

续表

一级指标	二级指标	三级指标	单位	指 标 内 涵
开放合作（权重为0.2）	知识产权	知识产权纠纷解决效率	工作日	中外中小企业合作区内企业知识产权纠纷案件从立案到结案所需平均时间
	进出口规模	进出口额	万元	中外中小企业合作区进出口总额
		产品进出口数量	个	截至统计期末,中外中小企业合作区的产品进出口数量,包括进口产品数量和出口产品数量
		技术进出口种类	种	截至统计期末,中外中小企业合作区的技术进出口种类,包括进口技术种类和出口技术种类
机制构建（权重为0.2）	管理机制	合作区指导委员会能力	%	统计期内,中外中小企业合作区指导委员会人数占中小企业数量比重
		合作区管理制度完整性	—	截至统计期末,中外中小企业合作区建立日常办公管理办法,加1分;建立监管管理文件,加1分;出台推进融资相关工作方案和实施办法,加1分;出台诚信工作方案和实施办法,加1分;出台企业权益保护制度专门文件,加1分
	合作机制	组织或参与海外活动频次	次/年	截至统计期末,中外中小企业合作区每年组织或参与海外活动次数
		在国外设立办事处个数	个	截至统计期末,中外中小企业合作区在海外设立办事处个数
		与国外组织建立合作关系	个	截至统计期末,中外中小企业合作区与国外组织建立合作关系的个数
	人才交流机制	合作区管理者培养	个	截至统计期末,中外中小企业合作区管理者在海外挂职人数
		与国内外大学等组织合作开发项目个数	个	截至统计期末,中外中小企业合作区内企业与大学、科研单位等组织合作开发项目个数
		开展学术会议次数	次	截至统计期末,在国内外开展学术会议次数
	风险防范机制	经济波动	%	截至统计期末,相较于上年同期中外中小企业合作区总产值变动幅度
		贸易发展水平	%	截至统计期末,相较于上年同期中外中小企业合作区进出口总额变动幅度
		风险投资规模	元	截至统计期末,拥有的风险投资金额,参照全国创业风险投资机构统计调查口径

续表

一级指标	二级指标	三级指标	单位	指 标 内 涵
结构优化（权重为0.2）	产业结构	主导产业产值占比	%	中外中小企业合作区主导产业产值占总产值的比例
		高新技术产业集聚程度	%	中外中小企业合作区高新技术产业规模占总产值比例
		产业定位科学性	—	中外中小企业合作区主导产业定位于该地区产业优势是否契合，契合加1分；上中下游产业链是否完整，完整加1分
	企业结构	外资企业占比	%	中外中小企业合作区内外资中小企业数量占企业总数比重
		中外合资企业占比	%	中外中小企业合作区内中外合资中小企业数量占企业总数比重
	产品结构	外资企业营业收入比重	%	中外中小企业合作区内外资企业营业收入占企业营业收入比重
		高新技术产品占比	%	高新技术产品占中外中小企业合作区产品比重
		新产品市场占有率	%	截至统计期末，企业新产品市场占有率
创新发展（权重为0.2）	创新投入	研发投入强度	%	中外中小企业合作区企业研发投入比重
		科研人数占比	%	从事研发和相关技术创新活动的科研人员占比重
		众创空间+孵化器	个	截至统计期末，中外中小企业合作区拥有的众创空间、孵化器数量
	创新成果产出	专利数量	个	截至统计期末，中外中小企业合作区拥有专利数量
		商标申请数量	个	截至统计期末，中外中小企业合作区商标申请数量
	合作区发展	合作区总产值增速	%	截至统计期末，中外中小企业合作区总产值与上一年总产值相比的增速
		合作区总利润增速	%	截至统计期末，中外中小企业合作区总产值与上一年总产值相比的增速
综合服务（权重为0.2）	政务服务	建立公共服务体系	—	建立中外合作信息查询平台，加1分；建立人力资源服务平台，加1分；电商发展支持平台，加1分
		对外合作服务需求满足度	%	根据问卷调查进行打分
		企业享受对外合作服务种类	个	截至统计期末，中外中小企业合作区企业享受到对外合作服务种类的个数

续表

一级指标	二级指标	三级指标	单位	指标内涵
综合服务（权重为0.2）	金融支持服务	融资体系建立	—	建立中小企业国际合作担保基金，加1分；建立民间中小企业"走出去"基金，加1分；引入境外资本，设立中外中小企业中外合作投资基金，加1分
		中外合作基金总额	万元	设立中外中小企业合作区跨区域合作基金总额

第五节 推动中外中小企业合作区的政策建议

一、加快建立中外中小企业合作区考核机制

一是多主体参与，共建考核机制。可由国家中小企业主管部门牵头、省（市）主管部门加强协助、各合作区积极配合，构建中外中小企业合作区考核机制。二是科学构建指标，持续推进评估工作。培养一批具有较强研究能力、较多实践经验的中外中小企业合作区考核队伍，通过开展持续且深入的研究，设计科学性强、实操性高的考核指标，并定期开展评价考核工作。三是引入第三方机构，完善考核体系。可委托高校、科研院所、咨询机构等社会组织作为第三方独立评估机构，采取综合评估、专项评估等多种评估方式，不断完善中外中小企业合作区考核体系。

二、加大提高财税金融支持力度

一是加大财政支持力度。充分利用基金、专项贷款等渠道，加大对中外中小企业合作区的资金支持。二是加快设立中外中小企业合作区产业基金。充分发挥市场作用，以政府为引导，促使有经验的、具有国外中小企业资源的股权投资管理公司共同成立产业基金，进一步扶持中外中小企业合作区内中小企业成长。三是完善融资担保体系建设。完善中外中小企业合作区融资担保体系，推进中外中小企业合作区再担保机构发展，助力中小企业融资。

三、加强建立人才培养体系

一是构建人才培养机制。充分借鉴德国"双元制"教育经验,探索建立适合我国中外中小企业合作区建设的人才培养机制。积极对接科研院所,鼓励企业根据自身业务发展需要,参与制定人才教育内容,实现理论教育与企业实践相结合的培养体系。二是完善人才激励机制。设立人才激励基金,用于奖励中外中小企业合作区内资金短缺的高新技术企业引进国内外优秀管理人才、高技术人才,以及在中外中小企业合作区经济社会发展中做出显著贡献的专业技术人员和管理人员等。三是建立双向人才交流机制。推动中外中小企业合作区针对不同人才组织培训活动,通过建立海外高校、科研机构国际合作培训数据库,实现对管理人才、科研人才、专业技术人才的培训,增强对外合作交流的能力。

四、推动构建国内外合作机制

一是探索国内中外中小企业合作区横向交流机制。组建中外中小企业合作区协调领导小组,探索中外中小企业合作区共建思路和运作办法,从规划编制、目标设定、措施落实等方面实现不同中外中小企业合作区间的对接,建立信息通报、会商研讨、资源共享等制度,通过定期沟通及时调控的方式,加快东部及中西部中外中小企业合作区间的信息交流、资源共享和互联互通,促进中西部地区承接东部沿海地区外资企业投资的项目,实现优势互补,联动发展,均衡我国不同地区间的发展。二是探索与国外相关园区交流机制。充分利用中德、中意及 APEC 等区域、双边、多边中小企业合作机制,推动海外科技园区与我国中外中小企业合作区开展创新项目中外合作交流活动,加快对海外园区成功经验的借鉴及海内外园区的交流合作,推动我国中外中小企业合作区中小企业转型升级,实现中小企业由产业链中低端向高端不断转移。利用德国汉诺威工业博览会、意大利国际工业创新展会、世界工业技术研究院协会论坛等平台加强中外中小企业合作区的海外宣传,扩大中外中小企业合作区的影响力。

第十一章

中小企业数字化转型研究

中小企业数字化转型是利用数字化技术（如大数据、人工智能、区块链、云计算、物联网等）对中小企业及其生态的生产、运营、管理和营销等诸多环节进行全方位、多角度、全链条的优化改造，实现数字化、网络化、智能化发展，从而实现其价值的放大、叠加、倍增作用。中小企业数字化转型需多方合作，循序渐进实施提升。

第一节　中小企业数字化转型是全球化大趋势

一、中小企业数字化转型的必然趋势

当前，以数字化、网络化、智能化为特征的新一轮科技浪潮已经席卷全球，中小企业数字化转型是中小企业转型发展的大势所趋。从国外中小企业数字化转型战略来看，在欧洲，欧盟针对中小企业开设数字培训课程，启动"数字志愿者"能力计划，扩大"数字创新中心"项目，帮助中小企业建立数据驱动的商业运营系统；德国联邦经济事务与能源部针对中小企业发起"中小企业4.0——数字化生产和工作流程"筹资计划，启动"中小企业4.0"能力中心建设。德国中小企业数字化转型如图11-1所示。在亚洲，韩国中小风险企业部针对中小企业推出"远程办公服务优惠券"项目。在中国，近年来，中央出台了一系列企业数字化转型的政策措施，如党的十九届五中全会提出"加快发展现代产业体系，推动经济体系优化升级""要提升产业链供应链现代化水平，发展战略性新兴产业，加快发展现代服务业，统筹推进基础设施建设，加

快建设交通强国，推进能源革命，加快数字化发展"，以及实施《中小企业数字化赋能专项行动方案》、启动"数字化转型伙伴行动"等政策措施，明确推动中小企业实现数字化管理和运营，这些都为中国中小企业数字化转型指明了方向、提供了保障。

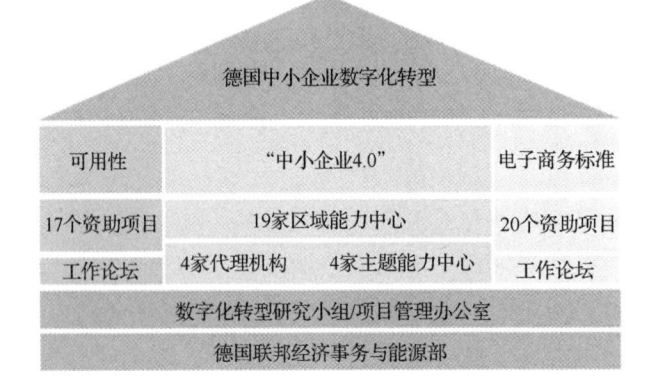

图 11-1 德国中小企业数字化转型

二、我国中小企业数字化转型的意义

我国中小企业数字化转型对经济高质量发展意义重大。中小企业作为国民经济的重要支柱，占我国全部企业数量的 99% 以上，占最终产品和服务价值 GDP 的 60% 以上，占纳税额的 50% 以上，拥有 70% 以上的专利发明权和 80% 以上的新产品开发数量，是我国产业结构转型升级的主力军。据测算，数字化转型可使制造业企业成本降低 17.6%，营收增加 22.6%；使物流服务业成本降低 34.2%，营收增加 33.6%。

可见，中小企业是国民经济和社会发展的重要力量，在促进经济发展、社会就业、技术创新及社会和谐稳定等方面发挥着举足轻重的作用。实施数字经济赋能中小企业战略，对促进中小企业转型升级，落实"六稳""六保"要求，培育新经济、新动能，推动中小企业融入"双循环"战略布局具有重要意义。

第二节 我国中小企业数字化转型的两难困境

作为产业升级的微观主体，中小企业是否实现数字化转型是我国产业抓住数字经济时代重大机遇以重塑国际竞争力的关键。如何有效地引导我国量大面广的中小企业抓住时代的发展机遇实现数字化转型，是我们下一步需要深入思考和研究的重要问题。

一、中小企业数字化转型紧迫

当前，我国中小企业数字化转型迫在眉睫。一是中小企业普遍存在数字化、网络化、智能化等基础薄弱，难以满足高质量发展的要求。二是中小企业面临市场的巨大挑战，特别是 2019 年年底以来，由于受新冠肺炎疫情影响，国内外市场流通不佳，产品滞销且严重积压，"人货场"无法精准匹配，给很多中小企业带来了极大挑战，大多数中小企业由于数字化水平低，网络化、智能化基础薄弱，难以应对。三是一些中小企业管理者对数字化转型的认知尚浅、数字化转型升级意识不强，部分管理者将数字化简单等同于办公流程的电子化，对如何开展数字化转型知之甚少，只了解一些概念，认为信息化就是数字化，不清楚数字化转型的升级路径。

二、中小企业数字化转型的困难

中小企业数字化转型受到资金、技术和人才三大方面的制约。一是数字化转型的成本制约。企业数字化转型是一项复杂的系统工程，在软/硬件购买、系统运维、设备升级、人才培养等方面需要持续投入大量的时间和资金，而大多数中小企业自身资金有限、生存压力大，对于投资大、周期长、见效慢的数字化转型，单纯依靠自身资本投入难以为继。而从外部看，"融资难"一直是中小企业发展中存在的难题，在实际操作中，很多中小企业通过民间借贷、内部集资等渠道解决资金问题，融资成本高，迫于成本压力不愿意将有限的资金投入企业数字化转型建设。二是中小企业技术水平难以满足中小企业数字化转型需求。目前，

市场上的数字化转型改造服务大多只是向中小企业提供转型的通用型解决方案,无法满足中小企业数字化转型的个性化、一体化需求,而中小企业自身技术水平不高,难以满足数字化平台的开发、部署、运营和维护需求,同时对数据缺乏有效采集,数据分析水平也难以满足生产流程优化、精准化营销、商业模式创新等需求。三是人才问题制约了数字化转型速度。中小企业人才储备不足,大部分中小企业在生产、营销、运营、管理等环节都缺乏数字化人才的支撑,中小企业存在吸纳数字化人才困境,面临"招不来、用不起、留不住人才"的难题,尚未建立数字化人才培养体系。在当前和今后的一段时期内,要针对这些难题和瓶颈,须从充实数字化人才储备、强化数字化公共服务、提高政策精准度等方面入手,更好地推动中小企业数字化转型。

第三节　中小企业数字化转型需多方合作

中小企业数字化转型不仅需要中小企业自身的努力,还需要政府的指导及中介机构的支持和配合,是一项相互配合的系统工程。中小企业上云示意如图 11-2 所示。

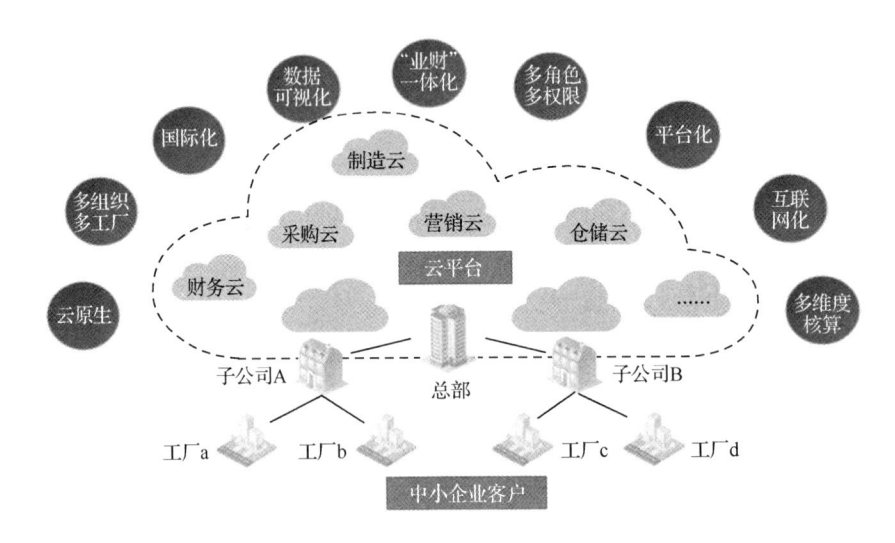

图 11-2　中小企业上云示意

一、中小企业

中小企业数字化转型具体实施步骤分为战略咨询、业务优化、组织重构、系统设计服务、应用开发、技术平台服务、系统集成服务、数据收集与分析、运营安全服务和投融资服务等阶段。

一是开展企业数字化现状评估，包括企业产品开发能力、经营管理水平和生产制造能力。

二是开展企业数字化顶层设计，包括价值发现、蓝图制定、路径规划等，以及与每一个阶段相关的建设活动、主要内容、时间进度、初步投资估算等。

三是实施数字化。开展员工数字化培训，完善软/硬件设施，实施精益生产与工艺优化、业务优化、组织重构、系统设计服务，构建企业数字化赋能转型平台。

四是试运行。着力打通中小企业生产过程各环节的全数据链，强化企业数字化技术改造，应用物联网、云计算和自动化控制等技术，深入挖掘数据价值，促进设计、生产、物流、仓储等环节高效协同，从而优化价值链，创新商业模式。

五是连接行业互联网等外部数字化赋能平台，整合上下游、内外部生态资源。

六是持续迭代和优化升级数字化赋能平台。

二、政府部门

政府部门需要对中小企业数字化转型进行总体规划和引导，搭建公共服务平台。

一是中小企业数字化转型的顶层设计。从区域、全国范围对中小企业数字化转型的战略和实施步骤进行统筹安排，制定数字化转型的战略、规划、政策、标准和实操计划。

二是加强培训引导。加大对中小企业管理者的数字化培训和引导，提升中小企业管理者的数字化转型意识，提高企业数字化转型的内生动力和能力；培育一批数字化咨询服务企业。

三是构建面向中小企业提供技术赋能、组织赋能和管理赋能的公共服务平台,包括行业互联网平台和行业 App、资源对接和推广服务平台、开放型技术和科技服务平台等,强化数字化公共服务。

四是构建中小企业上下游数字化生态体系,开展行业试点,从园区数字化转型到以园区数字化改造带动各类产业平台整合提升,逐步形成大中小企业各具优势、竞相创新、梯度发展的数字化生态体系。

五是健全对中小企业数字化转型的资金扶持体系。建立针对全行业、全领域、阶梯式、分阶段、分重点、分规模、激励式的补贴体系。

六是统筹制定数字化转型的配套措施,整合财税、金融、人才、土地等方面的政策力量,推进中小企业数字化转型,提高政策精准度。

三、中介机构

统筹和激励技术研发机构、行业协会、培训机构、咨询公司等数字化转型的中介机构,在数字技能人才培育、开放资源、软/硬件支持、供应链支撑、平台基地建设等方面发挥作用,积极构建中小企业数字化生态体系。

第十二章

中小企业社会价值和经济价值的评价

近年来,世界各国把中小企业作为抵御全球经济危机、促进经济发展和维护社会稳定的决定性因素,给予高度重视并采取各种举措大力扶持中小企业发展。国际经验表明,中小企业发挥着大企业无法替代的战略性作用,成为各国国民经济持续、稳定增长的坚实基础和重要支柱。第一,中小企业是解决劳动就业的主要渠道;第二,中小企业是国民财富的主要创造者,其中,发达国家的中小企业是经济发展的核心力量;第三,中小企业对于促进外贸发展也发挥着不可估量的作用;第四,中小企业是全球科技创新的重要主体;第五,中小企业是培育战略性新兴产业的重要载体。

改革开放以来,在中国特色社会主义理论的指导下,我国中小企业与非公有制经济持续快速成长,企业数量迅速攀升,素质不断提高,发展活力明显增强,社会贡献日益显著,为实现我国经济与社会平稳较快发展奠定了坚实基础。第一,中小企业规模不断扩张;第二,中小企业在国民经济中的比重不断上升;第三,中小企业成为我国就业的主要渠道;第四,中小企业已成为我国对外开放的生力军;第五,中小企业已成为支撑县域经济的骨干力量;第六,中小企业已成为推动新型城镇化和国内国际双循环的重要力量。

党中央、国务院历来高度重视中小企业发展问题,我国的中小企业工作不断取得新进展。一是政策环境正在逐步改善。围绕"一法、一条例、两意见"(即《中华人民共和国中小企业促进法》《保障中小企业款项支付条例》《关于促进中小企业健康发展的指导意见》《关于健全支持

中小企业发展制度的若干意见》），不断完善政策体系，加快"十四五"促进中小企业发展规划编制和中小企业划型标准规定修订，进一步探索利用大数据开展中小企业运行监测分析。二是财税支持力度进一步加大。三是缓解中小企业"融资难"工作取得积极进展。四是结构调整和技术创新不断增强。五是中小企业服务体系不断健全。

但是针对中小企业的评价尚未体系化，未有完整的、科学的中小企业评价评估指标体系，目前对中小企业的评价主要集中在企业市场价值方面，中小企业社会价值和经济价值的评价工作较少，指标体系匮乏，亟须尽快完善，从而为中小企业创新发展提供标准支撑和政策支撑。

第一节　中小企业发展的背景

一、中小企业的界定和特征

"中小企业"是相对于大企业而言的概念，各国对中小企业的划分标准并不统一，且在不同历史时期划分标准也不尽相同。目前，各国对中小企业的划分标准主要分为两种，定量（Quantitative）标准和定性（Qualitative）标准。定量标准主要根据营业额、资产规模、雇佣人数等指标划分。定性标准也称为质量界定标准，主要根据独立所有、较小的市场份额、自主经营等定性指标进行界定。例如，美国于1953年颁布的《中小企业法》规定，凡是独立所有和经营，并在某一事业领域不占支配地位的企业均为小企业。目前，世界上80%以上国家采用定量标准，定量标准又可细分为单一定量标准与复合定量标准。其中，单一定量标准只采用一个指标（通常是雇佣人数）；复合定量标准包括多个指标，如雇佣人数、营业收入、资产规模等。雇佣人数是各国和地区普遍选用的指标，其次是营业收入。尽管各国划分中小企业所采用的指标大致相同，普遍都包括雇佣人数、营业收入等方面，但每个国家采取的指标略有区别。

中国采用的是定量标准，并且是复合定量标准，不仅采用雇佣人数（即从业人员），还包括营业收入、行业类型等。2011年6月，工业和信息化部、国家统计局、国家发展和改革委员会、财政部《关于印发中

小企业划型标准规定的通知》，明确规定了各行业中小微企业划型标准。中小企业的特征分析表如表 12-1 所示。

表 12-1 中小企业的特征分析表

特 征 要 素	具 体 内 容
较强的市场适应性	机制灵活，能发挥"小而专""小而活"的优势
经营范围的广泛性	行业齐全，量大面广，成本较高，经济效益的任务艰巨
科学和技术的创新性	中小企业是成长最快的科技创新力量
抗风险能力差	抵御经营风险的能力差；资金链薄弱，筹资能力差

二、中小企业的地位和作用

（一）国民经济的基础和重要增长点

中小企业是国民经济发展中的一支重要生力军。中小企业量大面广，涉及国民经济的各个领域。中小企业作为市场竞争机制的全面参与者，在很大程度上体现了经济发展的基本动力，反映了经济分散化、多样化的内在要求。同时，中小企业以其灵活而专业化的生产和经营，为配套的大型企业带来协作一体化的便利和优势，大大节约了成本，减少了风险，增强了营利性。

（二）增加就业的基本载体和重要保障

在世界各国，中小企业都是解决就业的主要渠道。中小企业投资少、经营灵活，且大部分从事第三产业，因而能创造更多的就业机会。美国就业人口的 50% 以上在中小企业，平均每 10 个人就拥有 1 家中小企业，由于大量中小企业主实现自我雇佣，降低了政府就业安置的压力。

（三）科技创新的主体和生力军

中小企业经营机制灵活、决策迅速、反应灵敏，适应市场变化能力强，创新激励比较充分，企业家有较强的创新倾向，因而在自主创新方面具有较强优势。近年来，中小企业出现了以知识和技术密集优势替代传统的劳动力成本优势的发展趋势，而且因其经营灵活、高效，把科技成果转化为现实生产力所需的时间和金钱成本也大大减少。

（四）产业结构调整的支撑点和重要推动力

由于规模小、经营灵活、劳动力资源密集等特性，中小企业一般集中于运输业、商业、服务业等行业。伴随着全球范围内第三产业的大规模崛起，中小企业在第三产业中迅速找到发展空间。在西方发达国家中，中小企业的数量和就业人数均在第三产业占比较大，是第三产业的重要推动力。在中国，许多科技型中小企业集中于动漫、电子信息、生物医药、新能源、新材料等新兴产业。大力发展中小企业不仅有利于中国实现传统产业改造升级，加快转变经济发展方式，而且有利于促进新兴产业发展壮大，推动产业结构优化升级。

三、我国中小企业发展现状

中小企业发展指数（Small and Medium Enterprises Development Index，SMEDI）通过对国民经济八大行业的中小企业进行调查，利用中小企业对本行业运行和企业生产经营状况的判断和预期数据编制而成，是反映我国中小企业（不含个体工商户）经济运行状况的综合指数。

中国中小企业协会对外公布我国中小企业经济运行情况显示，2020年第四季度中小企业发展指数（SMEDI）为87.0，比第三季度回升0.2点，连续三个季度回升，已升至2020年第一季度以来最高点。其中，分行业指数7升1降，分项指数6升2降。2020年第四季度以来，经济呈持续复苏、稳步回升势头，展现出强大的防风险能力、抗压韧性和发展活力。

同时也要看到，全球新冠肺炎疫情扩散及蔓延态势还在持续，外部环境存在诸多不确定性，世界经济形势仍然复杂严峻，世界经济复苏不稳定、不平衡，新冠肺炎疫情冲击导致的各类衍生风险不容忽视。中小企业生产经营困难仍较多，市场需求不足，运营成本增加，融资难、劳动力短缺、负担重等问题依然存在。2020年第四季度中小企业发展指数为87.0，仍未达到2019年的水平。我国中小企业发展指数变化情况如图12-1所示。

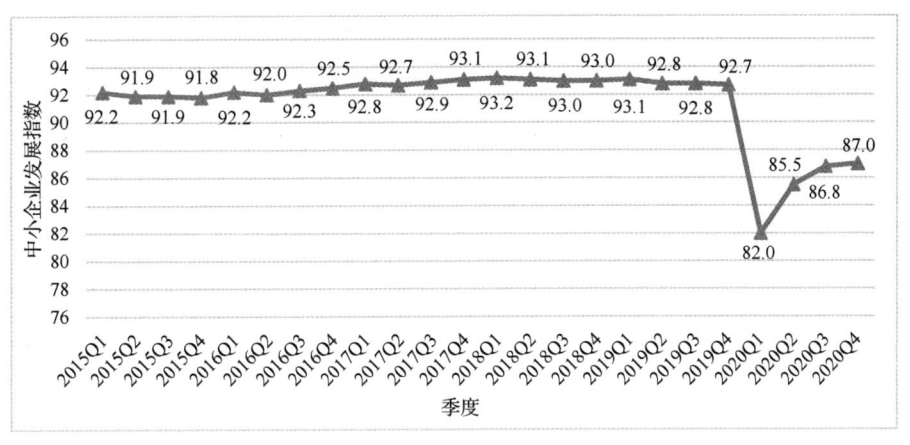

图 12-1 我国中小企业发展指数变化情况

中国中小企业分行业指数如表 12-2 所示，2020 年第四季度 8 个分行业指数仍处于景气临界值（100）以下，但比 2020 年第三季度均有所回升。其中，工业、建筑业、交通运输业、批发零售业、社会服务业、信息传输软件业和住宿餐饮业指数比 2020 年第三季度分别上升 0.2 点、0.3 点、0.3 点、0.2 点、0.4 点、0.1 点和 0.4 点。

表 12-2 中国中小企业分行业指数

行　　业	2020 年第四季度	2020 年第三季度	变 化 情 况	涨幅/%
总指数	87.0	86.8	↑	0.2
工业	87.8	87.6	↑	0.2
建筑业	91.5	91.2	↑	0.3
交通运输业	77.0	76.7	↑	0.3
房地产业	94.6	94.8	↓	−0.2
批发零售业	87.1	86.9	↑	0.2
社会服务业	88.1	87.7	↑	0.4
信息传输软件业	83.0	82.9	↑	0.1
住宿餐饮业	66.6	66.2	↑	0.4

中国中小企业分项指数如表 12-3 所示，虽然劳动力指数由升转降、成本指数继续下降，但仍与宏观经济感受指数和资金指数一并保持在景

气临界值（100）以上；综合经营指数、市场指数、投入指数和效益指数仍处于景气临界值（100）以下，但均比2020年第三季度有所回升。

表 12-3　中国中小企业分项指数

项　目	2020年第四季度	2020年第三季度	变化情况	涨幅/%
总指数	87.0	86.8	↑	0.2
宏观经济感受指数	101.4	100.9	↑	0.5
综合经营指数	95.9	95.5	↑	0.4
市场指数	78.3	77.8	↑	0.5
成本指数	118.2	118.5	↓	-0.3
资金指数	101.6	101.4	↑	0.2
劳动力指数	105.5	105.7	↓	-0.2
投入指数	81.3	81.2	↑	0.1
效益指数	61.9	61.6	↑	0.3

2020年第四季度，中小企业发展指数反映中小企业运行情况有以下特点。一是企业信心继续巩固，市场预期持续改善，经营成本继续上升，资金紧张局面有所改善，但应收账款仍然居高不下，劳动力需求有所上升，供应有所下降，供需偏紧。二是稳投资政策落地见效，中小企业投资意愿有所改善，但是，由于担心市场前景不确定性，民间投资活力仍未充分激发。三是中小企业效益有所改善，但仍处在历史较低位。市场需求逐渐回暖，产品价格有所回升，加之减税降费等一系列惠企纾困政策落地显效，中小企业效益继续改善，但成本压力制约中小企业效益改善的空间。四是行业景气状况改善幅度边际放缓。分地区看，东部、中部、西部和东北部地区指数分别为87.0、87.3、85.6和84.7，东北部地区指数处于最低位。从指数变动情况看，东部和西部地区指数上升，西部地区上升幅度最大。中部和东北部地区指数下降，东北部地区下降幅度最大。

第二节　中小企业价值评估与评价的现状和问题

基于哲学和社会学对中小企业价值内涵的界定，中小企业价值内涵

可以总结为两个方面。一方面，企业组织作为一种复合性的社会经济组织，既具有经济属性，又具有社会属性，因此，企业作为社会系统的组成部分，不仅具有经济价值，而且具有社会价值。另一方面，目的价值是企业真正追求的内在价值，特定资产综合体的价值、现实市场的交换价值及潜在的获利机会价值之和等都是外在价值实现的手段和工具，并没有把目的价值考虑在内，因此，必须完善企业目的价值内涵，或者说构建企业社会价值内涵。从社会学观角度分析，中小企业价值构成要素应当包括经济价值和社会价值。中小企业价值构成要素如图 12-2 所示。

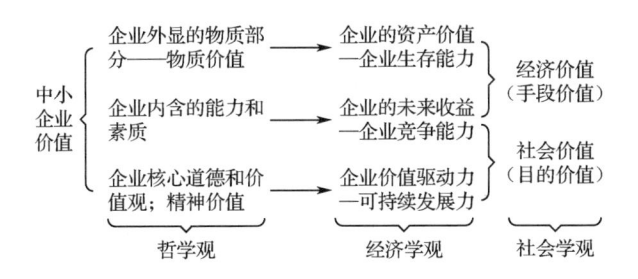

```
         ┌ 企业外显的物质部    企业的资产价值
         │ 分——物质价值  →   —企业生存能力  ┐ 经济价值
中小     │                                  │（手段价值）
企业  ───┤ 企业内含的能力和    企业的未来收益 ┘
价值     │ 素质          →    —企业竞争能力  ┐
         │                                  │ 社会价值
         │ 企业核心道德和价    企业价值驱动力 ┘（目的价值）
         └ 值观；精神价值  →   —可持续发展力
              哲学观              经济学观        社会学观
```

图 12-2　中小企业价值构成要素

现有评估与评价中小企业价值的方法主要是通过对中小企业净现金流量的未来预测来计算中小企业的价值，而这些方法主要依据的是中小企业财务报表数据。中小企业财务报表数据是中小企业过去经营成果和财务状况的体现，而中小企业净现金流量是对中小企业未来现金流量净值的一个预测。可以看出，现有的中小企业价值评估与评价主要是对中小企业经济价值的评估与评价，中小企业价值评估与评价方法主要分为账面法、市场法、收益法、期权法 4 类。中小企业价值评估与评价方法如图 12-3 所示。

综合性的评估与评价方法更加适应我国复杂的市场情况，建立中小企业综合评估与评价制度，对促进中小企业讲究经营道德、提高经济效益、履行社会责任具有重要的推动作用。我国正在进行市场经济体制和科技创新体制改革，其间不可忽视建立严格、有效的中小企业综合评估与评价制度。中小企业综合评估与评价一般包括评价基本目标确定、评价指标体系、指标综合评价方法和公开评价结果 4 个方面。

我国中小企业价值综合评估与评价指标体系有 4 套：一是财务评价指标体系，包括 8 项指标；二是企业经济效益评价指标体系，包括 10 项指标；三是工业企业综合评价指标体系及企业资产保值增值评价指标体系，包括 6 类 12 个指标；四是资本增值保值考核指标体系，包括一个关键指标和若干个辅助指标。我国中小企业价值综合评价指标体系如表 12-4 所示。

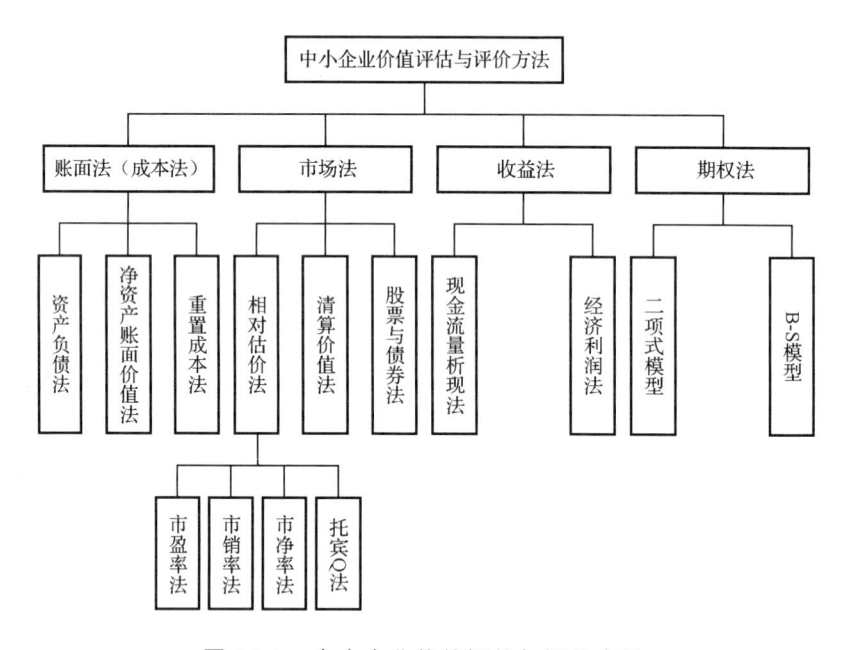

图 12-3　中小企业价值评估与评价方法

表 12-4　我国中小企业价值综合评价指标体系

指标体系内容	发 布 部 门	发 布 时 间
财务评价指标体系（企业绩效评价标准值）	国务院国资委统计评价局	2014 年
企业经济效益评价指标体系	财政部	1998 年
工业企业综合评价指标体系及企业资产保值增值评价指标体系	原国家经贸委财经司、国家统计局	1997 年
资本增值保值考核指标体系（工业经济考核指标体系）	国家统计局	1992 年

现有的中小企业价值评估与评价指标主要依靠中小企业财务报表数据,忽视了非财务指标在中小企业价值中所占的重要比重。随着竞争环境的变化,中小企业价值中外部环境、发明创新、公司治理、领导者能力、核心员工、客户等非财务指标的重要性逐渐凸显,尤其是社会价值方面的指标在近些年逐渐成为中小企业价值评估与评价的重要参考甚至是关键指标。

第三节 中小企业的社会价值与经济价值评估与评价分析

企业的目标是实现企业价值最大化和可持续的发展,以及为所有的利益相关者和整个社会有效地创造财富,而不仅仅是追求股东利益最大化。21世纪前,绝大多数人认为股东利益最大化是这个时期主流的企业价值观。随着企业价值最大化和企业价值创造的兴起,企业价值评估与评价也成为实现企业目标的价值测量尺度。

在我国,企业价值评估与评价已经从多个维度展开,如"企业经济效益评价""企业活力评价""企业素质评价""企业竞争力综合评价""企业实力评价""企业综合评价""企业财务社会评价""企业经营评价"等。这些评价含义虽略有不同,但基本目的和核心指标具有相似性。

企业价值既包括企业的经济价值(Corporate Economic Value,CEV),又包括企业的社会价值(Corporate Social Value,CSV),体现了企业为社会创造财富、提供就业、满足国家宏观调控的作用大小。目前,对企业价值的评价还是以企业经济价值为主,主流方法包括成本法(Cost Approach)、市场法(Market Approach)、收益法(Income Approach)和实物期权法(Real Options Approach)等,对企业社会价值的评价还是空白。由于企业社会价值理论研究的不足,在企业管理实践中,也常常会引入经理人员绩效激励的"经济增加值"等经济价值评估,缺少了对企业社会价值创造的激励,也由此导致了企业社会责任(Corporate Social Responsibility,CSR)缺失和可持续发展能力不足的现象发生。

第四节　中小企业社会价值与经济价值评估与评价指标体系构建

一、中小企业社会价值与经济价值评估与评价指标体系制定依据

中小企业社会价值和经济价值评估与评价指标体系的制定必须与国家宏观政策要求保持一致，有坚实的理论基础作支撑，契合当前中小企业发展的客观实际。因此，指标体系的建立依据分为政策依据、理论依据和现实依据。

（一）政策依据

中小企业社会价值和经济价值评估与评价指标体系的制定以"一法、一条例、两意见"（即《中华人民共和国中小企业促进法》《保障中小企业款项支付条例》《关于促进中小企业健康发展的指导意见》《关于健全支持中小企业发展制度的若干意见》），以及"十四五"促进中小企业发展规划为政策依据。根据以上政策要求，中小企业社会价值和经济价值评估与评价指标体系的制定须抓住"以人为本"的核心思想，把民生利益放在首位，突出考核中小企业发展在提高经济支撑能力和社会责任方面所取得的成效。

（二）理论依据

中小企业社会价值和经济价值评估与评价指标体系制定以中小企业发展和价值论为核心的社会价值理论和经济价值理论为主要理论依据，同时参考企业成长、信息化、社会价值管理、财务管理、价值共创、信息管理、信息资源等理论。

（三）现实依据

设计中小企业社会价值和经济价值评估与评价指标体系时要充分考虑政治、经济、文化、社会、环境等宏观发展环境对中小企业发展的

基本要求，以及我国中小企业发展现状和不同类型中小企业的需求特征，将后两者作为重点，提出相关的指标要素项目和评估标准。

二、中小企业社会价值与经济价值评估与评价指标体系设计原则

（一）导向性

要以中小企业发展目标为标准，以国家政策精神、企业发展规律、中小企业现实需求来统领指标体系。一方面，要体现企业战略定位对中小企业发展的要求，浓缩中小企业发展的成功经验。另一方面，在指标要素项目和权重安排上要体现对中小企业发展重点的倾斜，以体现导向性。

（二）系统性

中小企业社会价值和经济价值评估与评价是一个有机的系统，涉及中小企业发展的方方面面。中小企业的各主体、各领域之间均存在着内在的紧密联系。因此，中小企业社会价值和经济价值评估与评价指标体系不应该是指标的简单堆砌，而应该是一个层次分明的整体，不同维度的指标项应处于不同层级，形成一定的秩序，指标层与指标层之间、同层的指标之间具有内在的逻辑关联。

（三）科学性

科学性是指标体系的灵魂。一方面，指标的选择过程应尽可能客观，尽量排除主观意识的影响，在指标体系的构建过程中，以定量指标为主，定性指标为辅；另一方面，指标体系应科学、准确地反映中小企业社会价值和经济价值的现有实力和未来潜力。与此同时，指标体系中的每一个指标都应反映中小企业社会价值和经济价值发展的某一个侧面，而全体指标又能反映其整体情况。

（四）可操作性

指标应在实际操作中易于量化处理，以便于对中小企业进行定量评

价与比较。此外，反映评估指标的数据或信息应易于采集，以充分体现其实际的应用价值和运作的可能性。

三、中小企业社会价值与经济价值评估与评价指标体系

（一）中小企业社会价值评估与评价指标

从广义上讲，企业的社会价值（CSV）就是企业履行社会责任的社会总收入减去社会总成本和机会成本的社会总体贡献价值。构成企业社会价值的内容应当是企业对利益相关者的责任绩效，主要包括市场贡献价值、环境贡献价值和社会贡献价值。基于此，本节构建了中小企业社会价值体系结构模型（如图12-4所示）。

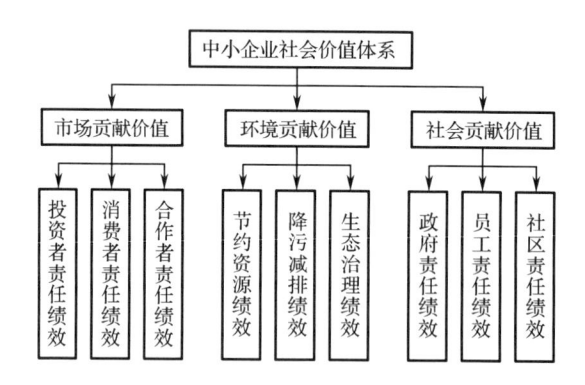

图 12-4　中小企业社会价值体系结构模型

由中小企业社会价值体系结构模型可以看出，中小企业对社会价值表现与其承担利益相关者责任的内容具有很高的相关性，从中小企业社会价值的目的和手段关系可知，中小企业履行社会责任是实现社会价值的手段，责任绩效则是企业社会价值的目的。因此，结合企业社会责任的维度和社会责任绩效，本节构建了企业社会价值指标体系（如表12-5所示）。

（二）中小企业经济价值评估与评价指标

从近代经济发展中看，中小企业经济价值评估与评价源于中小企业绩效评价，而真正意义上的中小企业绩效评价是为了加强资本所有权控

表 12-5　企业社会价值指标体系

一级要素	二级要素	三级要素
市场贡献价值	投资者责任绩效	治理结构、投资报酬率、成长性、可持续性（安全永续）
	消费者责任绩效	产品责任、产品性价比、产品安全性、产品信息披露、服务质量
	合作者责任绩效	商业信息披露、债权人信誉、供应商信誉、反垄断和反不正当竞争承诺履约
环境贡献价值	节约资源绩效	节能降耗政策/措施/技术、单位产值能耗、单位产值水耗、资源利用率、不可再生资源耗用（率）
	降污减排绩效	降污减排政策/措施/技术、温室气体排放、废水排放、废渣排放、烟粉尘排放、噪声排放、有害物质排放
	生态治理绩效	周边环境治理、社区环境治理、生态环境治理、生态循环率
社会贡献价值	政府责任绩效	守法合规、依法纳税、反腐败和商业贿赂、责任治理和管理
	员工责任绩效	平等雇佣、健康安全、职业教育、福利政策、民主管理
	社区责任绩效	文化教育、就业保障、公益捐助、社区环境、组织合作

制和公司内部控制而提出来的。为更好地运用中小企业经济价值评估与评价指标体系，应正确把握好企业经营业绩和企业价值的关系，既要重视经营业绩指标在企业价值评估与评价指标体系中的重要作用，又不能完全受经营业绩指标的影响，必须实现经营业绩指标、核心能力指标、外部环境指标的有机结合，这样才能充分地发挥企业价值评估指标体系在企业经济价值评估与评价中的作用。

　　本节构建的中小企业经济价值评估与评价指标体系主要由现有盈利能力评估与评价、潜在盈利能力评估与评价和持续盈利能力评估与评价3个一级指标组成。其中，现有盈利能力评估与评价由财务指标构成，参照国务院国资委统计评价局制定的《企业绩效评价标准值》，其包含反映盈利能力状况、资产质量状况、债务风险状况和经营增长状况4个二级指标和8个三级指标，用于综合评价企业财务会计报表所反映的经营绩效状况，成为对企业未来盈利评估的历史基础。潜在盈利能力评估与评价包含了行业成长性和企业成长性2个二级指标和5个三级指标，反映企业经济价值在现有基础上未来增值的可能性（或空间），重点体现企业可持续竞争力对企业经济价值作用的产业效应与位势效应强度。持续盈利能力评估与评价指标设计为管理创新、产品创新、市场创新3个二级指标和13个三级指标。在上述指标体系中，以现有盈利能力（即财务指标体系）为根本，其他两个方面的指标体系最终为现有盈利能力服务。中小企业现有盈利能力评估与评价指标、潜在盈利能力评估与评价指标、持续盈利能力评估与评价指标如表12-6～表12-8所示。

表12-6 中小企业现有盈利能力评估与评价指标

一级指标	二级指标	三级指标
现有盈利能力评估与评价	盈利能力状况	净资产收益率
		总资产报酬率
	资产质量状况	总资产周转率
		应收账款周转率
	债务风险状况	资产负债率
		已获利息倍数
	经营增长情况	销售增长率
		资本保值增值率

表12-7 中小企业潜在盈利能力评估与评价指标

一级指标	二级指标	三级指标	四级指标
潜在盈利能力评估与评价	行业成长性	行业发展前景	行业所属的生命周期
			行业饱和度
			行业进入壁垒
		行业竞争程度	—
	企业成长性	客户层面	客户满意度
			产品市场占有率
			客户保持率
			新客户获得率
			客户利润率

续表

一级指标	二级指标	三级指标	四级指标
潜在盈利能力评估与评价	企业成长性	生产经营层面	制造周期效率
			产品合格率
			产品返修率
			产品利用率
			机器设备利用率
			生产能力利用率
			售出产品保修期限
			故障排除及时率
		内部管理	管理层综合素质
			管理优势
			员工满意度
			员工知识水平
			员工培训密度
			员工胜任能力
			员工建议能力

表 12-8 中小企业持续盈利能力评估与评价指标

一级指标	二级指标	三级指标
持续盈利能力评估与评价	管理创新	品牌管理
		时尚领导
		管理制度
		管理机构的科学设置
	产品创新	新产品研究开发费用率
		新产品开发能力
		新产品开发速度
		新产品销售率
		新产品贡献率
		专利产品销售率
	市场创新	现有市场的保持
		新市场的开发
		营销手段创新

第五节　中小企业社会价值与经济价值评估与评价指标说明

一、中小企业社会价值评估与评价指标说明

在社会价值理论中，组成生产力或经济系统的除劳动、土地、资本3个要素外，还包括自然资源和生态环境。社会价值的成本不仅包括劳动、资本与土地的耗费，而且包括生态环境的损耗和再生产过程中对人类社会本身所造成的外部不经济后果。社会责任理论和利益相关者理论的发展，提出了现代企业要在生产经营过程中兼顾社会责任的要求，促使"企业不仅要满足股东的盈利需求，而且要满足社会相关利益主体的需求"的社会价值需求。由此来讲，企业社会价值实际上是融入了更多的社会责任，企业只有切实履行自身社会责任，才能提高其社会价值，这和国内学术界的普遍思想是一致的。也有学者认为，一种科学合理的社会价值体系，并不等同于其各方面和各阶段价值内容构成要素的简单相加，而必须将这些构成要素有机统一起来，形成自身相对合理的结构和层次。

二、中小企业经济价值评估与评价指标说明

通过对财政部评价指标体系、财政部经济效益评价指标体系、国家经济贸易委员会评价指标体系、中国企业信用评价中心效益评价指标体系、世界银行专家建议评价指标体系、国有资产保值增值评价指标体系、国家经济体制改革委员会企业活力评价指标体系、中国人民大学企业活力评价指标体系8种现行做法和代表性观点所列具体指标进行统计分析，共涉及47项指标，其中，比较集中的评价指标有总资产报酬率、资本收益率、资产负债率、成本费用利润率、销售利润率、全员劳动生产率、资本保值增值率、资产周转率。其中，资产负债率反映偿债能力，全员劳动生产率、资产周转率反映经营效率，资本收益率、成本费用利用率、销售利润率反映获利能力，资本保值增值率反映资产安全性。

但是中小企业具有特殊性，即中小企业具有潜在经济价值和持续经济价值，所以必须要考虑中小企业及其所在行业的成长情况和中小企业

是否能持续盈利。在实践中，如果中小企业不能生存下来，就会面临破产和被兼并的风险，所以其经济价值的评估与评价需要考虑成长和持续等因素。

第六节 对策建议

一、对标评估与评价，营造良好竞争氛围

中小企业社会价值与经济价值评估与评价对于提高中小企业竞争力、树立中小企业品牌具有重要的现实意义。对标评估与评价以共性指标为主，采用统一标准，从经济价值和社会价值两个方面综合评估全国范围内的中小企业，便于中小企业之间的横向对比。根据对标评估与评价结果，中小企业可以找出自身的差距和不足，确定下一阶段的建设方向和建设重点，从而缩小与优秀中小企业之间的差距，提高竞争力。

二、诊断评估与评价，促进中小企业健康发展

我国各地的中小企业发展水平各不相同，这决定了中小企业的评估与评价不宜采取"一刀切"的模式。因此，针对中小企业的诊断评估与评价应结合各地中小企业发展的实际情况，与地方企业战略目标保持一致。诊断评估与评价应覆盖中小企业规划、发展和转型的整个过程。

三、绩效考核，提高中小企业价值创造能力

以绩效为驱动力，能够有效提升中小企业的发展效果。一是评估与评价指标要抽取出不同发展领域的共性，从整体上把握不同领域的绩效水平，根据评估与评价结果分领域进行改造。二是不同领域甚至同一领域的不同企业，在业务范围、经营项目等方面存在显著差异，评估与评价指标要深入领域内部，结合各个企业的业务特征进行细化，对中小企业经营的各个细节进行考核。三是针对跨领域、跨部门的业务和项目要单独考核，重点关注资源的共享共用和协调协作能力。

第十三章

中小企业国际化发展研究

2020年,新冠肺炎疫情席卷全球,世界各国遭受严重冲击,国际经济形势面临严峻挑战,各国进出口贸易都受到严重影响。立足国内大循环、畅通国内国际双循环是党中央积极应对世界百年未有之大变局和当前国内外经济形势变化的战略之举,对于推动我国经济行稳致远、实现经济高质量发展具有重大意义。

第一节 国际合作宏观形势分析

一、国际经济形势不容乐观

2020年,各国为应对新冠肺炎疫情扩散,实施封锁措施,致使经济大面积停摆、失业率飙升,年内GDP跌幅创大部分国家的历史新低。各国2020年GDP大幅下降,尤其是第二季度,大部分国家GDP跌幅达到15%以上。

事实上,在新冠肺炎疫情暴发之前,全球贸易就已经显示出了疲软之态。而随着新冠肺炎疫情暴发,各国劳动力供应短缺、交通受限,各国服务业、旅游业和制造业等受到严重影响,全球产业链受到严重冲击全球货物贸易指数如图13-1所示。从图13-1可以看出,新冠肺炎疫情

暴发，全球货物贸易指数①仅为 87.6，创有记录以来新低，全球商品贸易出现历史性下滑。之后受亚洲出口提升，以及北美、欧洲进口增加拉动，全球货物贸易量从低谷开始反弹。

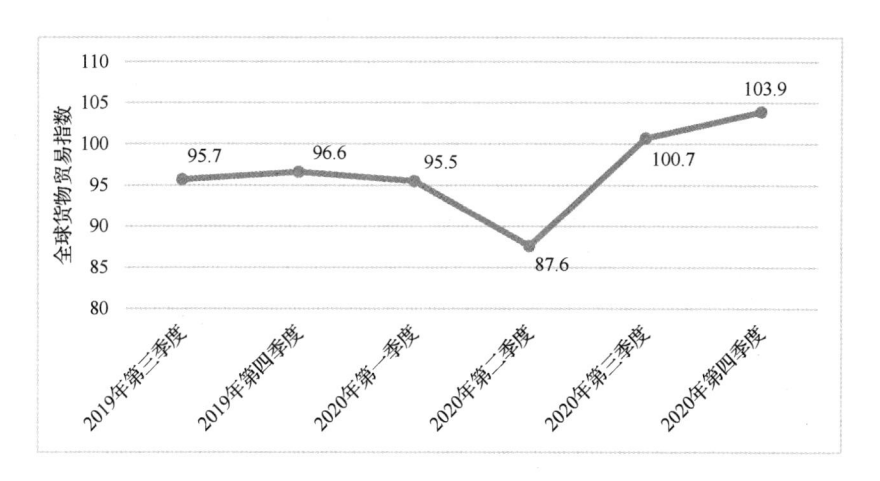

图 13-1　全球货物贸易指数

经济合作与发展组织（OECD）曾预测，2020 年全球经济萎缩 4.2%，2021 全球经济增长 4.2%。但是，全球经济是否能稳步复苏，取决于各国政府控制新冠肺炎疫情的程度。世界银行预测，如果新冠肺炎疫苗接种延迟，那么 2021 年全球 GDP 可能仅增长 1.6%。

综上所述，由于新冠肺炎疫情导致全球发病率不断上升及 COVID-19 等新变种病毒的出现，2021 年及以后的全球贸易前景不确定性增加，全球贸易增长能否持续将在很大程度上取决于全球新冠肺炎疫苗接种工作的进度。

二、中国进出口贸易规模创新高

2020 年，我国外贸进出口规模创近年新高，展现了我国强大的竞

---

① 世界贸易组织于 2016 年 7 月首次发布全球货物贸易指数，通过采集主要经济体的贸易统计数据，就当前世界贸易的短期发展走向提供早期信号，为贸易政策制定者和工商界提供及时的国际贸易信息。

争力。我国外贸进出口总值从 2020 年 6 月起连续 7 个月实现正增长，全年进出口、出口总值双双创历史新高，国际市场份额也创历史新高，成为实现货物贸易正增长的主要经济体。

根据 WTO 和各国已公布的数据，2020 年前 10 个月，我国进出口、出口、进口国际市场份额分别达 12.8%、14.2%、11.5%，均创历史新高。中国进出口总值增减情况如图 13-2 所示。2020 年，我国外贸进出口总值为 32.16 万亿元，比 2019 年增长 1.9%。其中，出口总值为 17.93 万亿元，同比增长 4.0%；进口总值为 14.23 万亿元，同比下降 0.7%。2021 年前 4 个月，我国外贸进出口总值已经达到 11.62 万亿元，同比增长 28.5%，比 2019 年同期增长 21.80%。其中，出口总值为 6.32 万亿元，同比增长 33.8%，比 2019 年同期增长 24.8%；进口总值为 5.30 万亿元，同比增长 22.7%，比 2019 年同期增长 18.4%。

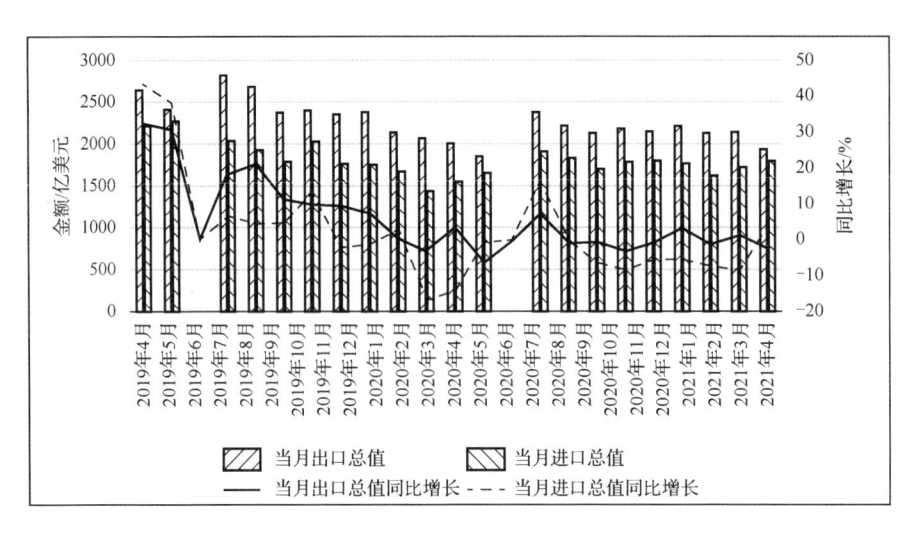

图 13-2 中国进出口总值增减情况

从区域来看，2020 年，中国前五大贸易伙伴依次为东盟、欧盟、美国、日本和韩国，进出口总值分别为 4.7 万亿元、4.5 万亿元、4.1 万亿元、2.2 万亿元和 2.0 万亿元，分别增长 7.0%、5.3%、8.8%、1.2%和 0.7%。此外，2020 年我国对"一带一路"沿线国家进出口总值为 9.37 万亿元，增长 1%；2021 年我国对"一带一路"沿线国家进出口总值增

长迅速，前 4 个月增长 24.8%，共计 3.4 万亿元，其中出口总值增长了近 30%。

从企业类型看，2020 年，中国有进出口实绩的企业数量为 53.10 万家，增加 6.2%。其中，民营企业进出口总值为 14.98 万亿元，增长 11.1%，占我国外贸进出口总值的 46.6%，比 2019 年提升 3.9 个百分点，成为我国外贸合作的重要力量。2021 年前 4 个月，我国民营企业进出口总值为 5.48 万亿元，增长 40.8%，占我国外贸进出口总值的 47.2%，较去年同期提升 4.1 个百分点。其中，民营企业出口总值为 3.53 万亿元，增长 45.0%，占我国出口总值的 55.9%；民营企业进口总值为 1.95 万亿元，增长 33.7%，占我国进口总值的 36.8%，我国民营企业进出口总值、比重都显著提升。

从产业类型看，2020 年，我国机电产品出口总值为 10.66 万亿元，增长 6%，占我国出口总值的 59.4%。其中，笔记本电脑、家用电器、医疗仪器及器械出口总值分别增长 20.4%、24.2%、41.5%。同期，纺织服装等七大类劳动密集型产品出口总值为 3.58 万亿元，增长 6.2%，其中，包括口罩在内的纺织品出口总值为 1.07 万亿元，增长 30.4%。

三、中国企业对外投资平稳增长

中国全行业直接投资增长情况如图 13-3 所示。2020 年，我国对外全行业直接投资金额为 9169.7 亿元，同比增长 3.3%。其中，我国境内投资者共对全球 172 个国家和地区的 6790 家境外企业进行了非金融类直接投资，累计投资金额为 7597.7 亿元，同比下降 0.4%。

从图 13-3 可以看出，中国对外全行业直接投资稳步增长，随着以"一带一路"合作为重点，以亚太经合组织、上海合作组织、中非合作论坛、中国—东盟合作等政策的逐步推进，中国与海外国家的投资合作逐步扩展。

中国对外劳务合作派出人员情况如图 13-4 所示。2020 年，中国对外劳务合作派出人员 30.1 万人，同比减少 18.6 万人。其中，劳务合作派出 16.2 万人，同比减少 11.4 万人。受新冠肺炎疫情影响，2020 年年底中国在外各类劳务人员仅 62.3 万人，减少 36.9 万人。我国境外中资企业用工在一定程度上依赖于劳务派遣，可以节省用工成本，随着我国外派劳工人员减少,给中小企业境外合作带来了一定的成本负担。

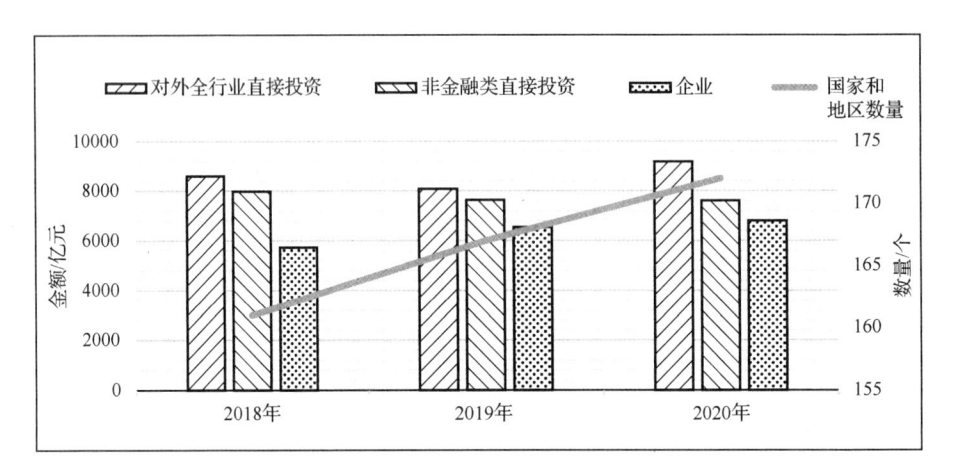

图 13-3　中国全行业直接投资增长情况

数据来源:商务部、外汇局

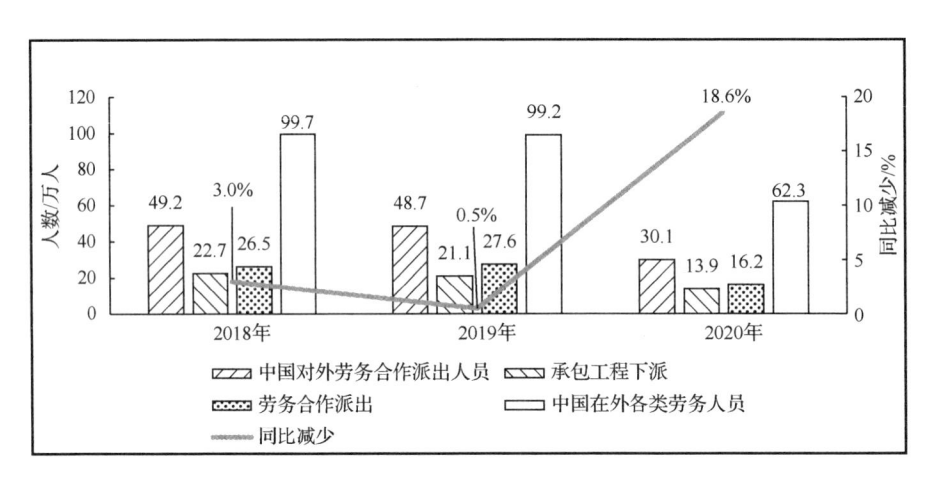

图 13-4　中国对外劳务合作派出人员情况

数据来源:商务部、外汇局

四、全力支持全球新冠肺炎疫情防控

中国发挥全球抗击新冠肺炎疫情物资最大供应国之一的作用,积极开展抗击新冠肺炎疫情国际合作,尽己所能向全球 200 多个国家和地区提供和出口防控物资。2020 年 3—12 月,全国海关共验放出口主要新

冠肺炎疫情防控物资价值 4385 亿元，其中，口罩出口 2242 亿只，防护服出口 23.1 亿件。根据外交部发布的消息，截至 2021 年 2 月，中国已经或正在向 53 个国家提供新冠肺炎疫苗援助，已经和正向 27 个国家出口新冠肺炎疫苗，充分展示了中国负责任大国的形象，为全球抗击新冠肺炎疫情做出重要贡献。

此外，2020 年中欧班列有力服务抗击新冠肺炎疫情国际合作。全年累计向意大利、德国、西班牙、捷克、俄罗斯、波兰、匈牙利、荷兰、立陶宛、比利时等国家发送防疫物资 931 万件，共计 7.6 万吨，为全球抗击新冠肺炎疫情做出贡献。

第二节　中小企业国际合作的机遇与挑战

2020 年，随着国外新冠肺炎疫情愈演愈烈，中小企业开展国际合作受到严重影响，但危机中也能孕育出新机。

一、机遇

（一）国内外政策利好不断

从国际上看，随着新冠肺炎疫情开始稳定，各国为刺激经济发展，发布系列优惠政策，以吸引更多海外资本，促使本国经济尽快恢复。随着区域全面经济伙伴关系协定（RCEP）正式签署、中国与非洲联盟签署关于共同推进"一带一路"建设的合作规划，中国与他国间国际合作的潜能持续激发。此外，中国与"一带一路"沿线国家有着系统的合作，对中小企业开展国际合作创造良好的政策环境。从国内看，2020 年国务院办公厅发布《关于推进对外贸易创新发展的实施意见》（国办发〔2020〕40 号），明确要增强中小企业贸易竞争力；开展中小外贸企业成长行动计划；推进中小企业"抱团出海"行动；鼓励"专精特新"中小企业走国际化道路，在基础元器件、工具、模具、服装等行业，鼓励形成一批竞争力强的专精特新"小巨人"企业。同时，要求发挥贸促机构、行业商协会作用，共同推动解决企业遇到的困难和问题。

（二）新型商业模式发展迅猛

新冠肺炎疫情暴发后，行政视频会议、远程医疗系统、线上教学等新商业模式呈爆发式增长，中小企业在数字产业国际合作方面具有更加广阔的前景。我国中小企业可以借机进一步完善全球产业链布局，为核心部件国产化自主研发提供契机。

（三）中欧班列成为"一带一路"上的"钢铁驼队"

虽然各国海运、空运都对进出口货物严格限制，但是中欧班列却依然有序运行，成为全球产业链的"钢铁驼队"。2020年，中欧班列开行规模持续扩大。国内累计开行超过百列的城市增至29个，通达欧洲城市90多个，涉及国家20余个。2020年，中欧班列共开行1.24万列，同比增长50%。2021年第一季度中欧班列共开行1941列，发送货物17.4万标箱，分别同比增长15%和18%，为我国企业开展国际合作提供了物流保障。

二、挑战

（一）海空交通受限

新冠肺炎疫情暴发初期，部分国家对中国特定类别的商品做出了进口限制，而随着海外新冠肺炎疫情的暴发，欧洲和美国的航班也不断减少，很多国家全部关闭城市甚至国家边境，给中小企业的发展带来了严峻的挑战。

（二）全球人力成本上升

因新冠肺炎疫情防控要求，各国人员流动不畅，给中小企业用工带来了一定困难，尤其是随着海外华工大量归国，人力短缺问题凸显，给需要海外雇员的企业带来了巨大的人力成本压力。

（三）国外复工复产缓慢

2020年4月以后，美国、德国、西班牙、意大利、法国、英国等国家，陆续公布复工计划，推动复工复产，但进程相对较慢。随着印度

新冠肺炎疫情恶化，全球复工复产步伐再添枷锁。

（四）原材料不足

中国出口型企业主要是劳动力密集型产业，新冠肺炎疫情条件下，制造业原材料物流受限，导致大部分中小企业出现原材料不足的困境。中国企业创新创业调查（ESIEC）项目组开展了新冠肺炎疫情下中小微企业生存状态调查，数据显示，65%的出口型中小企业出现原材料短缺问题，显著高于非出口型中小企业38%的比例。

（五）财务压力增加

2020年，中国企业宣布的海外并购总额为464.1亿美元，同比下降46.2%；宣布的并购数量为530宗，同比减少18.5%。同时，新冠肺炎疫情使部分中国企业财务压力增加，宣布的海外投资退出项目金额达493.3亿美元，较2019年上涨124%，超过全年宣布的并购总额。

第三节　国际合作重点区域分析

长期以来，东盟、欧盟、美国、日本和韩国为中国前五大贸易伙伴。2015—2019年，欧盟一直稳居我国第一大贸易伙伴地位，但随着2020年英国脱欧，中国对东盟货物进出口额再创新高，东盟超过欧盟，成为中国第一大贸易伙伴。

一、欧盟

（一）中国成为欧盟最大贸易伙伴

从欧盟统计局发布的贸易数据显示，2020年欧盟从中国进口商品3835亿欧元，同比增长5.6%，向中国出口商品2025亿欧元，同比增长2.2%。中国在2020年首次超越美国，成为欧盟最大贸易伙伴。

（二）中企对欧盟投资大幅减少

2020年，中企在欧洲宣布的海外并购金额为125亿美元，同比下

降 48.6%，主要投向 TMT（数字新媒体业）、房地产业、酒店与建造业及先进制造与运输业，其中，对德国和意大利的投资有较大幅度的增长。近年来，中国企业在欧洲的投资大幅萎缩，2020 年宣布的并购额仅为 2016 年高峰期的 13% 左右。

（三）中欧合作稳步向前

2020 年 12 月《中欧投资协定》完成谈判，获得欧盟成员国和欧洲议会的核准后将正式签署。《中欧投资协定》旨在消除欧盟企业在华投资的障碍，包括对合资企业的相关要求及对部分行业外资占股比例限制等。在《中欧投资协定》下，欧盟成员国将适用统一的投资规则，有助于减少中国企业投资成本，打破投资壁垒，创造更有利的营商环境，推动中欧更高层次上的相互开放。

中国同时推动《鼓励外商投资产业目录》增加呼吸机、ECMO（体外膜肺氧合）、监护仪、PCR（聚合酶链式反应）仪制造，在线教育/在线医疗/在线办公系统开发与应用服务，以及第五代移动通信技术研发与应用等。鼓励外商投资项目依照法律、行政法规、国务院规定，享受税收和用地等优惠待遇，这些都为中欧企业开展国际合作提供动力。

2021 年 3 月，中国和欧盟签署的《中欧地理标志协定》正式生效，该协定是中欧之间首次大规模互认对方的地理标志，入选首批保护清单的 100 个中国地理标志将受到保护。该协定包括 14 条和 7 个附录，主要规定了地理标志保护规则和地理标志互认清单等内容。根据该协定，纳入的地理标志将享受高水平保护，并可使用双方的地理标志官方标志等。该协定附录共纳入双方各 275 个地理标志产品，涉及酒类、茶叶、农产品、食品等。该协定的签署进一步促进双边地理标志产品贸易发展，扩大中欧贸易规模，进一步巩固中欧全面战略伙伴关系的经贸基础。

二、东盟

（一）东盟成为中国最大贸易伙伴

2020 年，中国与东盟贸易额为 6846.0 亿美元，同比增长 6.7%。其中，中国对东盟出口额为 3837.2 亿美元，同比增长 6.7%；中国自东盟

进口额为 3008.8 亿美元，同比增长 6.6%。东盟历史性地成为中国最大贸易伙伴，其中，越南、马来西亚、泰国为中国在东盟的前三大贸易伙伴。

（二）中国—东盟经济贸易合作成绩亮眼

2020 年，中国对东盟全行业直接投资额为 143.6 亿美元，同比增长 52.1%，其中，前三大投资目的国分别为新加坡、印度尼西亚、越南。2020 年，东盟对华实际投资额为 79.5 亿美元，同比增长 1.0%，其中，前三大投资来源国分别为新加坡、泰国、马来西亚。2020 年，中国企业在东盟新签工程承包合同额为 611.0 亿美元，完成营业额为 340.0 亿美元。按新签合同额计，印度尼西亚、泰国、菲律宾为中国在东盟前三大工程承包市场。

（三）自由贸易协定为东盟合作保驾护航

2020 年 11 月 15 日，第四次区域全面经济伙伴关系协定领导人会议上，东盟 10 国加上中国、日本、韩国、澳大利亚、新西兰共计 15 个国家，正式签署《区域全面经济伙伴关系协定》（RCEP），标志着全球规模最大的自由贸易协定正式达成。

RCEP 的签署有助于在亚洲区域内重新构建相对稳定的贸易秩序，减轻美国贸易保护主义引发的负面影响，极大地提振了市场信心和增长动力。RCEP 提出了更具多样性和可操作性的经济贸易规则，这将为全球多边贸易体系和区域经济合作的发展注入新动能，有助于亚洲经济体更好地参与全球贸易体系新一轮重构，维护自身的国际经济利益。

据世界贸易组织（WTO）统计，截至 2020 年 6 月，亚洲区域内处于生效中的自由贸易协定有 51 个，亚洲经济体与区域外经济体签署并处于生效中的自由贸易协定有 104 个。随着自由贸易协定数量增加，规则相互之间重叠，企业很难从中获益。例如，亚洲自由贸易协定中多个彼此不同的原产地规则给中小企业带来了沉重负担。而 RCEP 通过采用区域累积的原产地规则，将深化区域内产业链、价值链；利用新技术推动海关便利化，将促进新型跨境物流发展；采用"负面清单"制度推进投资自由化，将提升投资政策透明度。这些都会促进区域内经贸规则的优化和整合，域内企业也将更大程度、更加便捷地享受优惠政策。

三、共建"一带一路"稳步推进

（一）贸易往来保持增长

2020年，我国与"一带一路"沿线国家的货物贸易额达1.35万亿美元，同比增长0.7%，占我国总体外贸的比重达到29.1%。截至2021年1月，中国与171个国家和国际组织，签署了205份共建"一带一路"合作文件，共建"一带一路"成果显著。中国与"一带一路"沿线国家贸易额如图13-5所示。

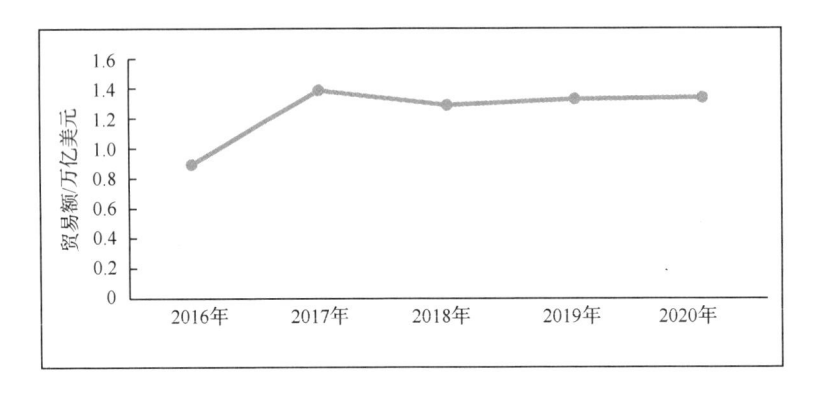

图13-5 中国与"一带一路"沿线国家贸易额

（二）投资合作更加紧密

2020年，中国企业在"一带一路"沿线对58个国家非金融类直接投资额达177.9亿美元，同比增长18.3%，占同期中国对外非金融类直接投资额的16.2%，较上年同期提升2.6个百分点，主要投向新加坡、印度尼西亚、越南、老挝、马来西亚、柬埔寨、泰国、阿联酋、哈萨克斯坦和以色列等国家。

对外承包工程方面，中国企业在"一带一路"沿线的61个国家新签对外承包工程项目合同5611份，新签合同额为1414.6亿美元，同比下降8.7%，占同期中国对外承包工程新签合同额的55.4%；完成营业额911.2亿美元，同比下降7.0%，占同期中国对外承包工程营业额的58.4%。中国与"一带一路"沿线国家合作情况如图13-6所示。

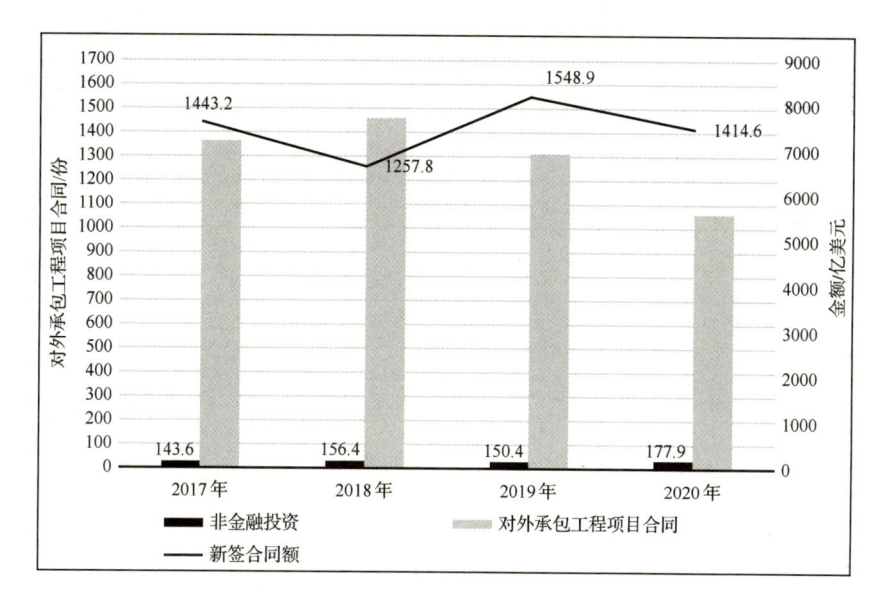

图 13-6 中国与"一带一路"沿线国家合作情况

(三) 境外经贸合作区集聚效应显著

目前，我国境外初具规模的园区已有 77 个，涉及 36 个国家，其中"一带一路"沿线的园区项目共有 53 个，成为企业开展"一带一路"国际合作的重要载体。

其中，经商务部、财政部确认考核的国家级境外经济贸易合作区共计 20 个，涉及 14 个国家，截至 2019 年年底累计投资 419 亿美元，吸引了数千家企业入驻，产业聚集效应显著。20 个国家级境外经济贸易合作区如表 13-1 所示。

表 13-1 20 个国家级境外经济贸易合作区

序号	名　称	境内实施企业名称	地　理　位　置
1	柬埔寨西哈努克港经济特区	江苏太湖柬埔寨国际经济合作区投资有限公司	柬埔寨西哈努克市
2	泰国泰中罗勇工业园	华立集团股份有限公司	泰国罗勇府（东部海岸安美德工业城）

续表

序号	名称	境内实施企业名称	地理位置
3	越南龙江工业园	前江投资管理有限责任公司	越南西南部的前江省新福县
4	巴基斯坦海尔—鲁巴经济区	海尔集团电器产业有限公司	巴基斯坦旁遮普省首府拉合尔市
5	赞比亚中国经济贸易合作区	中国有色矿业集团有限公司	赞比亚铜带省、卢萨卡国际机场
6	中国埃及苏伊士经贸合作区	中非泰达投资股份有限公司	亚非欧三大洲金三角地带的埃及苏伊士湾西北经济区
7	尼日利亚莱基自由贸易区	云南省海外投资有限公司	尼日利亚拉各斯州莱基半岛地区
8	俄罗斯乌苏里斯克经贸合作区	康吉国际投资有限公司	俄罗斯远东滨海边疆区乌苏里斯克市麦莱奥区（苏联时期的西部工业区）市政大街5号
9	中俄托木斯克木材工贸合作区	中航林业有限公司	俄罗斯托木斯克州阿西诺地区和捷古里杰特地区及克麦罗沃州马林斯克地区
10	埃塞俄比亚东方工业园	江苏永元投资有限公司	埃塞俄比亚首都亚的斯亚贝巴附近的杜卡姆市
11	中俄（滨海边疆区）现代农业产业合作区	东宁华信经济贸易有限责任公司	俄罗斯滨海边疆区的米哈伊尔区、霍罗尔区、波格拉尼奇内区三个行政区
12	俄罗斯龙跃林业经贸合作区	牡丹江市龙跃经贸有限公司	俄罗斯犹太州的阿穆尔园区
13	匈牙利中欧商贸物流合作园区	山东帝豪国际投资有限公司	匈牙利首都布达佩斯15区
14	吉尔吉斯斯坦亚洲之星农业产业合作区	商丘贵友食品有限公司	吉尔吉斯斯坦比什凯克市东60千米的楚河州楚河区伊斯克拉镇
15	老挝万象赛色塔综合开发区	云南省海外投资有限公司	老挝首都万象市主城区东北方向21千米处赛色塔县和赛塔尼县
16	乌兹别克斯坦鹏盛工业园	温州市金盛贸易有限公司	乌兹别克斯坦共和国锡尔河州

续表

序号	名　　称	境内实施企业名称	地 理 位 置
17	中匈宝思德经贸合作区	烟台新益投资有限公司	匈牙利东北部包尔绍德州卡辛茨巴茨卡市
18	中国印尼经贸合作区	广西农垦集团有限责任公司	印度尼西亚首都雅加达东部37千米处贝卡西县境内的绿壤国际工业中心园区内
19	中国印尼综合产业园区青山园区	上海鼎信投资（集团）有限公司	印度尼西亚中苏拉威西省Morowali县Bahodopi镇
20	中国印度尼西亚聚龙农业产业合作区	天津聚龙嘉华投资集团有限公司	印度尼西亚加里曼丹岛上的中加里曼丹园区、南加里曼丹园区、西加里曼丹园区、北加里曼丹园区，以及印度尼西亚苏门答腊岛楠榜省的楠榜港园区

第四节　中小企业国际合作建议

一、协同创新，提高产业链竞争力

随着国外因新冠肺炎疫情的冲击导致当地企业停工停产，各国供应链遭到重创，侧面为我国中小企业提供了市场机会。我国中小企业要加大"走出去"的步伐，充分发挥自身的优势，释放创新活力，不断提高市场竞争力，提升国际产业竞争力。

二、抱团取暖，充分发挥集聚效应

中小企业要积极了解中国政府和东道国政府有关新冠肺炎疫情的防控措施、政策优惠等信息，提高风险防控能力；要与产业链上下游企业合作，借助相关公共服务平台力量，加强与各国本地化服务商的合作，主动参加各种专业培训，以有效规避各种风险。

三、积极维权，降低不可抗力影响

新冠肺炎疫情防控措施给外贸企业带来的风险不容忽视，尤其是中

小企业面临严重的不可控风险。为帮助中小企业有效应对新冠肺炎疫情造成的不利影响，中国国际贸易促进委员会及其授权的分/支会应申请人在认证平台上的申请，对与不可抗力有关的事实做出证明并出具证明书。如果中小企业因受新冠肺炎疫情影响不能履行合同或者不能如期履行合同，公证机构可以为其办理不可抗力公证，并为中小企业因不可抗力停产停工的事实及有关损失的事实办理证据保全，帮助中小企业降低因新冠肺炎疫情造成的影响，为中小企业渡过难关提供法律支持。目前，不可抗力事实性证明已得到全球200多个国家和地区政府、海关、商会和企业的认可，在域外具有较强的权威性和公信力。

新冠肺炎疫情影响下，全球产业链、供应链、价值链正在发生变化。面对各种困境，广大中小企业要主动求新谋变，提高风险防控意识，在逆风中勇敢前行。

政　策　篇

第十四章

2020年促进中小企业发展的政策环境

2020年,面对突如其来的新冠肺炎疫情,中小企业生产经营遇到了前所未有的挑战。面对新冠肺炎疫情对中小企业的冲击,党中央、国务院及时出台了一系列政策"组合拳",精准施策,通过财政支持、税收优惠、融资支持、房租减免、稳岗补贴、社保减免、缓缴五险一金等政策,在加快企业复工复产、维持稳定经营等方面发挥了积极作用,切实帮助广大中小企业渡过难关。2020年7月21日,习近平总书记在北京主持召开企业家座谈会时强调,要千方百计把市场主体保护好,激发市场主体活力,弘扬企业家精神,推动企业发挥更大作用实现更大发展,为经济发展积蓄基本力量。中小企业作为市场主体重要的组成部分,其稳定发展对"十四五"时期国民经济健康发展至关重要。

第一节 税费负担持续降低

一、减税让利持续推进

2020年5月15日,财政部、国家税务总局(以下简称"税务总局")印发了《关于支持疫情防控保供等税费政策实施期限的公告》(财政部 税务总局公告2020年第28号),文件提出,《财政部 税务总局关于支持新型冠状病毒感染的肺炎疫情防控有关税收政策的公告》(财政部 税务总局公告2020年第8号)、《财政部 税务总局关于支持新型冠状病毒感染的肺炎疫情防控有关捐赠税收政策的公告》(财政部 税务总局公告2020年第9号)、《财政部 税务总局关于支持新型冠状病毒感染的肺炎

疫情防控有关个人所得税政策的公告》（财政部 税务总局公告 2020 年第 10 号）、《财政部 国家发展改革委关于新型冠状病毒感染的肺炎疫情防控期间免征部分行政事业性收费和政府性基金的公告》（财政部 国家发展改革委公告 2020 年第 11 号）中规定的各项税费优惠政策，执行至 2020 年 12 月 31 日。

2020 年 7 月 3 日，工业和信息化部、国家发展和改革委员会、科学技术部、财政部、人力资源和社会保障部、生态环境部、农业农村部、商务部、文化和旅游部、中国人民银行、海关总署、国家税务总局、国家市场监督管理总局、国家统计局、中国银行保险监督管理委员会、中国证券监督管理委员会、国家知识产权局发布《关于健全支持中小企业发展制度的若干意见》（工信部联企业〔2020〕108 号），文件提出，实行有利于小微企业发展的税收政策，依法对符合条件的小微企业按照规定实行缓征、减征、免征企业所得税、增值税等措施，简化税收征管程序；对小微企业行政事业性收费实行减免等优惠政策，减轻小微企业税费负担。落实好涉企收费目录清单制度，加强涉企收费监督检查，清理规范涉企收费。

二、降费举措深入开展

2020 年 11 月 1 日，《国务院办公厅关于印发全国深化"放管服"改革优化营商环境电视电话会议重点任务分工方案的通知》（以下简称《通知》）指出，督促中央执收单位和各地区加强非税收入退付管理，确保取消、免征、停征及降低征收标准的收费基金项目及时落实到相关企业及个人。

《通知》也提出，2020 年年底前开展涉企收费专项治理，对公用事业、港口物流等领域涉企收费开展检查，整治部分园区、楼宇、商业综合体等转供电主体违法加价等行为，坚决避免减税降费红利被截留。

《通知》同时提出，清理规范中小企业融资中的不合理附加费用，整治银行强制搭售产品、超公示标准收费、收费与服务项目不符等违规行为。加强银行服务项目和收费公示，建立健全银行业违规收费投诉举报机制。

第二节 "融资难"问题持续缓解

一、融资渠道不断拓展

2020年3月30日,《中共中央 国务院关于构建更加完善的要素市场化配置体制机制的意见》(以下简称《意见》)指出,构建多层次、广覆盖、有差异、大中小合理分工的银行机构体系,优化金融资源配置,放宽金融服务业市场准入,推动信用信息深度开发利用,增加服务小微企业和民营企业的金融服务供给。

2020年9月21日,国务院办公厅发布《关于以新业态新模式引领新型消费加快发展的意见》,文件指出,强化财政支持,研究进一步对新型消费领域企业优化税收征管措施。优化金融服务,鼓励银行等各类型支付清算服务主体降低手续费用。完善劳动保障政策,促进新业态新模式从业人员参加社会保险。

二、融资成本不断降低

2020年5月26日,中国人民银行、中国银保监会、国家发展改革委、工业和信息化部、财政部、国家市场监督管理总局、中国证券监督管理委员会、国家外汇管理局发布《关于进一步强化中小微企业金融服务的指导意见》,文件提出,5家大型国有商业银行普惠型小微企业贷款增速要高于40%。全国性银行合理让利,确保中小微企业贷款覆盖面明显扩大,综合融资成本明显下降。

《关于健全支持中小企业发展制度的若干意见》指出,推进普惠金融体系建设,深化大中型银行普惠金融事业部改革,推动中小银行、非存款类金融机构和互联网金融有序健康发展。鼓励金融机构创新产品和服务,发展便利续贷业务和信用贷款,增加小微企业首贷、中长期贷款、知识产权质押贷款等,开展供应链金融、应收账款融资,加强银税互动。推动金融科技赋能金融机构服务中小企业。研究出台《非存款类放贷组织条例》。加快推进小额金融纠纷快速解决等机制建设。完善规范银行业涉企服务收费监管法规制度,降低小微企业综合性融资成本。

2020年9月18日，中国人民银行、工业和信息化部、司法部、商务部、国资委、国家市场监督管理总局、中国银保监会、国家外汇管理局发布《关于规范发展供应链金融支持供应链产业链稳定循环和优化升级的意见》，文件指出，鼓励核心企业通过应收账款融资服务平台进行确权，为中小微企业应收账款融资提供便利，降低中小微企业成本。银行等金融机构应积极与应收账款融资服务平台对接，减少应收账款确权的时间和成本，支持中小微企业高效融资。

三、融资担保持续发展

《关于进一步强化中小微企业金融服务的指导意见》指出，推动国家融资担保基金加快运作。2020年力争新增再担保业务规模4000亿元。与银行业金融机构开展批量担保贷款业务合作，提高批量合作业务中风险责任分担比例30%。对合作机构单户100万元及以下的担保业务免收再担保费，2020年全年对100万元以上的担保业务减半收取再担保费。

《关于健全支持中小企业发展制度的若干意见》指出，健全政府性融资担保体系建设，发挥国家融资担保基金作用，实施小微企业融资担保降费奖补政策，完善风险补偿机制和绩效考核激励机制，引导各级政府性融资担保机构扩大小微企业融资担保业务规模、降低融资担保费率。

第三节 创业创新持续优化

一、创新政策不断推出

《关于健全支持中小企业发展制度的若干意见》指出，创新中小企业产学研深度融合机制，促进大中小企业联合参与重大科技项目，推动高校、科研院所和大企业科研仪器、实验设施、中试小试基地等创新资源向中小企业开放。

《关于健全支持中小企业发展制度的若干意见》还指出，完善中小企业创新人才引进和培育制度，优化人才激励和权益保障机制。以包容审慎的态度，鼓励中小企业技术创新、产品创新和模式创新。

《关于健全支持中小企业发展制度的若干意见》同时指出，健全"专精特新"中小企业、专精特新"小巨人"企业和制造业单项冠军企业梯度培育体系、标准体系和评价机制，引导中小企业走"专精特新"之路。

二、载体建设不断加强

《关于健全支持中小企业发展制度的若干意见》指出，完善专业化、市场化创新服务体系，完善国家技术创新中心、制造业创新中心等支持中小企业创新机制，提升小微企业创业创新示范基地、科技企业孵化器、专业化众创空间、大学科技园等扶持中小企业创新的能力与水平。

2020年9月30日，工业和信息化部发布《关于做好2020年全国大众创业万众创新活动周工作的通知》，文件指出，充分发挥国家中小企业公共服务示范平台、国家小型微型企业创业创新示范基地、中小企业公共服务平台网络、大中小企业融通型和专业资本集聚型创新创业特色载体、中外中小企业合作区、中小企业信用担保机构和社会化服务机构的作用，重点围绕新冠肺炎疫情等因素引发的困难和问题，积极开展创新创业、数字化改造、工业设计赋能、投融资对接、市场开拓等服务活动，助力中小企业转型升级和高质量发展。

三、创业扶持持续加大

《关于健全支持中小企业发展制度的若干意见》指出，改善创业环境，广泛培育创业主体。完善创业载体建设，健全扶持与评价机制，为小微企业创业提供低成本、便利化、高质量服务。鼓励大企业发挥技术优势、人才优势和市场优势，为创业活动提供支撑。鼓励服务机构提供创业相关规范化、专业化服务。

2020年3月18日，国务院办公厅发布《关于应对新冠肺炎疫情影响强化稳就业举措的实施意见》，文件指出，优化自主创业环境，深化"证照分离"改革，扩大创业担保贷款覆盖范围，对创业投资企业予以政策支持。

第十五章

中小企业发展重点政策解析

第一节 《关于健全支持中小企业发展制度的若干意见》

一、出台背景

中小企业作为我国市场主体的重要组成部分,在发展经济、推动创新、改善民生等方面发挥着极其重要的作用。党中央、国务院历来高度重视中小企业发展工作,近年来,出台了一系列政策措施,相关工作取得积极成效,但仍存在一些问题,尤其是一些制度性问题有待解决。为深入贯彻党的十九届四中全会精神,坚持和完善社会主义基本经济制度,坚持"两个毫不动摇",形成支持中小企业健康发展的常态化机制,促进中小企业走高质量发展之路,2020年7月3日,工业和信息化部、国家发展和改革委员会、科学技术部、财政部、人力资源和社会保障部、生态环境部、农业农村部、商务部、文化和旅游部、中国人民银行、海关总署、国家税务总局、国家市场监督管理总局、国家统计局、中国银行保险监督管理委员会、中国证券监督管理委员会、国家知识产权局发布《关于健全支持中小企业发展制度的若干意见》(以下简称《意见》)。

二、重点内容

《意见》通过完善支持中小企业发展的基础性制度、坚持和完善中

小企业财税支持制度、坚持和完善中小企业融资促进制度、建立和健全中小企业创新发展制度、完善和优化中小企业服务体系、建立和健全中小企业合法权益保护制度、强化促进中小企业发展组织领导制度 7 个方面，进一步完善支持中小企业的发展制度重点内容整理如表 15-1 所示。

表 15-1 重点内容整理表

针对的方面	重点内容
完善支持中小企业发展的基础性制度	健全中小企业法律法规体系。以《中华人民共和国中小企业促进法》为基础，加快构建具有中国特色、支持中小企业发展、保护中小企业合法权益的法律法规体系。鼓励地方依法制定本地促进中小企业发展的地方法规。探索建立中小企业法律法规评估制度和执行情况检查制度，督促法律法规落实到位
	坚持公平竞争制度。全面实施市场准入负面清单制度，公正公平对待中小企业，破除不合理门槛和限制，实现大中小企业和各种所有制经济权利平等、机会平等、规则平等。全面落实公平竞争审查制度，完善审查流程和标准，建立健全公平竞争审查投诉、公示、抽查制度。加强和改进反垄断和反不正当竞争执法，维护市场竞争秩序
	完善中小企业统计监测和发布制度。健全中小企业统计监测制度，定期发布中小企业统计数据。建立中小企业融资状况调查统计制度，编制中小微企业金融条件指数。加强中小企业结构化分析，提高统计监测分析水平。探索利用大数据等手段开展中小企业运行监测分析。完善《中小企业主要统计数据》手册，研究编制中小企业发展指数。适时修订中小企业划型标准
	健全中小企业信用制度。坚持"政府+市场"的模式，建立健全中小企业信用信息归集、共享、查询机制，依托全国信用信息共享平台，及时整合共享各类涉企公共服务数据。建立健全中小企业信用评价体系，完善金融信用信息基础数据库，创新小微企业征信产品，高效对接金融服务。研究出台有关法律法规，规范中小企业信用信息采集、公示查询和信用监管等。发挥国家企业信用信息公示系统的基础作用，将涉企信息记于企业名下并依法公示
	完善公正监管制度。减少监管事项，简化办事流程，推广全程网上办、引导帮办，全面推行信用监管和"互联网+监管"改革。推进分级分类、跨部门联合监管，加强和规范事中事后监管，落实和完善包容审慎监管，避免对中小企业采取简单粗暴的处理措施，对"一刀切"行为严肃查处

续表

针对的方面	重 点 内 容
坚持和完善中小企业财税支持制度	健全精准有效的财政支持制度。中央财政设立中小企业科目，县级以上财政根据实际情况安排中小企业发展专项资金。建立国家中小企业发展基金公司制母基金，健全基金管理制度，完善基金市场化运作机制，引导有条件的地方政府设立中小企业发展基金。完善专项资金管理办法，加强资金绩效评价
	建立减轻小微企业税费负担长效机制。实行有利于小微企业发展的税收政策，依法对符合条件的小微企业按照规定实行缓征、减征、免征企业所得税、增值税等措施，简化税收征管程序；对小微企业行政事业性收费实行减免等优惠政策，减轻小微企业税费负担。落实好涉企收费目录清单制度，加强涉企收费监督检查，清理规范涉企收费
	强化政府采购支持中小企业政策机制。修订《政府采购促进中小企业发展暂行办法》，完善预留采购份额、价格评审优惠等措施，提高中小企业在政府采购中的份额。向中小企业预留采购份额应占本部门年度政府采购项目预算总额的30%以上；其中，预留给小微企业的比例不低于60%
坚持和完善中小企业融资促进制度	优化货币信贷传导机制。综合运用支小再贷款、再贴现、差别存款准备金率等货币政策工具，引导商业银行增加小微企业信贷投放。进一步疏通利率传导渠道，确保贷款市场报价利率（LPR）有效传导至贷款利率。建立差异化小微企业利率定价机制，促进信贷利率和费用公开透明，保持小微企业贷款利率定价合理水平
	健全多层次小微企业金融服务体系。推进普惠金融体系建设，深化大中型银行普惠金融事业部改革，推动中小银行、非存款类金融机构和互联网金融有序健康发展。鼓励金融机构创新产品和服务，发展便利续贷业务和信用贷款，增加小微企业首贷、中长期贷款、知识产权质押贷款等，开展供应链金融、应收账款融资，加强银税互动。推动金融科技赋能金融机构服务中小企业。研究出台《非存款类放贷组织条例》。加快推进小额金融纠纷快速解决等机制建设。完善规范银行业涉企服务收费监管法规制度，降低小微企业综合性融资成本
	强化小微企业金融差异化监管激励机制。健全商业银行小微企业金融服务监管长效机制，出台《商业银行小微企业金融服务监管评价办法》。修订《金融企业绩效评价办法》。将商业银行小微企业服务情况与资本补充、金融债发行、宏观审慎评估（MPA）考核、金融机构总部相关负责人考核及提任挂钩。引导银行业金融机构探索建立授信尽职免责负面清单制度。督促商业银行优化内部信贷资源配置和考核激励机制，单列小微企业信贷计划，改进贷款服务方式

续表

针对的方面	重 点 内 容
坚持和完善中小企业融资促进制度	完善中小企业直接融资支持制度。大力培育创业投资市场，完善创业投资激励和退出机制，引导天使投资人群体、私募股权、创业投资等扩大中小企业股权融资，更多地"投长、投早、投小、投创新"。稳步推进以信息披露为核心的注册制改革，支持更多优质中小企业登陆资本市场。鼓励中小企业通过并购重组对接资本市场。稳步推进"新三板"改革，健全挂牌公司转板上市机制。完善中小企业上市培育机制，鼓励地方加大对"小升规、规改股、股上市"企业的支持。加大优质中小企业债券融资，通过市场化机制开发更多适合中小企业的债券品种，完善中小企业债券融资增信机制，扩大债券融资规模
	完善中小企业融资担保体系。健全政府性融资担保体系，发挥国家融资担保基金作用，实施小微企业融资担保降费奖补政策，完善风险补偿机制和绩效考核激励机制，引导各级政府性融资担保机构扩大小微企业融资担保业务规模、降低担保费率水平。鼓励银行业金融机构加大与政府性融资担保机构合作，合理确定风险分担比例和担保贷款风险权重，落实金融机构和融资担保机构尽职免责制度，提高小微企业融资可获得性。推动建立统一的动产和权利担保登记公示系统
建立和健全中小企业创新发展制度	完善创业扶持制度。改善创业环境，广泛培育创业主体。完善创业载体建设，健全扶持与评价机制，为小微企业创业提供低成本、便利化、高质量服务。鼓励大企业发挥技术优势、人才优势和市场优势，为创业活动提供支撑。鼓励服务机构提供创业相关规范化、专业化服务
	完善中小企业创新支持制度。创新中小企业产学研深度融合机制，促进大中小企业联合参与重大科技项目，推动高校、科研院所和大企业科研仪器、实验设施、中试小试基地等创新资源向中小企业开放。调整完善科技计划立项、任务部署和组织管理方式，大幅提高中小企业承担研发任务比例，加大对中小企业研发活动的直接支持。完善专业化市场化创新服务体系，完善国家技术创新中心、制造业创新中心等支持中小企业创新的机制，提升小微企业创业创新示范基地、科技企业孵化器、专业化众创空间、大学科技园等扶持中小企业创新的能力与水平。完善中小企业创新人才引进和培育制度，优化人才激励和权益保障机制。以包容审慎的态度，鼓励中小企业技术创新、产品创新、模式创新
	完善支持中小企业"专精特新"发展机制。健全"专精特新"中小企业、专精特新"小巨人"企业和制造业单项冠军企业梯度培育体系、标准体系和评价机制，引导中小企业走"专精特新"之路。完善大中小企业和各类主体协同创新和融通发展制度，发挥大企业引领支撑作用，提高中小企业专业化能力和水平

续表

针对的方面	重 点 内 容
建立和健全中小企业创新发展制度	构建以信息技术为主的新技术应用机制。支持中小企业发展应用5G、工业互联网、大数据、云计算、人工智能、区块链等新一代信息技术,以及新材料技术、智能绿色服务制造技术、先进高效生物技术等,完善支持中小企业应用新技术的工作机制,提升中小企业数字化、网络化、智能化、绿色化水平。支持产业园区、产业集群提高基础设施支撑能力,建立中小企业新技术公共服务平台,完善新技术推广机制,提高新技术在园区和产业链上的整体应用水平
完善和优化中小企业服务体系	完善中小企业服务体系。健全政府公共服务、市场化服务、社会化公益服务相结合的中小企业服务体系,完善服务机构良性发展机制和公共服务平台梯度培育、协同服务和评价激励机制。探索建立全国中小企业公共服务一体化平台。发展中小企业服务产业,引导服务机构提供规范化、精细化、个性化服务,引导大企业结合产业链、供应链、价值链、创新链为中小企业提供配套服务。鼓励各类社会组织为企业提供公益性服务,探索建立志愿服务机制
	健全促进中小企业管理提升机制。完善中小企业培训制度,构建具有时代特点的课程、教材、师资和组织体系,建设"慕课平台",构建多领域、多层次、线上线下相结合的中小企业培训体系。健全技能人才培养、使用、评价、激励制度,加快培养高素质技能人才,弘扬"工匠精神"。健全中小企业品牌培育机制。实施小微企业质量管理提升行动。完善中小企业管理咨询服务机制
	夯实中小企业国际交流合作机制。深化双/多边中小企业合作机制,促进中小企业国际交流合作。探索建设中小企业海外服务体系,夯实中小企业国际化发展服务机制,在国际商务法务咨询、知识产权保护、技术性贸易措施、质量认证等方面为中小企业提供帮助。支持有条件的地方建设中外中小企业合作区,完善评价激励机制。推进关税保证保险改革。鼓励跨境电商等新业态发展,探索建立B2B出口监管制度,支持跨境电商优进优出
建立和健全中小企业合法权益保护制度	构建保护中小企业及企业家合法财产权制度。坚决保护中小企业及企业家合法财产权,依法惩治侵犯中小企业投资者、管理者和从业人员合法权益的违法犯罪行为。严格按照法定程序采取查封、扣押、冻结等措施,依法严格区分违法所得、其他涉案财产与合法财产,严格区分企业法人财产与股东个人财产,严格区分涉案人员个人财产与家庭成员财产。建立涉政府产权纠纷治理长效机制。出台并落实《保障中小企业款项支付条例》,从源头遏制拖欠问题

续表

针对的方面	重点内容
建立和健全中小企业合法权益保护制度	健全中小企业知识产权保护制度。完善知识产权保护法律法规和政策，建立健全惩罚性赔偿制度，提高法定赔偿额。实施中小企业知识产权战略推进工程，加强知识产权服务业集聚发展区建设，强化专利导航工作机制，完善支持中小企业开发自主知识产权技术和产品的政策，提升中小企业创造、运用、保护和管理知识产权能力。优化中小企业知识产权维权机制，建设一批知识产权保护中心。构建知识产权纠纷多元化解决机制，强化中小企业知识产权信息公共服务，推进知识产权纠纷仲裁调解工作。提高知识产权审查效率，减轻中小企业申请和维持知识产权的费用负担
	完善中小企业维权救济制度。构建统一的政务咨询投诉举报平台，畅通中小企业表达诉求渠道，完善咨询投诉举报处理程序和督办考核机制。探索建立中小企业公益诉讼制度、国际维权服务机制。鼓励法律服务机构开展小微企业法律咨询公益服务。建立健全中小企业应急救援救济机制，帮助中小企业应对自然灾害、事故灾难、公共卫生事件和社会安全事件等不可抗力事件
强化促进中小企业发展组织领导制度	强化各级促进中小企业发展工作机制。县级以上地方人民政府必须建立健全促进中小企业发展领导小组，由政府领导担任领导小组组长，办公室设在负责中小企业促进工作的综合管理部门，强化促进中小企业发展工作队伍建设。领导小组要定期召开会议研究落实党中央、国务院促进中小企业发展的重大决策部署，及时向上一级领导小组办公室报告有关工作情况。领导小组各成员单位要认真执行领导小组议定事项，建立内部责任制，加强工作落实
	完善中小企业决策保障工作机制。完善中小企业政策咨询制度，培育一批聚焦中小企业研究的中国特色新型智库，建立政策出台前征求中小企业与专家意见制度和政策实施效果评估制度。完善中小企业政策发布、解读和舆情引导机制，提高政策知晓率、获得感和满意度。定期开展中小企业发展环境第三方评估，并向社会公布结果

三、政策解读

《意见》从完善支持中小企业发展的基本制度角度提出对中小企业的扶持政策，坚持公平公正、聚焦难点、标本兼治的原则，通过完善基础性制度、财税支持制度、融资促进制度、创新发展制度、服务体系、合法权益保护制度、组织领导制度等方面，营造扶持中小企业健康发展的生态圈，确保中小企业在经济社会各领域受到公平公正的待遇。《意见》通过构建支持中小企业健康发展的制度体系，进一步缓解我国中小

企业面临的"融资难、融资贵"、账款拖欠、不平等待遇等各种难题，增强微观主体活力，激活中小企业创造力，支持中小企业成长为创新的重要发源地。

第二节 《中小企业数字化赋能专项行动方案》

一、出台背景

2020年是我国全面建成小康社会和"十三五"规划收官之年，在更加复杂的国内外形势下，我国又面临新冠肺炎疫情的冲击，使中小企业转型升级难度加大。党中央、国务院高度重视新冠肺炎疫情之下扶持中小企业健康发展的相关工作，各地区、各部门认真落实，纷纷出台相关措施，缓解新冠肺炎疫情对中小企业的冲击，支持中小企业转型升级，取得了一定成效。为进一步引导中小企业转型升级，2020年3月19日，工业和信息化部办公厅印发了《中小企业数字化赋能专项行动方案》（以下简称《行动方案》）。

二、重点内容

《行动方案》主要从行动目标、重点任务、推进措施3个方面提出推进中小企业数字化转型的路径重点内容整理如表15-2所示。

表15-2 重点内容整理表

针对的方面	重 点 内 容
行动目标	坚持统筹推进新冠肺炎疫情防控和经济社会发展，以新一代信息技术与应用为支撑，以提升中小企业应对危机能力、夯实可持续发展基础为目标，集聚一批面向中小企业的数字化服务商，培育推广一批符合中小企业需求的数字化平台、系统解决方案、产品和服务，助推中小企业通过数字化、网络化、智能化赋能实现复工复产，增添发展后劲，提高发展质量
重点任务	利用信息技术加强新冠肺炎疫情防控。推广"行程卡""健康码"等新应用，实现人员流动信息实时监测与共享，在确保新冠肺炎疫情防控到位的前提下加快企业员工返岗。运用医疗物资保障、新冠肺炎疫情预警、库存及物流配送、资源调配等小程序、工具包，科学精准防控新冠肺炎疫情，推动有序复工复产

续表

针对的方面	重 点 内 容
重点任务	利用数字化工具尽快恢复生产运营。支持中小企业运用线上办公、财务管理、智能通讯、远程协作、视频会议、协同开发等产品和解决方案，尽快恢复生产管理，实现运营管理数字化，鼓励数字化服务商在新冠肺炎疫情防控期间向中小企业减免使用费。支持数字化服务商打造智能办公平台，推出虚拟云桌面、超高清视频、全息投影视频等解决方案，满足虚拟团队管理、敏感数据防控等远程办公场景升级新需求
	助推中小企业上云用云。引导数字化服务商面向中小企业推出云制造平台和云服务平台，支持中小企业设备上云和业务系统向云端迁移，帮助中小企业从云上获取资源和应用服务，满足中小企业研发设计、生产制造、经营管理、市场营销等业务系统云化需求。加快"云+智能"融合，帮助中小企业从云上获取更多的生产性服务。鼓励数字化服务商向中小企业和创业团队开放平台接口、数据、计算能力等数字化资源，提升中小企业二次开发能力
	夯实数字化平台功能。搭建技术水平高、集成能力强、行业应用广的数字化平台，应用物联网、大数据、边缘计算、5G、人工智能、增强现实/虚拟现实等新兴技术，集成工程设计、电子设计、建模、仿真、产品生命周期管理、制造运营管理、自动化控制等通用操作系统、软件和工具包，灵活部署通用性强、安全可靠、易二次开发的工业 App，促进中小企业生产要素数字化、生产过程柔性化及系统服务集成化。打造工业 App 测试评估平台和可信区块链创新协同平台，为中小服务商和中小企业提供测试认证服务
	创新数字化运营解决方案。针对不同行业中小企业的需求场景，开发使用便捷、成本低廉的中小企业数字化解决方案，实现研发、设计、采购、生产、销售、物流、库存等业务在线协同。推广应用集中采购、资源融合、共享生产、协同物流、新零售等解决方案，以及线上采购与销售、线下最优库存与无人配送、智慧物流相结合的供应链体系与分销网络，提升中小企业应对突发危机能力和运营效率
	提升智能制造水平。针对中小企业典型应用场景，鼓励创新工业互联网、5G、人工智能和工业 App 融合应用模式与技术，引导有基础、有条件的中小企业加快传统制造装备联网、关键工序数控化等数字化改造，应用低成本、模块化、易使用、易维护的先进智能装备和系统，优化工艺流程与装备技术，建设智能生产线、智能车间和智能工厂，实现精益生产、敏捷制造、精细管理和智能决策
	加强数据资源共享和开发利用。支持基于产业集群和供应链上下游企业打通不同系统间的数据联通渠道，实现数据信息畅通、制造资源共享和生产过程协同。支持发展新型数据产品和服务，鼓励探索专业化的数据采集、数据清洗、数据交换、数据标注等新商业模式，发展弹性分布式计算、数据存储等基础数据处理云服务和在线机器学习、自然语言处理、图像理解、语音识别、知识图谱、数据可视化、数字孪生等数据分析服务，帮助中小企业提升数据开发和应用水平

续表

针对的方面	重点内容
重点任务	发展数字经济新模式/新业态。扶持新冠肺炎疫情防控期间涌现的在线办公、在线教育、远程医疗、无人配送、新零售等新模式/新业态加快发展，培育壮大共享制造、个性化定制等服务型制造新业态，深挖工业数据价值，探索企业制造能力交易、工业知识交易等新模式，鼓励发展算法产业和数据产业，培育一批中小数字化服务商。打造开源工业 App 开发者社区和中小企业开放平台，搭建中小企业资源库和需求池，发展众包、众创、云共享、云租赁等模式
	强化供应链对接平台支撑。建设产业供应链对接平台，打造线上采购、分销流通模式，为中小企业提供原材料匹配、返工人员共享、自动化生产线配置、模具资源互助、防护物资采购、销售和物流资源对接等服务。基于工业互联网平台，促进中小企业深度融入大企业的供应链、创新链。支持大型企业立足中小企业共性需求，搭建资源和能力共享平台，在重点领域实现设备共享、产能对接、生产协同
	促进产业集群数字化发展。支持小型微型企业创业创新基地、创客空间等中小企业产业集聚区加快数字基础设施改造升级，建设中小企业数字化公共技术服务平台，创建中小企业数字化创新示范园。支持产业集群内中小企业以网络化协作弥补单个企业资源和能力不足，通过协同制造平台整合分散的制造能力，实现技术、产能、订单与员工共享
	提高产融对接平台服务水平。促进中小企业、数字化服务商和金融机构等的合作，构建企业信用监测、智能供需匹配、大数据风控等服务体系，提供基于生产运营实时数据的信用评估、信用贷款、融资租赁、质押担保等金融服务，为企业获得低成本的融资增信，提升中小企业融资能力和效率。打造促进中小企业融资增信的公共服务平台，应用新一代信息技术，提供合同多方在线签署、存证服务，传递供应链上下游信用价值，激发中小企业数据资产活力
	强化网络、计算和安全等数字资源服务支撑。支持电信运营商开展"提速惠企""云光惠企""企业上云"等专项行动，提升高速宽带网络能力，强化基础网络安全，进一步提速降费。加快推广 5G 和工业互联网应用，拓展工业互联网标识应用，加强中小企业网络、计算和安全等数字基础设施建设
	加强网络和数据安全保障。推动中小企业落实《中华人民共和国网络安全法》等法律法规和技术标准的要求，强化网络与数据安全保障措施。建设工业互联网安全公共服务平台，面向广大中小企业提供网络和数据安全技术支持服务。鼓励安全服务商创新安全服务模式，提升安全服务供给能力，为中小企业量身定制全天候、全方位、立体化的安全解决方案

续表

针对的方面	重点内容
推进措施	强化组织保障。各地中小企业主管部门要加强中小企业数字化赋能工作的统筹协调，政府、服务机构、企业协同推进和落实好专项行动。发挥中小企业主体作用，主动适应新形势，推进自我变革与数字化赋能，提升企业应对风险能力和可持续发展能力。调动数字化服务商积极性，发挥中小企业公共服务示范平台和平台网络作用，帮助企业精准防控新冠肺炎疫情、有序复工复产，加速数字化网络化智能化转型
	完善激励机制。将中小企业数字化改造升级纳入"专精特新"中小企业培育体系和小型微型企业创业创新示范基地建设，予以重点支持。按照"企业出一点、服务商让一点、政府补一点"的思路，鼓励各地将中小企业数字化列入中小企业发展专项资金等资金重点支持范围。对流动性遇到暂时困难、发展前景良好的中小企业，通过数字化改造升级推进复工复产和转型发展的，金融机构在优惠利率贷款中给予优先支持
	组织供需对接。建立中小企业数字化可信服务商、优秀数字化产品与服务评价体系，征集、培育和推广一批技术力量强、服务效果好、深受中小企业欢迎的数字化服务商、优秀数字化产品与服务。通过在线直播、视频展播、线上对接等形式，实现数字化产品和服务展示互动与对接交易，指导企业科学制定部署模式，合理配置资源服务。举办2020中小企业信息化服务信息发布会。组织大中小企业融通创新暨数字化产品和解决方案对接、"创新中国行"数字化应用推广等活动
	加强培训推广。加强面向中小企业的数字化网络化智能化培训课程体系和教学师资队伍建设，利用"企业微课"、工业和信息化技术技能人才网上学习平台等线上平台，以及中小企业经营管理领军人才培训、银河培训工程等渠道，加强数字化网络化智能化技术培训。适时总结推介数字化赋能标杆中小企业和实践案例，加强示范引领。在中国国际中小企业博览会、中国（四川）中小微企业云服务大会、中国数字经济高端峰会等会议期间，举办中小企业数字化赋能高端论坛，促进理论研究与实践交流。在工业和信息化部门户网站开设专栏，提供"一站式"综合服务。加强新闻宣传，营造良好舆论环境

三、政策解读

近年来，数字化浪潮席卷全球，以人工智能、大数据、云计算等为代表的新一代信息技术产业高速发展，催生了数字经济这一新的经济发展形态。数字经济和实体经济深度融合，是产业结构升级的重要推动力。企业作为产业结构升级的微观主体，其数字化转型是我国产业结构优化升级、重塑国际竞争力的关键。目前，中小企业占我国企业总数的99%

以上，贡献了 70%以上的技术创新成果，其数字化转型成功与否直接影响我国产业结构升级进程。《行动方案》的出台，为中小企业数字化转型提供了路径指导，也为增强微观主体活力，激活中小企业创造力，促进中小企业健康发展提供了有力支持。

第三节 《关于应对新型冠状病毒肺炎疫情帮助中小企业复工复产共渡难关有关工作的通知》

一、出台背景

为深入贯彻落实习近平总书记关于坚决打赢疫情防控阻击战的重要指示精神和党中央、国务院关于在做好疫情防控工作同时，统筹抓好"六稳"工作的有关决策部署，引导中小企业树立信心，强化政策扶持，实现企业有序复工复产，帮助广大中小企业渡过难关，2020 年 2 月 9 日，工业和信息化部印发了《关于应对新型冠状病毒肺炎疫情帮助中小企业复工复产共渡难关有关工作的通知》(以下简称《通知》)。

二、重点内容

《通知》主要包括全力保障企业有序复工复产、进一步加强对中小企业的财政扶持、进一步加强对中小企业的金融扶持、进一步加强对中小企业的创新支持、进一步加强对中小企业的公共服务、进一步加强统筹协调 6 个部分，重点内容整理如表 15-3 所示。

表 15-3　重点内容整理表

针对的方面	重点内容
全力保障企业有序复工复产	加强分类指导。各级中小企业主管部门要按照当地新冠肺炎疫情防控总体要求，结合实际情况分类施策，在全力保障新冠肺炎疫情防控必需、公共事业运行必需、群众生活必需等重点企业尽快复工复产的同时，积极稳妥地推动其他生产性企业完成复工复产准备工作，在新冠肺炎疫情防控达标后有序复工复产

续表

针对的方面	重 点 内 容
全力保障企业有序复工复产	推动落实复工复产措施。指导企业制订复工复产方案和应急预案，落实新冠肺炎疫情防控主体责任和各项措施，做到防控机制到位、检疫查验到位、设施物资到位、内部管理到位和宣传教育到位，确保生产生活平稳有序
	强化复工复产要素保障。会同有关部门帮助企业协调解决职工返岗、原材料供应、物资运输，以及口罩、消杀用品、测温仪等防控物资保障等难题，指导企业开展生产自救。推动有关单位对新冠肺炎疫情期间中小企业生产经营所需的用电、用水、用气，实施阶段性缓缴费用，缓缴期间实行"欠费不停供"措施。加大企业复产用工保障力度，精准摸查发布企业用工需求信息，推进线上供求匹配对接和远程招聘，加强本地供需对接，挖掘本地供给潜力，满足企业阶段性用工需求
	发挥中小企业服务新冠肺炎疫情防控的作用。对纳入新冠肺炎疫情防控重点保障企业名单的中小企业，要配合做好相关保障工作。对有条件、有意愿转产防疫物资的中小企业，要"一企一策"，全力帮助协调解决转产过程中的问题
进一步加强对中小企业的财政扶持	推动落实国家对防疫重点企业财税支持政策。协助纳入中央新冠肺炎疫情防控重点保障企业名单的本地中小企业按政策规定申请贴息支持和税收优惠。湖北、浙江、广东、河南、湖南、安徽、重庆、江西、北京、上海等省（市）中小企业主管部门对纳入本地区新冠肺炎疫情防控重点保障企业名单中的中小企业加强政策落实和服务。鼓励在中央贷款贴息的基础上，地方财政再予以进一步支持
	鼓励地方政府出台相关财政扶持政策。充分发挥本级中小企业发展专项资金的作用，有条件的地方可以设立专项纾困资金，加大对受新冠肺炎疫情影响严重中小企业的支持。鼓励各地结合本地中小企业受新冠肺炎疫情影响实际情况，依法依规减免税款和行政事业性收费，推动出台减免物业租金、阶段性缓缴或适当返还社会保险费、延期缴纳税款、降低生产要素成本、加大企业职工技能培训补贴和稳岗奖励等财政支持政策，切实减轻中小企业成本负担。已出台相关政策的地区，要加强部门协调，推动尽快落地见效
	推动加大政府采购和清欠工作的力度。引导各级预算单位加大对中小企业的倾斜力度，提高面向中小企业采购的金额和比例。加大行政机关、事业单位和国有企业拖欠中小企业账款清理力度，加快完成清欠目标任务，不得形成新增逾期拖欠

第十五章　中小企业发展重点政策解析

续表

针对的方面	重 点 内 容
进一步加强对中小企业的金融扶持	加大信贷支持力度。各地要主动加强与金融机构的对接，推动金融机构对有发展前景但受新冠肺炎疫情影响暂遇困难的中小微企业，适当下调贷款利率，增加信用贷款和中长期贷款，不得盲目抽贷、断贷、压贷，对到期还款困难的，可予以展期或续贷。推广基于多维度大数据分析的新型征信模式，解决银企信息不对称问题，提高优质中小企业的信用评分和贷款可得性。发挥应急转贷资金作用，降低应急转贷费率，为受新冠肺炎疫情影响较大的企业提供应急转贷资金支持。鼓励有条件的地方建立贷款风险补偿资金，对新冠肺炎疫情期间金融机构向小微企业发放的贷款不良部分给予适当补偿
	强化融资担保服务。引导各级政府性融资担保、再担保机构提高业务办理效率，取消反担保要求，降低担保和再担保费率。对于确无还款能力的小微企业，为其提供融资担保服务的各级政府性融资担保机构应及时履行代偿义务，视新冠肺炎疫情影响情况适当延长追偿时限，符合核销条件的，按规定核销代偿损失
	创新融资产品和服务。积极推动运用供应链金融、商业保理、应收账款抵质押、知识产权质押等融资方式扩大对中小企业的融资供给。充分发挥互联网金融便利快捷的优势，尽快开发新冠肺炎疫情期间适合中小微企业的融资产品，满足中小企业需要。发挥各地中小企业融资服务平台作用，积极开展线上"政银企"对接。协调银行、保险机构开放信贷、保险理赔绿色通道，加快放贷速度和理赔进度
	加快推进股权投资及服务。积极发挥国家和地方中小企业发展基金协同联动效应，带动社会资本扩大对中小企业的股权融资规模，鼓励加大对受新冠肺炎疫情影响暂时出现困难的创新型、成长型中小企业投资力度，加快投资进度。引导各类基金发挥自身平台和资源优势，加大对受新冠肺炎疫情影响较大的被投企业投后服务力度，协调融资、人才、管理、技术等各类资源，帮助企业渡过难关
进一步加强对中小企业的创新支持	组织开展新冠肺炎疫情防控相关技术与产品创新。鼓励专精特新"小巨人"企业和"专精特新"中小企业针对新冠肺炎防治，在检测技术、药物疫苗、医疗器械、防护装备等方面开展技术攻关和生产创新，对取得重大突破的"专精特新"中小企业，在申报专精特新"小巨人"企业时予以优先考虑。即时启动 2020 年"创客中国"中小企业创新创业大赛"疫情防控"类参赛项目征集。率先征集诊断试剂、医疗器械、装备生产、药物疫苗、防护装备等创新项目，并做好技术完善、认证检测、资质申请和推广应用等服务工作

续表

针对的方面	重 点 内 容
进一步加强对中小企业的创新支持	支持企业数字化转型。大力推广面向中小企业的互联网平台服务，积极推行网上办公、视频会议、远程协作和数字化管理，以此为基础全面提升中小企业管理信息化水平。帮助提供线下服务的企业创新商业模式，拓展线上服务。加快 5G、工业互联网应用部署，推广一批适合中小企业的工业软件应用，支持中小企业提升敏捷制造和精益生产能力。支持产业集群内中小企业以网络化协作方式弥补单个企业资源和能力不足，通过协同制造平台整合分散的制造能力，实现技术、产能与订单共享
	支持企业提升智能制造水平。引导大企业及专业服务机构面向中小企业推出云制造平台和云服务平台，发展适合中小企业智能制造需求的产品、解决方案和工具包。推动中小企业业务系统云化部署，对接工业互联网平台，引导有基础、有条件的中小企业加快生产线智能化改造，推动低成本、模块化的智能制造设备和系统在中小企业部署应用
	促进大中小企业融通创新发展。加快落实促进大中小企业融通发展三年行动计划。充分发挥国有企业和行业龙头企业的作用，带动产业链中小企业协同开展新冠肺炎疫情防控、生产恢复与技术创新。帮助中小企业与供应链上下游企业沟通合作、抱团取暖，营造共荣发展、共克时艰的融通生态
进一步加强对中小企业的公共服务	发挥中小企业公共服务平台作用。充分发挥国家和省级中小企业公共服务示范平台以及各地中小企业公共服务平台网络作用，为中小企业提供优质高效的线上服务。引导各地中小企业公共服务平台网络通过开设专栏等形式及时梳理各项惠企支持政策，开展中小企业新冠肺炎疫情防控支持政策咨询解读等专项服务。鼓励国家和省级小型微型企业创业创新示范基地、享受过财政支持政策的创新创业特色载体等在新冠肺炎疫情期间适当减免或延期收取中小企业的租金、物业管理和其他费用，支持企业创新发展
	加强培训服务。通过开展线上培训等形式，给中小企业送政策、送技术、送管理，为企业恢复正常生产经营做好各项准备工作。指导受新冠肺炎疫情影响的企业在确保防疫安全情况下，在停工期、恢复期组织职工参加职业培训的，按规定纳入补贴类培训范围
	加强新冠肺炎疫情相关法律服务。积极为中小企业提供法律援助和法律咨询公益服务，帮助中小企业解决受新冠肺炎疫情影响造成的合同履行、劳资关系等法律问题。协助因新冠肺炎疫情导致外贸订单无法如期履行或不能履行的中小企业申领不可抗力事实性证明，减少企业损失。对确因新冠肺炎疫情影响无法正常履行相关义务的企业，协调不记入信用记录

续表

针对的方面	重 点 内 容
进一步加强统筹协调	发挥各级促进中小企业发展工作协调机制作用，提请召开领导小组会议专题研究部署，结合实际采取精准有效措施，减轻企业负担、降低生产成本、稳定人员就业、保障要素供给，帮助广大中小企业树立信心、减少损失、渡过难关，有序复工复产，切实保障经济平稳运行
	各级中小企业主管部门要切实履行职责，加强中小企业生产经营监测分析，及时发现并推动解决企业复工复产过程中遇到的突出问题。加强舆论宣传工作，引导中小企业坚定信心，共克时艰。加强部门协调，形成工作合力，共同推动国家及本地政府各项惠企政策落地，指导中小企业用好用足相关政策，扩大惠企政策受益面，提升企业获得感

三、政策解读

中小企业是国民经济发展的基石和生力军，在促进经济增长、扩大就业、推动创新和满足人民群众多样化需求等方面发挥着举足轻重的作用。2020年以来，突如其来的新冠肺炎疫情给广大中小企业带来了严峻考验。党中央、国务院高度重视中小企业复工复产工作，习近平总书记多次做出重要指示批示，从国家到地方陆续出台了一系列政策措施，形成政策"组合拳"，精准高效扶助中小企业。在党中央的坚强领导下，通过全社会的共同努力，新冠肺炎疫情得到有效控制，社会生产生活逐渐恢复正常。《通知》的出台，围绕复工复产、财政扶持、金融扶持、创新支持、公共服务、统筹协调等方面，让中小企业真正有获得感，切实帮助中小企业渡过难关。

热 点 篇

第十六章

我国中小企业融资服务平台研究

我国中小企业"融资难、融资贵"是个常谈常新且长期存在的问题,其中,"政银企"之间的投融资信息不对称是导致中小企业"融资难、融资贵"的重要因素。因此,建立中小企业融资服务平台是提高中小企业融资可得性的重要途径。目前,关于中小企业融资公共服务平台的认识尚不清晰,对于如何通过构建中小企业融资服务平台来缓解中小企业融资困难还没有形成统一的规范。因此,开展中小企业融资服务平台研究具有重要的理论与现实意义。

第一节 相关概念与研究的必要性

一、相关概念

(一) 中小企业融资

中小企业融资是指银行金融机构针对符合一定条件的中小企业制定相关的融资方案,并联合相关资金供给方,为中小企业提供资金,助力中小企业实现相关经营需求。中小企业限于当前发展阶段,制度建设、财务规范存在不足,其偿债能力、抵御风险能力均相对较弱,在信息不对称的情况下,极易造成中小企业获取融资规模较小、融资质量较低、融资结构不合理等问题。

1. 融资结构

融资结构是指企业通过不同渠道获取资金的有机构成。通常按照是

否有发挥中介作用的金融机构介入，分为直接融资和间接融资。直接融资是没有发挥中介作用的金融机构介入的融资方式，包括借贷凭证、商业票据、债券和股权融资。尽管直接融资的投融资双方选择相对自由，但由于融资企业资信评级存在差异，造成投资方承担的风险也有所差异，同时诸如股票这类直接融资具有不可逆性。间接融资是有发挥中介作用的金融机构介入的融资方式，融资需求方与融资供给方不发生直接关系，分别与发挥中介作用的金融机构发生一笔独立交易。银行贷款、信托、保险均属于间接融资方式。与直接融资相比，间接融资风险相对较小，且具有可逆性。

2. 融资参与主体

中小企业融资的参与主体有3类，即作为融资需求方的中小企业、融资供给方和金融中介机构。作为融资需求方的中小企业在不同发展阶段，其融资需求有所差异。在初创期，中小企业资产薄弱，企业制度建设不完善，为满足其融资发展需求，通常选择熟人借贷、银行贷款、创业风险投资等融资方式，且多数需要融资担保机构介入才能顺利融资。发展到成长期和成熟期阶段，部分中小企业为扩大融资规模，降低融资成本，逐渐倾向于发行债券、股票来获取融资。

融资供给方主要有个人、金融机构和政府。通常情况下，中小企业获得的"第一桶金"源自熟人借贷。随着我国市场机制和法律法规的不断完善，创投基金、风险投资等融资方式对中小企业融资供给不断加大。政府作为中小企业融资供给方，利用税收优惠、产业政策支持等政策手段给予中小企业资金支持，为中小企业营造良好的融资环境。

金融中介机构是连接中小企业与融资供给方的重要桥梁，按营利性质可划分为营利性金融中介机构和非营利性金融中介机构。营利性金融中介机构包括商业银行、融资担保机构、资产评估机构等，这些机构为中小企业对接高质量融资。非营利性金融中介机构主要有中国中小企业协会、中小企业信用促进会等，这些机构对促进中小企业发展，提升企业经营水平，助力企业对接优质融资起着重要作用。

（二）中小企业融资服务平台

中小企业融资服务平台是以新一代信息技术为支撑，以移动网络客

第十六章　我国中小企业融资服务平台研究

户端为载体，由政府牵头组建，联合银行业金融机构、融资担保机构、征信评级机构、融资咨询机构等金融机构，联合中小企业和相关部门，为中小企业提供信贷、债券、股权、担保、风投等综合性融资的融资服务平台。为中小企业提供"一站式"融资服务，切实解决中小企业"融资难"问题，助力中小企业健康发展。

1. 按服务覆盖区域分类

按照服务覆盖区域进行划分，我国中小企业融资服务平台可分为全国性、地方性中小企业融资服务平台，前者有全国中小企业融资服务平台，后者有江苏省中小企业公共服务平台、广东省中小企业公共服务平台、陕西省中小企业融资服务平台、湖北省中小企业投融资服务平台等。地方性中小企业融资服务平台以全国性中小企业融资服务平台为指导，贯彻落实中央、国务院关于促进中小企业发展的政策精神，汇聚各地区中小企业多样化的融资需求，与地方政府部门、产业园区、金融机构、产业投资商、专业投资者搭建高效、便捷的交互渠道，有效提高中小企业获取融资的成功率，降低融资成本。

2. 按服务内容分类

按照服务内容进行划分，我国中小企业融资服务平台可分为综合性中小企业融资服务平台和权威性中小企业融资服务平台。针对中小企业专项融资需求，设立的权威性中小企业融资服务平台有深交所创新创业投融资服务平台、全国中小企业股份转让系统、违约拖欠中小企业款项登记（投诉）平台等，有针对性地帮助中小企业获取创投基金、股权融资、应收账款融资等。深交所创新创业投融资服务平台承接了国家中小企业发展基金项目，帮助中小企业拓宽直接融资渠道，促进中小企业创新发展与资本市场有机结合。全国中小企业股份转让系统即"新三板"，主要职能是安排符合条件的中小企业挂牌，公开转让股份，进行股权融资、债权融资、资产重组等，为创新型、创业型、成长型中小企业融资发展服务。违约拖欠中小企业款项登记（投诉）平台主要用市场化手段激励债权人主动参与应收账款融资，发挥清理拖欠中小企业账款作用，帮助中小企业及时获取应收账款融资，纾解中小企业资金链紧张问题。

二、理论基础

（一）信息不对称理论

信息不对称理论是指在社会经济活动中，各参与方限于自身的角色定位和能力水平，在交易过程中，掌握信息相对较多的参与方，通常处于相对有利的地位，继而收益颇多；而掌握信息相对较少的参与方，往往处于相对不利的地位，获利较少。信息不对称理论揭示了完全依靠市场机制调整，对掌握信息相对较少的参与方的交易地位提升效果有限。该理论强调了政府要发挥好调控作用，使各参与方尽可能获取等量信息，消除信息不对称带来的不利影响。特别是在银行信贷过程中，中小企业限于自身发展水平，管理制度不健全，企业经营状况波动较大，财务状况不透明，金融机构较难获知其经营的真实状况，往往信用评价相对较低，中小企业难以获取高质量的融资，甚至不能获得融资。由此可见，发挥好政府作用，构建中小企业融资服务平台，有助于参与方及时、准确地获取信息，消除信息不对称现象，助力中小企业获取高质量的融资。

（二）长尾理论

长尾理论通常是指产品在较大的流通市场环境中，销售量不佳的产品总和占据的市场规模与少数热销产品所占市场规模相匹敌甚至更大。对于中小企业而言，中小企业具有"五六七八九"特征[①]，尽管单一个体的经济规模较小，但总体占据我国社会经济的90%以上。在当前大数据、云平台助推下，社会市场变得更加细分，促使更多的中小企业萌芽发展，使中小企业总体的融资需求量更加可观。由此可见，在当前新一代信息技术的助推下，构建中小企业融资服务平台，切实解决中小企业融资问题，不仅有助于中小企业健康发展，而且有助于国民经济优化升级。

---

① 指我国中小企业贡献了50%以上的税收，60%以上的GDP，70%以上的技术创新，80%以上的城镇劳动就业，以及占据90%以上的企业数量。

（三）企业生命周期理论

企业生命周期理论认为，在企业不同的发展阶段，企业在经营规模、管理制度、资产配置等方面存在差异，其融资需求和融资方式也有所不同。当企业逐步向成熟阶段发展，企业各方面运作不断成熟、信息透明度不断增强、信用评级不断提高，从而更能够获得高质量融资，实现自身发展与高质量融资的良性循环。我国中小企业多数处于发展和成长阶段，管理运营有较大的提升空间，财务信息仍需不断完善，信用评级仍相对较低，在充分利用内源融资之后，急需外源融资补充。然而限于较低的信用评级，中小企业难以获得高质量融资，从而极易陷入难发展且难融资的恶性循环。鉴于此，充分发挥大数据、云计算等新一代信息技术作用，多角度采集中小企业运营信息，广泛联合"政银企"，构建综合性中小企业融资服务平台，大力消除中小企业融资参与方的信息壁垒，助力初创期和成长期的中小企业及时获得高质量融资，推动中小企业向高水平、高层次方向发展。

三、研究目的

（一）着力解决中小企业长期存在的"融资难、融资贵"问题

工业和信息化部联合国家发展改革委等部门于 2019 年发布了《关于促进中小企业公共服务平台建设的指导意见》，该文件指出了有效发挥中小企业公共服务平台作用，为中小企业提供筹资融资、财税申报、财务咨询等融资财务服务。为切实有效纾解中小企业"融资难、融资贵"问题，提供了中小企业公共服务平台构建的政策基础。中国银保监会于 2019 年发布了《关于进一步加强金融服务民营企业有关工作的通知》（银保监发〔2019〕8 号），该文件指出，推动完善融资服务信息平台，精准分析民营企业生产经营和信用状况，健全优化与民营企业信息对接机制。为提高资金供需双方线上对接效率，帮助中小企业及时获取融资提供政策保障。为加快中小企业有效复工复产，各级政府部门已出台相关政策，纾缓中小企业融资压力。中国银保监会发布了《关于加强产业链协同复工复产金融服务的通知》（银保监办发〔2020〕28 号），该文件指出，优化产业链上下游企业信贷融资服务，加大新冠肺炎疫情防控期

间对相关企业的金融支持力度,着力为产业链上下游中小微企业获取融资提供增信服务,有效推动产业链上下游中小企业复工复产。江苏省发布了《关于进一步落实惠企金融支持政策帮助中小企业缓解融资困难的通知》(苏工信服建〔2020〕111号),该文件指出,对中小企业开展普惠金融宣传,摸清中小企业融资需求,支持中小企业应收账款融资,依托江苏省中小企业公共服务网上平台开通"抗疫情促发展中小企业融资绿色通道"。由此可见,大力推动各层级政府构建中小企业融资服务平台,进一步优化现有平台对中小企业融资服务效果,提高融资供需对接精准度,切实降低中小企业获取融资难度和各类成本,具有较强的研究意义和现实意义。

(二)着力解决"政银企"之间的信息不对称问题

"政银企"之间的投融资信息不对称是导致中小企业"融资难、融资贵"问题的重要因素之一。构建和优化中小企业融资服务平台,消除中小企业融资参与方之间的信息壁垒,多维度获取中小企业经营信息,消除仅依靠财报信息征信的单一性,对提高中小企业信息透明度、增强主管部门监管力度、降低融资成本和难度具有极强的研究意义和现实意义。

1. 提高中小企业信息透明度

中小企业在初创阶段易存在财报信息不规范、管理机制不完善等问题,造成企业信息透明度较低,从而难以获取高质量融资,进一步限制了企业自身发展。基于中小企业融资服务平台,结合新一代信息技术,引入第三方征信服务机构,多维度、综合性采集企业经营信息,增强中小企业信息透明度,减少企业与相关参与方之间的信息不对称,提高信用评级,着力提高中小企业获取高质量融资的成功率。

2. 增强主管部门监管力度

各级主管部门基于中小企业融资服务平台,一方面,可及时获取中小企业经营发展、融资需求等相关信息,增强中小企业监管指标的针对性,有效降低与中小企业之间的沟通障碍,提高政策扶持的精准性。另一方面,消除与银行业金融机构、担保机构、征信机构的信息壁垒,及时了解相关金融机构与中小企业之间的配合情况,增强对相关金融机构

的有效监管,及时引导金融机构关于中小企业融资的工作方向,提高对中小企业融资服务的工作质量。

(三)着力推动中小企业"双创"发展,激发经济增长新动力

我国中小企业占全国企业总数的 90% 以上,是国民经济和社会发展的生力军,是驱动我国经济高质量增长的重要驱动力。构建并不断完善中小企业融资服务平台,切实解决中小企业"融资难、融资贵"问题,有助于促进中小企业健康发展,有助于稳增长、促改革、调结构、惠民生、防风险,也有助于激发经济增长新动力。

第二节 中小企业融资面临问题研究

一、融资门槛高

我国各类商业银行贷款偏好依旧向大企业、知名企业倾斜,真正主动惠及中小企业的贷款并不多见。由于同一银行内部一般信贷业务和中小企业贷款业务的风险控制制度、激励约束机制、责任追究机制基本一致,关于促进中小企业融资的差异化监管政策尚未落实到位,金融机构对中小企业"不敢贷、不愿贷、不能贷"的局面依然存在。为应对中小企业融资债权人特有风险,金融机构普遍设置一系列严格的审批事项与流程,以资产规模为主要导向对中小企业融资申请进行层层筛选,大部分中小企业因资产太少、规模太小、资质不够、企业注册时间太短等硬性条件不足而被拒之门外,其中不乏一些潜力型企业。

二、融资渠道窄

目前,我国多层次资本市场体系尚未健全,主板、中小板、创业板中只有极少数优质的中小企业能够达到上市标准,大多数中小企业不具备直接融资能力。为解决中小企业融资问题而设立的"新三板"与区域股权市场由于投资范围局限、资金流动性不足,难以切实发挥融资功能。对于初创期、生长期的科技型中小企业,政府对其在 Pre-IPO 融资阶段的政策引导不足,企业依靠自身能力难以吸引天使投资、风险投资、私

募股权投资等获得关键性融资。目前来看，大多数中小企业直接融资渠道基本堵塞，获取融资只能通过商业银行、担保公司、自筹、民间借贷等方式，具有较大不确定性与不稳定性。

三、融资方式少

中小企业面向商业银行融资基本以不动产抵押贷款为主，由于当前我国动产和权利担保物权仍未建立统一的登记制度，动产和权利质押的相关机制尚不完善，银行接受的担保物范围窄，且抵押率低，中小企业以知识产权、存货、机器设备等为担保品进行担保融资往往存在较大困难，此外，由于供应链核心配合确权积极性不高，中小企业应收账款融资的开展也具有较大难度，推动中小企业动产抵押贷款落实工作仍在路上。各地推出的大多数"科技贷""信用贷""小微贷"等非不动产抵押贷款项目，存在贷款额度较小等问题，并未有效解决大部分轻资产中小企业间接融资困难等问题。

四、融资费用贵

金融机构与中小企业之间存在的信息不对称问题致使中小企业融资风险上涨，各类金融机构为尽量减小中小企业放贷风险，导致中小企业间接融资各环节成本费用均高于一般水平，主要体现在以下3个方面。一是贷款利率高，根据央行数据显示，大企业贷款时，约有85%的大企业能以基准利率贷款，而对于中小企业，银行贷款平均利率为6%~7%，一般较基准利率上浮40%~50%，小额贷款公司利率平均为10%~20%，民间及网络借贷利率则高达30%。二是中介费用高，与银行贷款相关的担保费、审计费、评估费和公证费等附加费用数目繁多、收费较高。三是过桥资金成本高，过桥借款年化利率均超过30%。

第三节　中小企业融资服务平台构建研究

一、功能定位

建设中小企业融资服务平台，其主要目的为有效缓解中小企业融资

困境，尽力打通银企信息不对称瓶颈，切实提高中小企业融资可得性，降低融资成本与信贷风险。中小企业融资服务平台体系由"国家-省-市（县）"三级平台组成，形成一整套紧密联系、内在协调、相互支撑的平台体系。中小企业融资服务平台示意如图16-1所示。

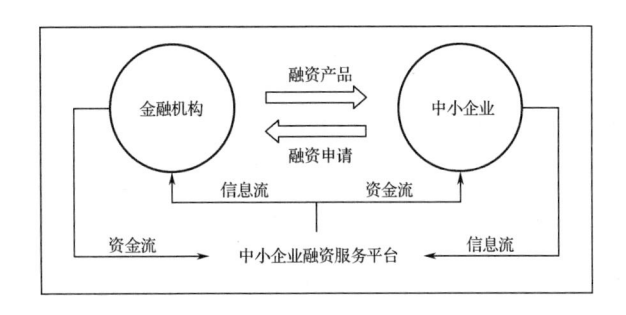

图 16-1 中小企业融资服务平台示意

（一）国家中小企业融资服务平台

国家中小企业融资服务平台定期发布国家层面支持中小企业的融资政策，协助做好中小企业融资政策宣贯工作，站位国家宏观调控层面，紧贴中国人民银行、中国银保监会等国家机构关于中小企业融资推动最新政策，引领并指导地方融资服务平台融资促进工作，接收并处理国家级融资项目申报等。

（二）省级中小企业融资服务平台

省级中小企业融资服务平台依托国家中小企业融资服务平台总体指导框架，结合本省关于中小企业融资促进相应政策措施，集聚全省中小企业资源，协助做好本省中小企业融资政策宣贯工作，指导市（县）级中小企业融资服务平台融资促进工作，接收并处理省级融资项目申报等。

（三）市（县）级中小企业融资服务平台

市（县）级中小企业融资服务平台根据上级融资服务平台总体思路，协助做好本市（县）中小企业融资政策宣贯工作，集聚本市（县）中小企业与各类金融服务机构，通过市（县）级中小企业融资服务平台资源

整合，切实做好银企对接，尽力破除银企信息不对称障碍，根据资贷双方意向搭建融资绿色通道，提高优质中小企业融资成功率，将促进中小企业融资工作落实、落细、落地。

二、系统架构

（一）数据库板块

1. 中小企业数据库

中小企业数据库主要包括 5 部分内容。一是中小企业基本信息，通过公开渠道整合归集中小企业基本工商信息，包括企业名称、开办时间、注册资本、实缴资本、企业类型、所属行业、人员规模、登记机关、注册地址、经营范围等。二是中小企业信用信息，包括中小企业融资服务平台认证企业信用与第三方中小企业信用评级机构认证企业信用。三是中小企业财务信息，包括自企业开办以来全部财务报表信息与信贷业务信息。四是中小企业运营信息，包括企业实际控制人变更情况、主要业务产品情况、订单情况、库存情况等。五是中小企业发展前景信息，包括该企业所属行业发展情况、所处产业链位置情况、历年所占市场份额情况、供应链上下游相关企业发展情况等。

2. 金融产品数据库

金融产品数据库主要包括各类金融机构针对中小企业发布的融资产品，以及适用于中小企业的其他融资产品。

3. 融资政策数据库

融资政策数据库主要包括国家关于促进中小企业融资所发布的政策文件，省、市（县）贯彻有关中央精神及切合本地区发展实际所发布关于促进中小企业融资的手段措施。

（二）系统板块

1. 信用系统

通过对中小企业融资服务平台积累的中小企业大数据进行分析，搭建科学合理的信用评价指标体系。该信用评价指标体系包括对企业基础数据、财务数据、经营数据及发展前景数据的多层次综合量化评价，从

而形成对目标中小企业信用状况的客观评价,并与中小企业信用评估第三方评级机构相关数据进行科学结合,将其作为中小企业融资申请评审的关键参考。

2. 共享系统

共享系统对中小企业融资服务平台积累或经处理产生的数据进行用户权限制公开,即经过认证通过的政府机构、金融机构可通过中小企业融资服务平台相应版块获得中小企业数据库的查询服务,从而了解相关中小企业的实际经营情况、信用情况及发展前景等信息;经过认证通过的中小企业可通过中小企业融资服务平台相应版块获得金融产品数据库和融资政策数据库的查询服务,从而了解相关金融产品与融资政策等信息。

3. 匹配系统

通过信息技术手段对中小企业融资服务平台企业数据与金融产品数据进行比对分析,通过搭建智能化机制将供需信息相对匹配的中小企业与金融机构合理配对,增加匹配准度,从而大幅降低企业与金融机构的时间成本,提高中小企业融资成功率,降低金融机构放贷风险。

(三)应用板块

1. 融资政策宣贯模块

融资政策宣贯模块汇总国家、省、市(县)发布的有关支持中小企业融资相关政策,集中在相应中小企业融资服务平台网页模块公示,并可通过信息匹配机制对中小企业开设专属政策宣贯入口,通过中小企业基本信息及相关融资需求为其提供定制化的政策宣贯服务。

2. 融资需求发布模块

通过中小企业融资服务平台认证的中小企业可根据自身融资需求,按照中小企业融资服务平台特定制式要求填写融资相关详细信息,并可通过信息匹配机制对金融机构开设推荐企业名录入口,根据金融机构预设企业要求为其提供精准放贷对象名录。

3. 金融产品宣传模块

通过中小企业融资服务平台认证的金融机构可根据自身放贷要求,按照平台特定制式要求填写金融产品相关详细信息,并可通过信息匹配

机制对中小企业开设推荐金融产品名录入口，根据中小企业融资需求为其提供匹配性较高的金融产品。

三、运行机制

（一）造血机制

中小企业融资服务平台创建初期，由各级相关政府出资以保障中小企业融资服务平台的初步运营，在各地中小企业融资服务平台集聚充分的中小企业资源后，对大量中小企业数据进行日常维护与优化分析，对预使用中小企业数据库或有意向获取中小企业相关数据研究成果的有关单位进行标价收费，并将面向中小企业及金融机构的精准匹配功能设为增值服务进行收费，同时探索对中小企业融资服务平台的使用者进行会员制收费，以此进行市场化运营，以实现平台正常运营的自支自收。

（二）信息融通机制

运用信息技术搭建内部程序机制，将政府融资政策数据、中小企业信息、融资需求数据、金融机构金融产品数据进行有机融合，从而形成整体数据库，以实现政府有关部门、中小企业与金融机构相关信息数据互联互通，确保中小企业融资服务平台各基础查询功能可靠、精准，并对于政府有关部门做好对中小企业统计监测工作提供有力支撑，以及为其进一步落实融资促进政策提供重要参考。

（三）信息匹配机制

将融资需求发布模块与金融产品宣传模块进行统一制式规范化处理，使中小企业、金融机构等使用者可按照模板格式要求直接形成统一、标准的内容，进而将融资需求发布模块与金融产品宣传模块的数据资料进行有机对应，运用大数据分析手段，通过快速抓取关键条目、对比供需金额数量、筛选信用评估等级等方式进行科学匹配，以实现中小企业融资需求与金融机构金融产品的精准匹配，大大提高融资效率与融资成功率，降低融资成本与融资风险。

第四节　推进中小企业融资服务平台发展的对策建议

一、建立健全组织协调机制，加强组织保障

一是建立健全"国家-省-市（县）"三级中小企业融资服务平台（以下简称"三级平台"）联动机制，通过对三级平台服务工作进行统一调配，促使三级平台联合服务，为中小企业提供立体服务体验。二是建立三级平台信息共享机制，通过对各级平台间信息、服务资源的互通共享，为进一步提高整个平台体系统筹协调效率打下信息基础。三是建立三级平台协调机制，对于涉及多级平台工作项目，发挥多级平台联动效应，依托多级平台协调机制，快速、有效地促成各级平台协调服务，保障服务顺利、流畅进行。

二、引导多方共建平台数据，优化资源整合

一是推进政府相关部门充分利用中小企业融资服务平台有关功能工作，定期发布有关中小企业融资政策及其他相关产业扶持政策，保障并提高政策宣贯效果。二是引导金融机构积极进驻中小企业融资服务平台，促使其充分利用中小企业融资服务平台有关功能，发布数量足够的优质金融产品，推进金融机构使用中小企业融资服务平台开展对企融资工作常态化，提高中小企业融资服务水平。三是大力引导当地中小企业积极入库，通过有效集聚企业资源，保障中小企业融资服务平台企业库的基础数据库资源充足，切实推动中小企业融资服务平台良性发展。

三、建立准入审核机制，做好风险防控

一是严格审核入驻中小企业融资服务平台的金融机构，对其真实性、合法性、机构资质、主要业务等重要信息进行严格把关，以优化融资供给侧为重要手段，切实提高中小企业融资服务质量。二是严格审核入库的中小企业，对企业填报信息进行多渠道核实，确保中小企业融资服务平台企业库的基本质量，同时有效降低金融机构放贷风险，提高其对中小企业提供融资主动性。三是建立审核反馈机制，对未经过审核的金融机构与中小企业纳入预备名单，并对申请对象及时反馈未通过审核

的原因，减少因信息缺失、误填等因素导致审核失败的现象。

四、完善中小企业信用体系，夯实融资基础

一是建立中小企业信用信息归集机制，将入库中小企业信用信息从国家发展改革委、人社部、商务部、中国人民银行、国家税务总局、国家市场监管总局、海关总署、司法部等部门，以及水、电、气、热等公用事业单位中整合归集，建立中小企业信用信息库。二是建立中小企业信用信息整合制度，针对中小企业发展、金融服务、政府管理等实际需求对中小企业信用信息的要求，建立中小企业信用信息库整合制度。三是建立中小企业信用信息公开制度，针对融资对接、市场交易及政府服务监管等完善信用信息查询制度，建立统一、共享、高效的信用体系。

第十七章

中美 500 强企业对比研究

《财富》全球论坛每年都会发布"世界 500 强"企业排行榜，该排行榜不仅反映行业龙头企业的发展情况，体现国家间经济实力对比，而且是企业用来判断自身实力和国际竞争力的重要标志。本章通过详细分析中美 500 强企业发展差异，以期为促进中国企业发展提供参考。

第一节 综合情况分析

本节通过对 2020 年《财富》"世界 500 强"上榜的中国企业进行横纵对比分析，客观反映中国龙头企业在发展中取得的成绩和存在的差距。

一、中美上榜企业对比分析

美国上榜企业头部占比更高。"世界 500 强"前 100 名中，中国上榜企业数量为 25 家（占比 25.0%），美国上榜企业数量为 34 家（占比 34.0%）；前 200 名中，中国上榜企业数量为 51 家（占比 25.5%），美国上榜企业数量为 60 家（占比 30.0%）；前 300 名中，中国上榜企业数量为 77 家（占比 25.7%），美国上榜企业数量为 82 家（占比 27.3%）。前 400 名中，中国上榜企业数量为 102 家（占比 25.5%），美国上榜企业数量为 109 家（占比 27.3%）。中国上榜企业数量在各段分布较为均匀，在 400~500 名中所占比例较高，达到 31.0%。美国上榜企业数量主要分布在前 400 名，其中，前 100 名中美国上榜企业数量占比最大，达到 34.0%。《财富》"世界 500 强"中美上榜企业数量分段对比如图 17-1 所示。

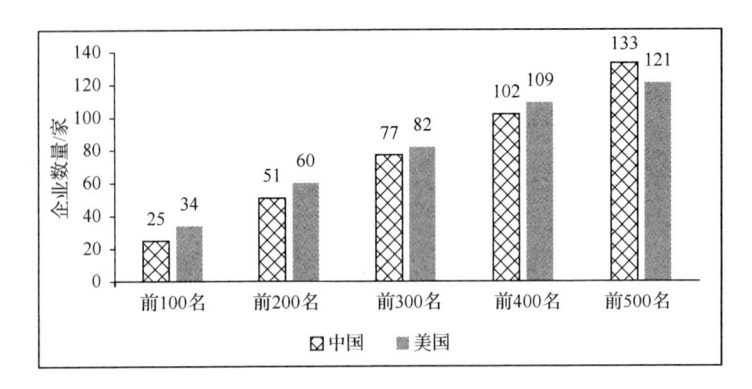

图 17-1 《财富》"世界 500 强"中美上榜企业数量分段对比
数据来源：赛迪智库根据《财富》"世界 500 强"排行榜数据整理

2020 年，中国上榜企业数量实现历史性跨越，共有 133 家公司上榜，上榜企业数量位列第一，超过美国上榜企业数量（121 家）。2001 年，中国加入世界贸易组织，当年中国进入"世界 500 强"排行榜的企业仅为 12 家。2003—2012 年，中国经济贸易快速发展，10 年间中国上榜企业数量呈指数增长。2013—2020 年，中国上榜企业数量继续保持增长趋势。2019 年，中国上榜企业数量达到 129 家，历史上首次超过美国上榜企业数量（121 家）。《财富》"世界 500 强"中美上榜企业数量变化如图 17-2 所示。

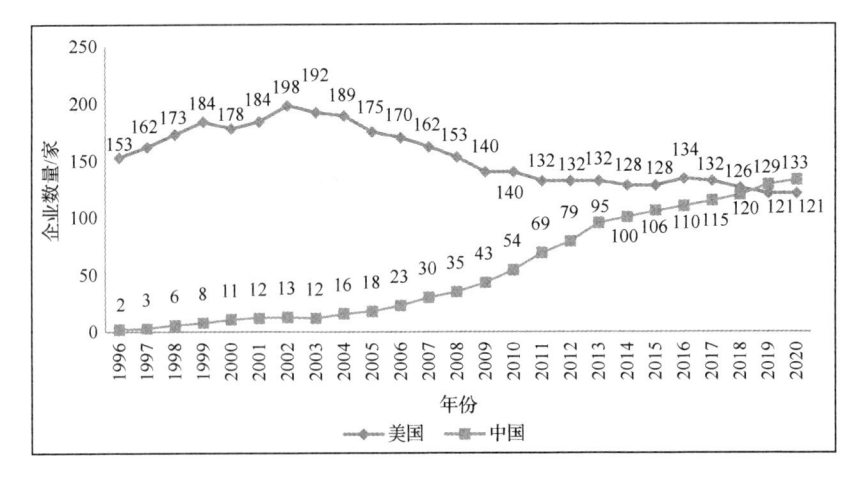

图 17-2 《财富》"世界 500 强"中美上榜企业数量变化
数据来源：赛迪智库根据《财富》世界 500 强排行榜数据整理

细分行业方面，美国上榜企业分布更均衡。2020年，中国上榜企业主要分布在30个细分行业，集中在产业上游，重化工业类、基础设施建设类企业数量较多。与2019年相比，采矿、原油生产、能源、多元化金融、化学品等行业企业数量有所增长，银行：商业储蓄、炼油、船务行业企业数量有所减少，新增批发：保健行业企业1家。美国上榜企业则在上下游行业分布较为均衡，涉及多达46个细分行业领域。中国上榜企业集中在金融、石化冶金等传统领域，新兴领域企业较少。特别是在计算机软件、信息技术服务、医疗等技术密集型高端新兴领域，均有美国企业上榜，中国在上述行业均无企业上榜。《财富》"世界500强"中美上榜企业行业分布差异如表17-1所示。

表17-1 《财富》"世界500强"中美上榜企业行业分布（中国该行业无企业上榜）

序号	细分行业	美国上榜企业数量	序号	细分行业	美国上榜企业数量
1	保健：保险和管理医保	5	13	批发：食品	1
2	保健：医疗设施	1	14	食品：消费产品	3
3	财产与意外保险（互助）	2	15	食品生产	4
4	服装	1	16	食品店和杂货店	4
5	管道运输	3	17	信息技术服务	1
6	航空	3	18	烟草	1
7	计算机软件	2	19	医疗器械和设备	1
8	家居、个人用品	1	20	饮料	1
9	建筑和农业机械	2	21	娱乐	1
10	科学、摄影和控制设备	1	22	综合商业	4
11	批发：电子、办公设备	2	23	其他	3
12	食品：饮食服务业	1			

数据来源：赛迪智库根据《财富》"世界500强"排行榜数据整理

营业收入和盈利能力方面，美国上榜企业更强。一是中国上榜企业平均营业收入低于美国上榜企业平均营业收入。2020年"世界

500强"中国上榜企业平均营业收入为656.78亿美元,美国上榜企业平均营业收入为810.44亿美元。与2019年相比,中美上榜企业平均营业收入(中国为649.28亿美元,美国为777.06亿美元)均有所增加。2020年"世界500强"中美上榜企业平均营业收入差值为153.66亿美元,与2019年中美上榜企业平均营业收入差值127.78亿美元相比,中国上榜企业平均营业收入涨幅低于美国上榜企业平均营业收入涨幅。二是中国上榜企业平均利润低于美国上榜企业平均利润。从平均利润看,2020年中国上榜企业平均利润为34.85亿美元,美国上榜企业平均利润则为70.06亿美元;从平均销售利润率看,2020年中国上榜企业平均销售利润率为4.57%,美国上榜企业平均销售利润率为8.87%。三是中国上榜企业净资产收益率低于美国上榜企业净资产收益率。2020年中国上榜企业平均净资产收益率是2.00%,美国上榜企业平均销售利润率则高达4.93%。2019年与2020年《财富》"世界500强"中美企业盈利对比如表17-2所示。

表17-2 2019年与2020年《财富》"世界500强"中美企业盈利对比

类　　别	2019年 中国	2019年 美国	2020年 中国	2020年 美国
平均营业收入/亿美元	649.28	777.06	656.78	810.44
平均利润/亿美元	34.01	60.34	34.85	70.06
平均利润率/%	5.24%	7.77%	4.57%	8.87%
平均净资产收益率/%	9.90%	15.00%	2.00%	4.93%

数据来源:赛迪智库根据《财富》"世界500强"排行榜数据整理

二、中国上榜企业基本情况

国有企业是上榜企业主体,民营企业占比持续提升。2020年,中国入围"世界500强"的133家企业中,国有企业数量为92家,民营企业数量为30家,港澳台企业数量为11家。2015—2020年《财富》"世界500强"中国上榜企业性质变化如图17-3所示。2015—2020年"世

界 500 强"的中国上榜企业中，国有企业数量先降后升，基本保持在 85 家上下；民营企业数量一直呈较好的增长趋势，在中国企业上榜总数量里的占比逐年增大；港澳台企业平均数量为 11 家。

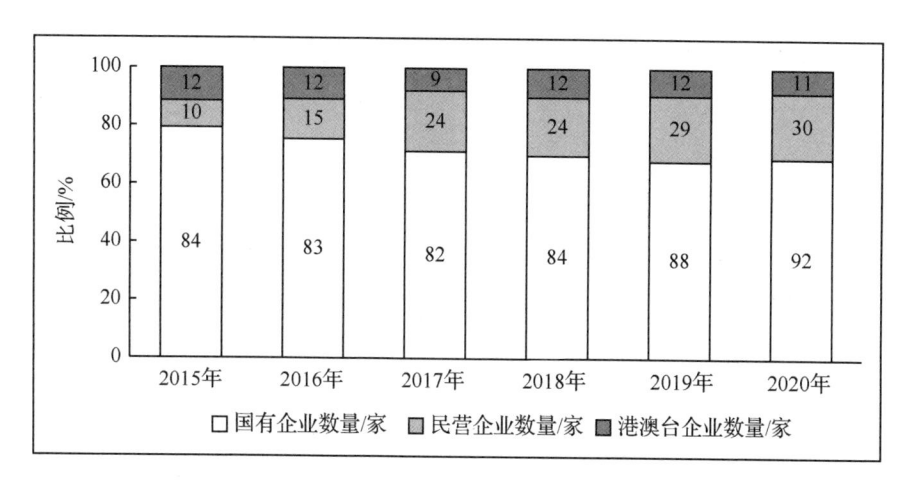

图 17-3　2015—2020 年《财富》"世界 500 强"中国上榜企业性质变化

数据来源：赛迪智库根据《财富》"世界 500 强"排行榜数据整理

2009 年、2019 年和 2020 年《财富》"世界 500 强"中国上榜企业行业分布如图 17-4 所示。九大行业上榜数量均成倍增长，制造业最为突出。2020 年，中国共 133 家企业上榜，主要分布在制造业、金融业、采矿业、批发和零售业等九大行业，其中制造业最多，共有 45 家上榜企业，约占上榜企业总数的 1/3，制造业和金融业占上榜企业总数的一半以上。对比 2009 年中国上榜企业行业分布发现，11 年间，九大行业上榜企业数量均实现成倍增长，其中制造业、金融业、批发和零售业的企业数量增幅均在 3 倍以上。相较于 2019 年制造业企业上榜数量突出，2020 年上榜企业的行业分布呈均匀分布趋势，建筑业、批发和零售业，以及信息传输、软件和信息技术服务业企业数量均有所增加，但上榜企业数量仍偏少。

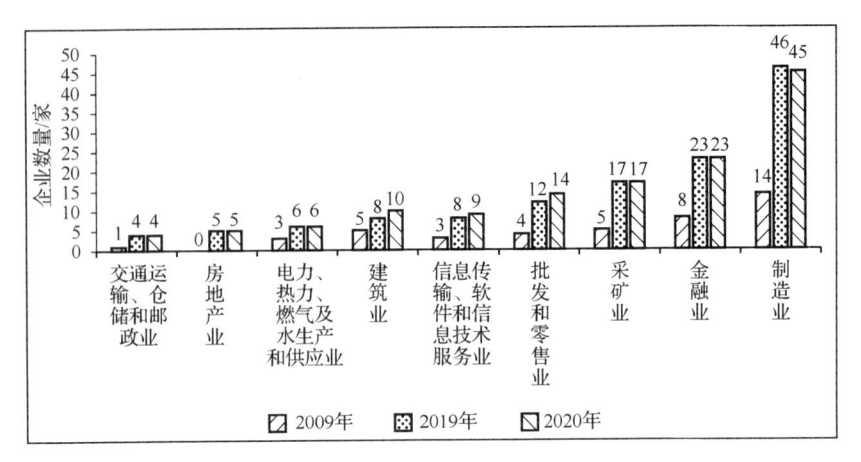

图 17-4　2009 年、2019 年和 2020 年《财富》"世界 500 强"
中国上榜企业行业分布

数据来源：赛迪智库根据《财富》"世界 500 强"排行榜数据整理

2015—2020 年《财富》"世界 500 强"中国上榜企业地区分布如图 17-5 所示。上榜企业主要集中在华北地区，华东地区和华南地区较其他地区上榜企业数量增速更快。除了中国台湾省的 9 家企业，其余 124 家中国企业大部分集中在华北地区[1]，其次分布在华东地区和华南地区。2015—2020 年中国华北地区进入"世界 500 强"的企业数量遥遥领先于其他地区，上榜企业数量保持平稳，年均 63 家；华东地区、华南地区上榜企业数量不断增加，2020 年，华东地区、华南地区上榜企业数量之和首次超过 50 家，接近中国上榜企业总数的 40%。西北地区、华中地区、东北地区上榜企业数量与 2019 年上榜企业数量保持一致，西南地区仍未实现零突破。

---

[1] 华北地区包括北京、天津、山西、河北、内蒙古；华东地区包括上海、江苏、浙江、安徽、福建、江西、山东、中国台湾；华南地区包括广东、广西、海南、香港特别行政区、澳门特别行政区；西北地区包括陕西、甘肃、青海、宁夏、新疆；华中地区包括河南、湖北、湖南；东北地区包括黑龙江、吉林、辽宁；西南地区包括四川、贵州、云南、重庆、西藏。

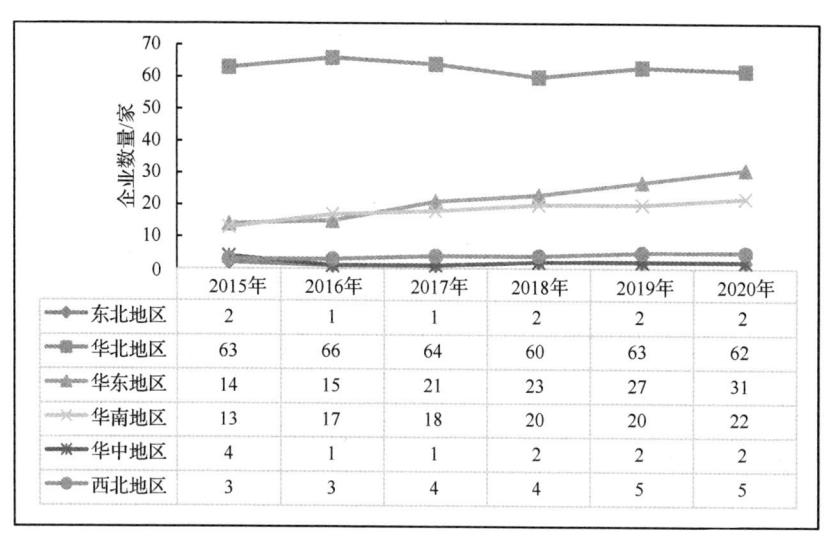

	2015年	2016年	2017年	2018年	2019年	2020年
东北地区	2	1	1	2	2	2
华北地区	63	66	64	60	63	62
华东地区	14	15	21	23	27	31
华南地区	13	17	18	20	20	22
华中地区	4	1	1	2	2	2
西北地区	3	3	4	4	5	5

图 17-5　2015—2020 年《财富》"世界 500 强"中国上榜企业地区分布

数据来源：赛迪智库根据《财富》"世界 500 强"排行榜数据整理

三、启示与建议

培育新兴产业，激发新动能。一是全面推进制造业高质量发展，以突破产业发展瓶颈为导向，积极开展关键共性技术、前沿引领技术、现代工程技术、颠覆性技术攻关，努力实现关键核心技术自主可控，支持比较优势的产业环节做强做大。二是延伸创新协同产业链，进一步提高产业配套水平，推进新技术、新工艺等集成应用，建设一批高端战略性新兴产业集群，增强产业集聚效应。三是推进信息技术与传统制造业深度融合，借助人工智能、物联网、新一代信息技术等赋能传统制造业，实现其技术、管理、商业模式等突破创新，推动传统制造业转型升级。

激发民营经济活力。一是持续推动国有企业做优做强，进一步深化国有企业、国有资本改革，完善国有资本授权经营体制。二是持续推进"放管服"改革，加快政府职能转变，进一步改善企业营商环境，激发民营企业发展活力。三是进一步放宽民营企业市场准入限制，全面落实市场准入负面清单制度，引导形成充分的市场竞争环境，不断提升市场运行效率，健全竞争制度，促进要素市场化改革，着力建设开放、公平、有序的市场经济体系。

推动区域资源要素有序流动。一是进一步破除体制机制障碍，建立健全跨地域协调机制，有力推动区域间产业、人才、技术、科研成果等资源要素流动。二是持续推进东北振兴、西部二次开发、中部崛起，加大对东北、西部、中部等地区技术人才的引进与培育力度，完善产学研人才交流机制，鼓励东北、西部、中部等地区利用特性人才政策吸引高层次领军人才。三是积极推广并引入东南沿海等经济发达地区发展经验和模式，推动资源禀赋相似的产业集聚区开展跨区域产业协同，全面提升内陆地区的经济发展水平，实现全区域协同发展。

提高企业核心竞争力。一是以创新引领企业发展，加大力度推动生产组织创新、技术创新、市场创新，努力使企业成为充满生机活力的创新主体，以创新驱动技术升级，以科技驱动企业竞争能力。二是鼓励企业弘扬"工匠精神"，以提升质量、创建品牌、改善服务、提高效益为目标，以市场为导向，积极调整产品和服务结构，在更好满足市场需求的基础上提升企业核心竞争力和抗风险能力。三是鼓励企业全球布局，加强国际合作，不断提高企业产品与服务的全球供给水平和供给质量，打造一批国际影响力大、拥有较高质量水平、用户满意度高的知名品牌。

第二节　两大重点行业：制造业和信息技术服务业

本节对《财富》"中国500强"与《财富》"美国500强"企业所处行业信息进行剖析，以制造业和信息技术服务业为重点，分析企业数量、盈利能力、发展强度[1]等指标，对比中美制造业和信息技术服务业发展差异，客观反映中国两大行业与美国两大行业相比存在的优势与不足，以期为推动中国制造业和信息技术服务业高质量发展提供对策建议。

---

[1] 以企业净利率（也称"净利润率"）增长率为主要指标衡量企业发展强度，其中，净利率增长率在5%~15%归为中发展强度企业，净利率增长率在15%以上归为高发展强度企业。

一、制造业

（一）中美上榜企业对比分析

"中国 500 强"制造业上榜企业数量超过"美国 500 强"制造业上榜企业数量，但"美国 500 强"制造业上榜企业数量近年增速明显。2016—2020 年，中国制造业企业入围"中国 500 强"数量平均为 222 家，走势基本保持平稳，2020 年较 2019 年企业数量减少 11 家。自 2017 年以来，美国制造业企业入围"美国 500 强"数量呈平稳增加趋势，2020 年较 2019 年企业数量增加 16 家。2019 年，中美制造业上榜企业数量差距首次缩小至 50 家以内，总体来看，中国制造业上榜企业数量超过美国制造业上榜企业数量。《财富》"中国 500 强"和"美国 500 强"制造业上榜企业数量变化如图 17-6 所示。

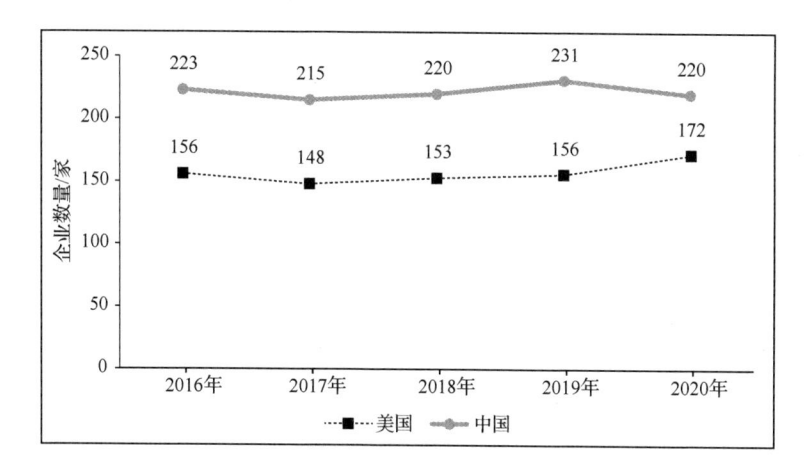

图 17-6　《财富》"中国 500 强"和"美国 500 强"制造业上榜企业数量变化
数据来源：赛迪智库根据《财富》"中国 500 强"和"美国 500 强"排行榜数据整理

由图 17-6 可以看出，近 5 年中国制造业保持平稳发展，其中上榜企业数量总占比接近 50%，表明制造业在中国经济发展中仍占据重要地位。2020 年，美国制造业上榜企业数量呈现较快增长趋势，较 2019 年骤增 16 家，从一定程度上可以说明，美国制造业在政府政策等因素影响下逐渐呈现发展活力。总体而言，就制造业规模方面，中国仍具有一定优势。

"中国500强"制造业上榜企业平均营业收入（以下简称"平均营收"）和平均利润平稳提高，但仍远低于"美国500强"制造业上榜企业平均营收和平均利润。自2016年以来，中美制造业上榜企业平均营收均保持平稳增加趋势，美国制造业上榜企业平均营收约是相应中国制造业上榜企业平均营收的2.7倍。《财富》"中国500强"和"美国500强"制造业上榜企业平均营收对比如图17-7所示。自2016年以来，"中国500强"制造业上榜企业平均利润基本保持平稳增加趋势，2020年略降3.38%；自2016年以来，"美国500强"制造业上榜企业平均利润以较大幅度波动上升，其中，2018年同比骤降19.41%，2019年同比提高23.67%；相比而言，美国制造业上榜企业平均利润约是中国制造业上榜企业平均利润的4.9倍。《财富》"中国500强"和"美国500强"制造业上榜企业平均利润对比如图17-8所示。

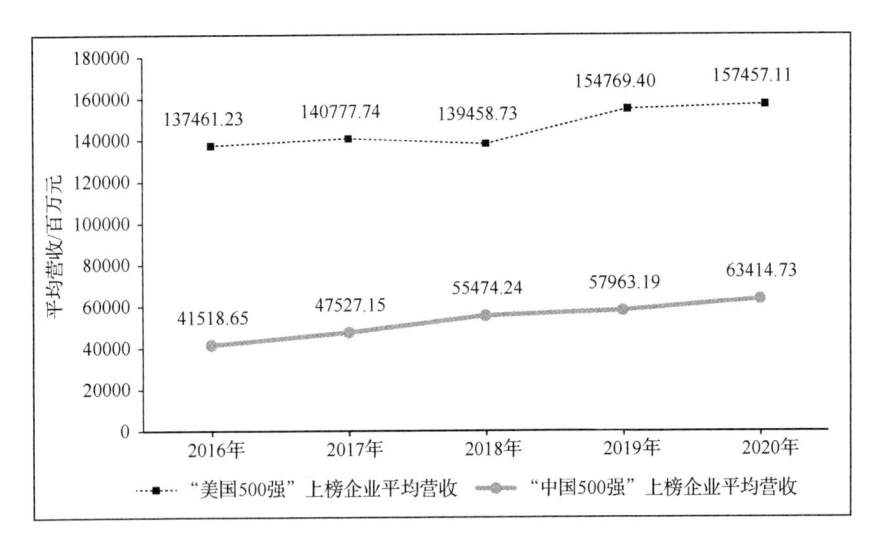

图17-7 《财富》"中国500强"和"美国500强"制造业
上榜企业平均营收对比
数据来源：赛迪智库根据《财富》"中国500强"和
"美国500强"排行榜数据整理

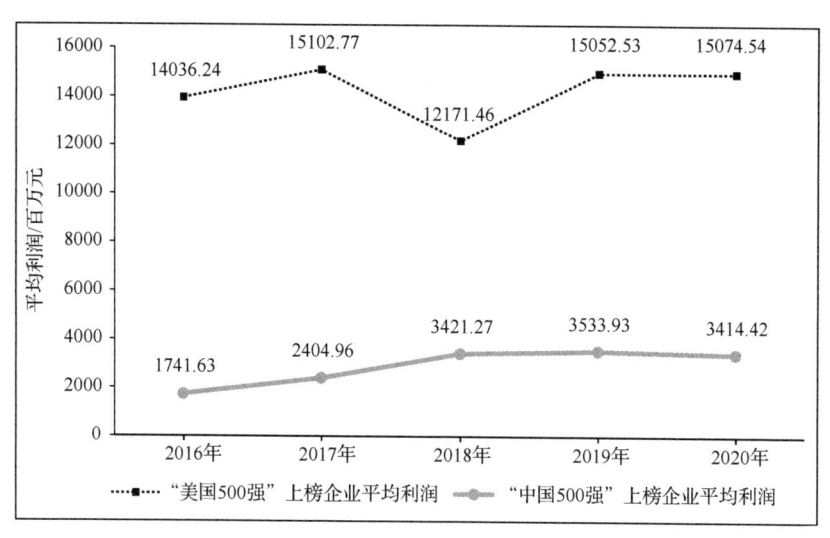

图 17-8　《财富》"中国 500 强"和"美国 500 强"制造业
上榜企业平均利润对比

数据来源：赛迪智库根据《财富》"中国 500 强"和
"美国 500 强"排行榜数据整理

从图 17-7 和图 17-8 可以看出，自 2016 年以来，"中国 500 强"制造业上榜企业在平均营收、平均利润方面均保持增长趋势，但增长幅度不大，从一定程度上反映出中国制造业平稳发展的态势。与美国相比，中国制造业上榜企业在平均营收、平均利润方面均存在相当大的差距，这也反映出中国制造业"大而不强"的现状，在"做优做强制造业"上仍有较大的提升空间。

"中国 500 强"制造业上榜企业发展强度[①]波动上升，但仍低于"美国 500 强"制造业上榜企业发展强度。自 2016 年以来，"中国 500 强"制造业上榜企业中，高发展强度企业占比呈波动上升趋势；高发展强度企业占比约为 9.44%，中发展强度企业占比约为 30.41%。自 2016 年以来，"美国 500 强"上榜制造业中，高发展强度企业占比均呈波动下降

---

① 以企业净利率（也称"净利润率"）增长率为主要指标衡量企业发展强度，其中，净利率增长率在 5%～15%归为中发展强度企业，净利率增长率在 15%以上归为高发展强度企业。

趋势；高发展强度企业占比约为 18.10%，中发展强度企业占比约为 46.88%。总体来看，"美国 500 强"制造业上榜企业高发展强度占比约是"中国 500 强"制造业上榜企业高发展强度的 1.9 倍，"美国 500 强"制造业上榜企业中发展强度占比约是"中国 500 强"制造业上榜企业中发展强度的 1.5 倍。《财富》"中国 500 强"和"美国 500 强"制造业上榜中发展强度企业及高发展强度企业占比对比分别如图 17-9 和图 17-10 所示。

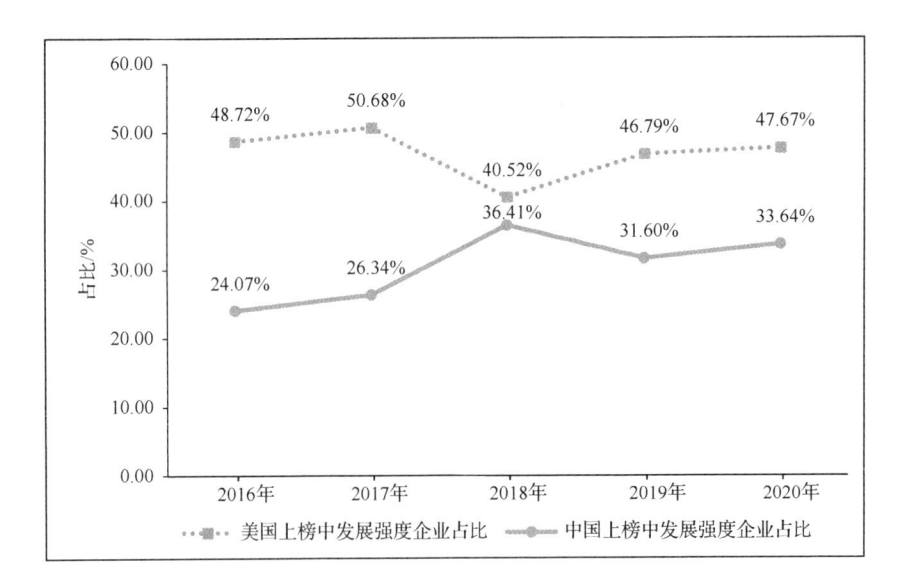

图 17-9 《财富》"中国 500 强"和"美国 500 强"制造业
上榜中发展强度企业占比对比
数据来源：赛迪智库根据《财富》"中国 500 强"和
"美国 500 强"排行榜数据整理

从图 17-9 和图 17-10 可以看出，5 年来中国制造业上榜企业发展强度有所提高，其中，中发展强度企业占比接近 1/3，高发展强度企业占比接近 1/5，整体行业发展水平比较乐观。5 年来美国制造业上榜企业发展强度整体略降，但仍领先中国一定距离，中国制造业发展水平仍存在一定的提升空间。

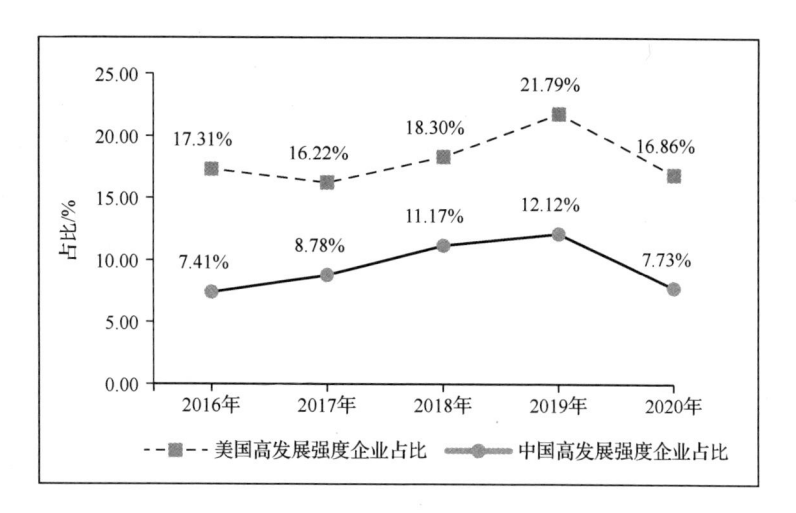

图 17-10 《财富》"中国 500 强"和"美国 500 强"制造业
上榜高发展强度企业占比对比

数据来源：赛迪智库根据《财富》"中国 500 强"和
"美国 500 强"排行榜数据整理

（二）启示与建议

持续推进创新驱动，引领制造业企业"做强做优"。一方面，提高企业科研能力，加大企业研发投入，推动产学研技术协同共享，通过创新驱动，进一步提高企业产品溢价水平，增强核心竞争力。另一方面，以技术创新为着力点，依托"一带一路"倡议，充分参与国际创新交流，以全球产业质量竞争与质量需求变化趋势为重要参考，建设国家标准、行业标准与团体标准协调配套的创新协同产业集群，打造一批具有较高国际影响力与质量水平的国际知名品牌，提高"中国制造"的国际认可度。

锚定重点技术突破，大力布局制造业新兴领域。一方面，以解决关键技术问题为导向，遴选一批发展关键技术的龙头企业，形成重点支持企业名录，通过制定相关政策，锚定半导体、生物制药等关键领域，统筹推进"高精尖"战略性新兴产业发展。另一方面，充分发挥龙头企业的带动作用，构建产学研一体化的创新链、大中小企业深度连接的产业链和供应链，打造一批竞争力强的战略性新兴产业。

积极融入"双循环"格局，推动制造业高质量发展。一方面，立足国内大循环，进一步推动产业数字化赋能，通过建设以大数据、工业互

联网等为核心的制造业企业信息技术服务体系,积极推广行业典型案例与有益经验,帮助企业更深层次开拓行业市场、挖掘市场需求。另一方面,积极融入国际大循环,深度参与全球产业链、供应链重构,鼓励和引导大企业进一步整合国际优质资源,以兼并重组为重要手段,对标学习先进技术与管理经验,进一步推动中国制造业高质量发展。

二、信息技术服务业

(一)中美上榜企业对比分析

"中国500强"信息技术服务业上榜企业数量呈波动式上升趋势,与美国信息技术服务业上榜企业数量相比,中国信息技术服务业上榜企业数量仍显不足。2016—2020年,"中国500强"信息技术服务业上榜企业数量呈波动式上升趋势,自2018年起连续3年增加。2016—2020年,"美国500强"信息技术服务业上榜企业数量呈先降后升趋势,2018年降至最低点(26家)。总体来看,中美信息技术服务业上榜企业数量均较少,美国信息技术服务业上榜企业数量年均多于中国信息技术服务业企业入围数量约20家,2020年中美信息技术服务业上榜企业数量差距缩小至18家。《财富》"中国500强"和"美国500强"信息技术服务业上榜企业数量变化如图17-11所示。

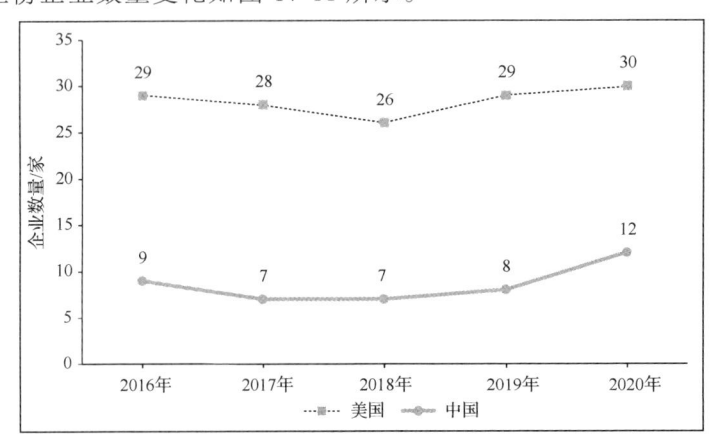

图17-11 《财富》"中国500强"和"美国500强"信息技术服务业上榜企业数量变化
数据来源:赛迪智库根据《财富》"中国500强"和"美国500强"排行榜数据整理

图 17-11 可以看出，近 5 年中美信息技术服务业发展走势基本平稳，美国信息技术服务业上榜企业数量常年稳定在 28 家上下，中国信息技术服务业上榜企业数量至 2020 年才突破 10 家。信息技术服务业规模方面，中国与美国相比存在一定的差距，仍需加大技术创新投入，持续推动新生业态的发展壮大。

中国信息技术服务业上榜企业平均营收与平均利润呈上升趋势，但与美国相比仍存在不小差距。自 2016 年以来，中国信息技术服务业上榜企业平均营收持续提高，年均提高 35.39%，其中，2016—2019 年平均涨幅约为 48.82%；美国信息技术服务业上榜企业平均营收呈先升后降的趋势，于 2019 年达到峰值（约 3144 亿元）。相比而言，美国信息技术服务业上榜企业平均营收约是中国信息技术服务业上榜企业平均营收的 2.8 倍。《财富》"中国 500 强"和"美国 500 强"信息技术服务业上榜企业平均营收对比如图 17-12 所示。自 2016 年以来，中国信息技术服务业上榜企业平均利润呈波动上升走势，于 2018 年达到最大值（约 244 亿元），并于 2019 年达到最低值（约 73 亿元）。自 2016 年以来，美国信息技术服务业上榜企业平均利润走势先升后降，于 2018 年达到峰值（约 428 亿元），同时中国信息技术服务业上榜企业平均利润也达到峰值（约 244 亿元）；相比而言，美国信息技术服务业上榜企业平均利润约是中国信息技术服务业上榜企业的两倍。《财富》"中国 500 强"和"美国 500 强"信息技术服务业上榜企业平均利润对比如图 17-13 所示。

从图 17-12 和图 17-13 可以看出，自 2016 年以来，中国信息技术服务业上榜企业在平均营收、平均利润方面基本保持增长趋势。其中，平均营收增长比较稳定，平均利润走势波动幅度较大，从一定程度上反映出中国信息技术服务业在企业盈利方面仍处于逐步强化阶段。与美国信息技术服务业上榜企业相比，中国信息技术服务业上榜企业在平均营收、平均利润等方面均存在较大差距，仍需继续大力发展，迎头赶上。

中国信息技术服务业上榜企业发展趋势较好，高发展强度企业[①]占

---

① 以企业净利率（也称"净利润率"）增长率为主要指标衡量企业发展强度，其中，净利率增长率在 5%～15%归为中发展强度企业，净利率增长率在 15%以上归为高发展强度企业。

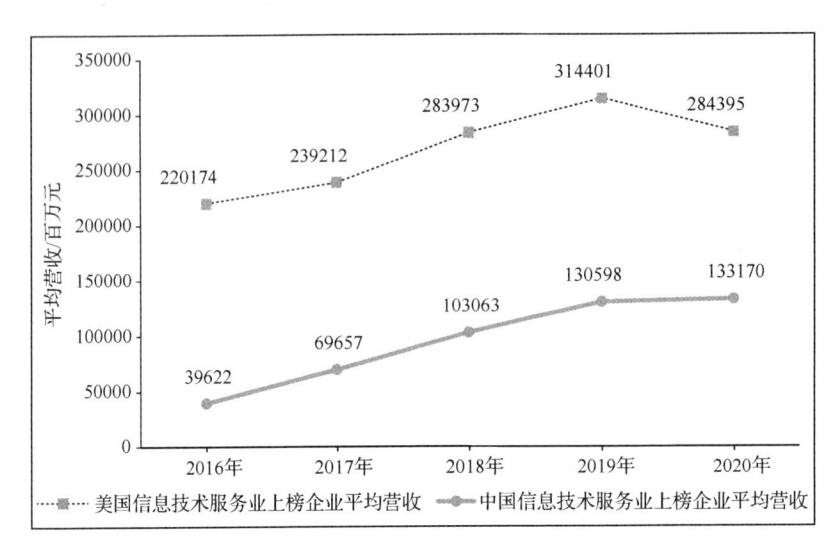

图 17-12 《财富》"中国 500 强"和"美国 500 强"信息技术服务业上榜企业平均营收对比

数据来源：赛迪智库根据《财富》"中国 500 强"和"美国 500 强"排行榜数据整理

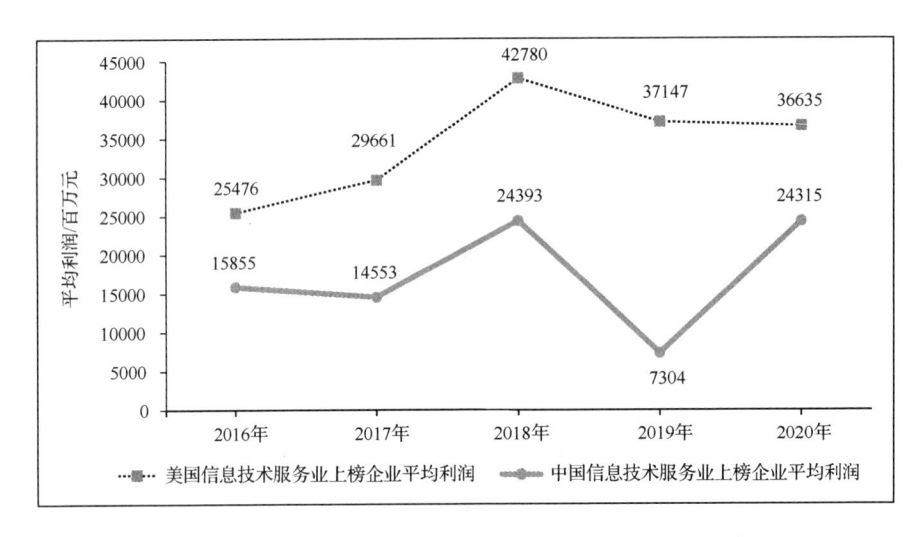

图 17-13 《财富》"中国 500 强"和"美国 500 强"信息技术服务业上榜企业平均利润对比

数据来源：赛迪智库根据《财富》"中国 500 强"和"美国 500 强"排行榜数据整理

比较美国高发展强度企业占比更高。自 2016 年以来，中国信息技术服务业上榜高发展强度企业占比呈波动下降趋势，5 年年均占比约为 49.8%，2016 年，百度和阿里巴巴两家企业净利率增长率均超过 50%，其中，阿里巴巴净利率增长率达到 73.1%。自 2016 年以来，美国信息技术服务业上榜高发展强度企业占比呈波动上升趋势，5 年年均占比约为 27.7%，2017 年，eBay 公司净利率增长率达到现象级的 80.9%。相比而言，中国信息技术服务业上榜高发展强度企业占比较美国信息技术服务业上榜高发展强度企业占比更高，年均领先约 22 个百分点。《财富》"中国 500 强"和"美国 500 强"信息技术服务业上榜高发展强度企业占比对比如图 17-14 所示。

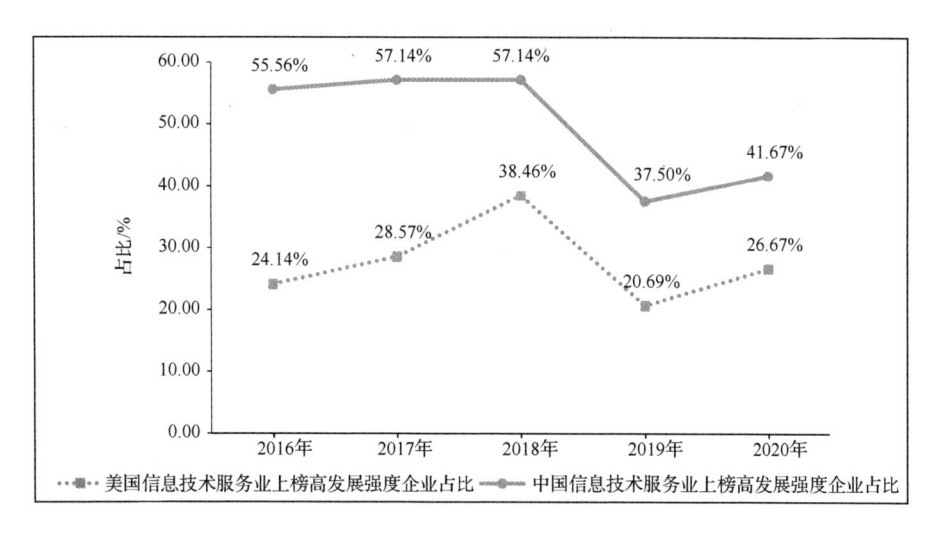

图 17-14　《财富》"中国 500 强"和"美国 500 强"信息技术服务业上榜高发展强度企业占比对比

数据来源：赛迪智库根据《财富》"中国 500 强"和"美国 500 强"排行榜数据整理

从图 17-14 可以看出，中国信息技术服务业上榜企业大多发展劲头较足，高发展强度企业占比接近 50%，说明中国信息技术服务业拥有诸多优质企业，整体发展态势良好。与美国信息技术服务业上榜高发展强度企业相比，中国信息技术服务业上榜高发展强度企业占比较高，但由于美国信息技术服务业上榜高发展强度企业数量较多，综合考虑，中国

信息技术服务业发展能力仍处于追赶地位。

（二）启示与建议

引导市场加大产业投入。一是提高对信息技术服务业的宣传力度，通过聚焦典型企业、挖掘潜力企业、加大资本市场的关注度，进一步引导国有资本与社会资本流向信息技术服务业。二是进一步推动信息技术服务业行业基金会、产业联盟等组织的发展，主动对接国际产业投资机构，引流国际资本投入。三是加快信息技术服务业与传统产业融合发展，以应用为驱动力，创新服务模式与服务种类，建立产业协同机制，打造广泛参与、合作共赢的生态系统。

推动企业拓展国际市场。一是鼓励和支持龙头企业以并购、开设分支机构或研发中心等方式打通国际市场通道，逐步拓展海外市场。二是支持重点领域企业与国外领军企业、知名科研院所开展国际科研合作，进一步推进国际联合创新，鼓励企业参与国家重点国际合作项目及工程。三是鼓励和引导企业开展国际合作和交流，利用国际展会、国际会议等平台做好中国优质产品的推介活动，以提供国际法律法规符合性评估服务为主要手段，提高支持企业拓展国际市场的服务能力。

培养引进高端和复合型人才。一是着力推动信息技术服务业人才培养，鼓励和引导高等院校开设相关专业及课程，积极培养满足产业创新发展需求的专业人才队伍。二是加强信息技术服务业人才的国际引进力度，充分发挥人才引进政策优势，加强对国际高层次人才和团队的引进，打通国内高端人才培育瓶颈。三是重点建设一批产学研基地，鼓励信息技术服务业企业与高等院校、研究机构等联合创办研究中心和实训基地，鼓励技术交流，强化科研应用。

展望篇

第十八章
主要研究机构观点综述

第一节 综述型

一、联合国

联合国（United Nations，UN）是一个由主权国家组成的政府间国际组织，致力于促进各国在经济发展、社会进步及实现持久世界和平方面的合作。联合国经济和社会事务部在《世界经济形势与展望（2021年）》等系列报告中，与中小企业发展有关的代表性观点：一是新冠肺炎疫情全球大流行让全世界面临20世纪30年代"大萧条"以来最为严重的经济危机，各国都受到严重冲击。2020年，发达经济体出现了明显的经济萎缩，经济萎缩5.6%，发展中国家经济萎缩2.5%，最不发达国家经济萎缩1.3%，各国中小企业普遍面临较大压力，整体宏观环境不容乐观。二是中国新冠肺炎疫情控制情况较好，2020年在所有主要经济体中是表现最好的经济体。G20国家总体经济总量萎缩4.1%，中国逆势实现了2.4%的增幅，在全世界经济严重受挫的大背景下，中国取得了来之不易的成绩。预测2021年中国有望成为世界主要经济体中增长幅度最大的经济体。这意味着，与其他国家相比，中国中小企业的发展环境相对来说会更好一些。三是新冠肺炎疫情对全世界造成冲击的同时也加速了数字经济的兴起，服务贸易的重要性不断提升，全球价值链正在重构，世界经济贸易格局变化给发展中国家带来较大挑战的同时，也带来了新的机遇。中小企业需要根据新的发展形势，加强数字

技术领域相关投资，提高数字技术应用能力，进而实现高质量和快速发展。

二、国际货币基金组织

国际货币基金组织（International Monetary Fund，IMF）于1945年10月27日成立，总部位于美国华盛顿。致力于促进全球货币合作，确保金融稳定，促进国际贸易。国际货币基金组织在《2020国际货币基金组织年报：前所未有之年》等系列报告中，与中小企业有关的代表性观点：一是新冠肺炎疫情导致全球经济出现深度衰退，世界各国都受到严重冲击，失业率上升、经济衰退、储蓄收益率下降、债务水平提高及收入不公等情况普遍存在，给中小企业发展环境带来了较为严重的负面影响。二是新冠肺炎疫情造成冲击的同时也带来了新的机遇，激励大家一起为建设一个造福所有人的更美好的未来而加强合作、真诚合作，重新建立对制度的信任，共同解决最紧迫的问题，为全球经济恢复共同努力。新冠肺炎疫情虽然造成了冲击，但也在一些领域推动各国政府和企业间加强密切合作，这有利于增加对彼此的信任，利好未来更多的合作。三是部分国家中小企业发展受新冠肺炎疫情冲击严重，如孟加拉国全国各地都出现小企业经营受阻的情况，出口大幅减少，新冠肺炎疫情引发的危机已经给人民群众的生活带来了严重的负面冲击。

三、经济合作与发展组织

经济合作与发展组织（Organization for Economic Co-operation and Development，OECD）是由36个市场经济国家组成的政府间国际经济组织，旨在共同应对全球化带来的经济、社会和政府治理等方面的挑战，并把握全球化带来的机遇。经济合作与发展组织在《世界经济展望报告》等系列报告中，与中小企业有关的代表性观点：一是不平等问题因新冠肺炎疫情冲击进一步加剧，尤其弱势群体受到的冲击更大。一些低收入人群或技能不足人群面临可能数年的失业风险，吸纳就业的主体中小企业因新冠肺炎疫情带来的不确定性和债务负担面临生存危机。经济合作与发展组织建议各国要重视对中小企业的支持，加强公共卫

生服务，以尽快推动经济复苏。二是中国经济恢复较好，在中国的带动下，2021年全球经济有可能恢复到新冠肺炎疫情前的水平。新冠肺炎疫苗的加快推进让世界各国人民看到了希望，但希望变成现实还需要各国加强合作并采取实质行动，加大对就业和企业的支持，推动经济更快复苏。三是中小企业相较大企业在资金、人才等方面都较弱，抗风险能力较差，并且受冲击后恢复更慢。鉴于以上各种情况，经济合作与发展组织主要国家都把扶持中小企业、防止失业作为主要的帮扶目标。

四、麦肯锡

麦肯锡公司（McKinsey & Company）是全球著名的管理咨询机构，旨在为各类客户提供有关战略、组织、运营和技术方面的咨询服务，并为客户设计、制定相配套的一体化解决方案。麦肯锡公司在《快进中国：30项举措助力企业重振业务、重塑未来》等系列报告中，与中小企业有关的代表性观点：一是中国企业具有更强的韧性，尤其在新冠肺炎疫情期间表现出更好的抗风险能力。随着新冠肺炎疫情影响逐渐降低，各领域企业在努力挽回损失，并时刻关注未来的发展趋势。尽管如此，有的企业可能永远也恢复不到新冠肺炎疫情前的状态，但有的企业却有机会在新冠肺炎疫情之后更加强大。随着世界各国陆续开始进行复工复产，中国企业抗击新冠肺炎疫情的经验可以为其他国家企业复工复产提供参考经验。二是民营企业（以中小企业为主）和社会组织在抗击新冠肺炎疫情中做出重要贡献，虽然国有企业是主力，但民营企业和社会组织也具有不可替代的重要作用。民营企业吸纳就业多，其采取的措施对保护大量从业者和客户至关重要。民营企业和非营利机构等社会组织与公共部门携手合作，对公共卫生防疫具有重要支持作用。三是数字化转型成为重要发展趋势，企业进行数字化转型不仅能在新冠肺炎疫情期间确保业务不受影响或少受影响，甚至还能创造更多的增长机遇，"后疫情时代"数字化转型进程加快将是中小企业加速发展的重要趋势。

第二节 专题型

一、新冠肺炎疫情

新冠肺炎疫情给世界各国发展带来了巨大的挑战，新冠肺炎疫情在全球的快速扩散成为全球突发公共卫生事件。毕马威(KPMG)在《2020年全球首席执行官调查：新冠肺炎疫情特别版》等报告中，与中小企业相关的代表性观点：一是人才方面，远程办公成为企业新的用人方式，企业的传统招聘策略正在进行转型，这正在成为未来新的用人趋势。二是风险方面，人才已成为比供应链和"地方主义"更重要的风险因素，成为企业面临的最大风险因素。三是数字化方面，企业领导者们纷纷押注数字化转型，尤其在抗击新冠肺炎疫情期间，企业的数字化转型进程出现了明显加快的趋势。

二、国际贸易

国际贸易保护主义有所抬头，贸易政策出现较大不确定性，加之受新冠肺炎疫情冲击严重，国际贸易环境日趋恶劣。世界贸易组织(WTO)在《全球贸易数据与展望》等报告中，与中小企业发展相关的代表性观点：一是2020年世界商品贸易总额下降了5.3%，预计2021年有望增长到8%，2022年可能略有放缓到增长4%，全球贸易规模将低于新冠肺炎疫情暴发前的水平。二是全球贸易前景因区域差异、服务贸易疲软及新冠肺炎疫苗接种进度不一而差异较大，尤其在贫穷国家更为如此。由于新冠肺炎疫情反复情况时有发生，成为国际贸易稳定复苏的最大不确定因素。三是受新冠肺炎疫情冲击，大多数地区进出口受到了较大影响，但地域之间又因受新冠肺炎疫情影响不同而有所区别。亚洲是唯一的特例，亚洲出口上升了0.3%，全球进口需求的满足主要来自亚洲的出口供给，2021年亚洲出口预期将达到8.4%，这有利于亚洲国家的中小企业开拓国际市场。

三、数字化转型

数字技术催生的各类新兴技术工具正在打破人、机、物之间的障碍，不仅解构了中小企业既有的业务模式，并且赋予员工更强的创新能力，催生新的、更高效的产品和服务。数字工具的广泛应用正在成为中小企业进行数字化转型的重要推动力。埃森哲（Accenture）在《技术展望2021》等报告中，与中小企业有关的代表性观点：一是数字镜像无所不在。新一代商业智能世界的兴起在数据、人工智能和数字孪生技术的推动下快速发展。通过布置更多的传感器将其嵌入实体产品中，收集更多的数据信息，帮助中小企业优化解决方案。二是充分利用技术的普及性。通过对现有工具进行评估，利用许多云服务商已经具备将机器人流程自动化等解决方案纳入服务范围的技术优势，在中小企业内部加强技术培训，分析需要加大投资的领域，帮助中小企业实现技术升级。三是突破空间限制，开展柔性协作。通过远程办公手段，突破企业的地域限制，打造灵活的组织形态，开发匹配的KPI考核指标，了解员工对远程办公的响应程度和存在的问题，实现企业的"无界办公"。

四、技术趋势

技术变化趋势一直是德勤咨询公司长期追踪的重点研究领域。自2010年起，德勤咨询公司每年发布当年的技术趋势预测报告。德勤咨询公司在《2021年技术趋势》等报告中，与中小企业有关的代表性观点：一是在企业战略和运营方面，龙头企业通过强化技术和业务战略的协同，优化核心系统，利用云计算等平台，激发资产和供应的潜在价值，进而帮助企业提高战略能力。二是在数据资产价值方面，龙头企业开始利用机器学习等理念，推动人工智能项目产业化落地，探索形成新的面向机器应用的数据管理方法，更好地发挥企业的数据价值。三是在客户体验方面，数字化营销将成为新的发展趋势，与其相关的能够促进包容性、多元化等技术将有巨大的应用市场，中小企业有望利用新的数字技术打造出能够完全符合客户个人行为和偏好的品牌体验，提高企业的市场开拓效果。

第十九章

2021年中小企业发展政策环境展望

为应对新冠肺炎疫情带来的冲击，2021年中小企业发展政策环境有望进一步优化，随着减税降费政策红利持续释放，中小企业成本上升压力将得到缓解；融资环境也有望得到改善，纾解中小企业"融资难"系列政策效果将陆续显现；新冠肺炎疫情防控形势不容松懈，"保生产、稳就业"仍是政策重点；中小企业公共服务体系建设持续推进，中小企业发展环境将不断优化；创新创业文化日益深入人心，中小企业市场活力有望进一步得到激发。尽管如此，国际新冠肺炎疫情形势仍会有反复，未来几年"黑天鹅"与"灰犀牛"事件出现的概率大大增加，经济政治发展环境面临比以往更大的不确定性。

第一节 推进税费减免，降低企业负担

2020年，为降低中小企业税费成本负担，提高中小企业抗击新冠肺炎疫情的能力，中央各部门相继出台系列减税降费措施，并且取得了较好的成效。根据全国税务工作会议数据，2020年全年新增减税降费超过2.5万亿元，大规模减税降费取得实效，为399万户纳税人办理延期纳税服务，90%的涉税事项、99%的纳税申报业务已实现无纸化"线上办"，充分利用税收大数据优势，服务各级经济决策机构和促进企业发展工作，新冠肺炎疫情防控工作经受住了严格的考验，取得了来之不易的成果。除税收优惠外，社保优惠也助力企业降低负担。2020年，人社部联合相关部门为应对新冠肺炎疫情给企业造成的冲击，出台了系

列社保费用减免优惠政策。从 2020 年 2—12 月，养老、失业和工伤社保减、降、免、缓等政策合计减费 1.5 万亿元。广大企业（尤其是中小企业）普遍反映，社保费用减免优惠政策是满意度最高、最有效的支持政策，对缓解新冠肺炎疫情冲击，促进企业保持生产稳定、促进经济增长起到重要的支持作用。社保负担下降的同时，企业参保积极性持续提高，截至 2020 年 12 月 31 日，企业社保养老、失业、工伤保险参保人数较 2019 年大幅增长，同比增幅为近 5 年最高，分别增加 1619 万人、1147 万人、1291 万人。社保规模不断扩大有利于形成企业和社保体系的良性循环。此外，行政事业性收费也在减少，相信随着各类减税降费政策效果陆续显现，中小企业的税费负担也会不断下降，为中小企业应对经济下行压力提供了缓冲，也为中小企业加速转型升级进程创造了条件。

2021 年，进一步减税降费仍是促进中小企业发展的主线。财政部表示，2021 年将继续保持政策的连续性，持续推进减税降费措施。近年实施的税费减免优惠措施不是一次性的，而是制度性的，多年实施下来效果明显，减轻企业负担成效显著；尽管财政面临收支压力，但仍将克服困难把该减的坚决减到位，该降的坚决降到位；在保持一定税费减免优惠的基础上，进一步完善配套政策。一方面，继续保持减税降费的力度，实施制度性税费优惠政策，并综合考虑财政承受能力和扶持企业需要，帮助企业纾困，再"送一程"。另一方面，对非税收入进行严格监控，防止不合理增长，加大违规收费整治力度，防止减税降费政策效果打折扣。展望 2021 年，相信在中央系列税费优惠政策的大力支持下，中小企业税费成本负担有望继续降低，税费优惠政策红利将不断释放。

第二节 加大金融支持，改善融资环境

2020 年，中小企业金融支持政策效果持续显现，中小企业"融资难、融资贵"问题有所缓解。中国银保监会数据显示，截至 2020 年 12 月 31 日，全国普惠型小微企业贷款余额超过 15 万亿元，实现高速增长，同比增长超过 30%。中国银保监会推动银行业金融机构进一步加强普惠

金融服务，引导更多信贷资源精准投放到小微企业，保障小微企业有效信贷供给稳定持续增长，同时进一步优化银行信贷机构，加强信贷资源的精准投放，加大对小微企业"首贷"支持，增加中长期贷款和信用贷款产品种类，更好地匹配小微企业的贷款期限和贷款方式，确保小微企业融资成本能够有效降低，获得更多普惠金融资源支持。统计显示，截至 2020 年 11 月 30 日，小微企业信用贷款较 2020 年 1 月增长 31%，续贷余额较 2020 年 1 月增长 50%，中长期贷款余额较 2020 年 1 月增长 12%。此外，中国银保监会加大对银行机构违规收费的查处力度，同时引导银行小微企业贷款利率定价参照 LPR（贷款市场报价利率）走势为依据，将小微企业融资成本保持在适度水平。2020 年 1—11 月，银行业新发放普惠型小微企业贷款利率为 5.9%，较 2019 年下降 0.8 个百分点。商业银行持续加大产品服务模式创新，针对小微企业特点，积极发展供应链金融服务，探索创新知识产权、应收账款等担保方式，减少对抵押物的依赖程度。截至 2020 年 12 月 31 日，"银税互动"类小微企业贷款余额已超过 8100 亿元，同比增长 63%。总体来看，在党中央、国务院纾解中小企业"融资难"系列政策的作用下，中小企业（尤其是小微企业）的融资环境正在不断改善。

2021 年，中小企业扶持政策的重点仍然是提高中小企业融资可得性。中国银保监会表示，要在保持小微贷款总量稳步增长的基础上，继续强化小微金融服务，着力提升小微信贷供给效率，优化信贷结构，推动小微融资成本合理。2021 年，对小微企业继续保持金融支持力度不减，确保小微企业融资便利化、成本稳定下降，并在前期两项直达货币政策工具到 2021 年第一季度到期的基础上，进一步延长实施期限到 2021 年 12 月 31 日。对 2021 年 12 月 31 日前到期的普惠小微企业贷款，由银行与企业协商延期还本付息，并继续对办理延期还本付息的地方法人银行按规定给予激励，激励比例为贷款的 1%。对符合条件的地方法人银行，继续对其发放的小微信用贷款按照本金 40% 提供优惠资金支持。中国银保监会将进一步提升小微企业金融供给总量、质量、效率、效益作为 2021 年重要政策目标，提出普惠型小微企业贷款要继续实现增速、户数"两增"的发展目标，尤其"五大行"要努力实现普惠型小微企业贷款全年增长 30% 以上的目标。大型银行、股份制银行要充分发挥带头示范效应，强化对"首贷户"的服务，努力争取2021年新增小微企业"首贷户"的数量指标要大于2020年。继续加大对小微企业"首贷、续贷、信用贷"的金融供给，尤其对先进制造业、战略新兴产业及产业链资助可控的中长期信贷加大支持。进一步完善科技型小微企业金融服务，推动产学研结合，促进新技术产业化落地。总体来看，随着新冠肺炎疫情逐渐好转及优化中小企业融资环境政策力度不断加大，中小企业"融资难、融资贵"问题有望进一步得到缓解。

第三节　加强新冠肺炎疫情防控，保生产稳就业

2020年，受新冠肺炎疫情和复杂严峻的国内外形势影响，国内推动中小企业加强新冠肺炎疫情防控、促进复工复产各项措施取得显著成效。为应对新冠肺炎疫情，在加大政府采购支持方面，政采项目可向重点防疫物资企业进行倾斜，尤其要及时支付采购款项；对受新冠肺炎疫情冲击明显的中小企业，鼓励优先采购其产品和服务。在推动减免企业房租方面，推动国有资产类经营用房企业阶段性减免承租的中小企业房租，鼓励园区、孵化器、楼宇等市场运营方减免承租的中小企业房租、物业费和其他费用，可对给予小微企业优惠的私有用房业主或平台企业给予补贴。在促进人员返岗方面，鼓励运用"行程证明""健康码"等信息化手段监测员工健康，帮助企业做好返岗人员新冠肺炎疫情防控工作；开通"绿色返岗"通道，对用工集中地区可开通"点对点"专车（专列）运输服务。在数字化转型方面，向中小企业推广互联网平台服务，鼓励网上办公和数字化管理与写作，支持大型IT公司为中小企业提供优惠办公服务；支持集群内中小企业依托网络化平台加强协作弥补个体资源不足，通过协同制造实现技术、产能与订单的共享。在中央的大力倡导下，各地纷纷出台助力企业抗击新冠肺炎疫情的优惠政策措施，我国在应对新冠肺炎疫情稳步推进复工复产方面取得了显著的成效。

2021年，国内外新冠肺炎疫情仍有可能出现反复，加强新冠肺炎疫情防控，"保生产、稳就业"仍是促进中小企业发展的工作重点，尤其针对新冠肺炎疫情在部分地区引起失业增加的情况，工业和信息化部联合其他6个部门组织了创业带动就业示范行动，重点聚焦高校院所毕

业生、农民工等群体，通过加大政策扶持、加大宣传推广和资金支持，利用高校院所及企业等示范基地，广泛组织"创新引领创业，创业带动就业"、大中小企业融通创新等专项行动，2021年示范基地新增就业机会能力达到110万个以上，充分发挥"创业带动就业"的示范作用。2021年全国工业和信息化工作会议表示，稳定和优化产业链、供应链仍将是全年工作重点，对此将开展制造业"延链、补链、强链"行动，根据不同产业链做好战略设计和精准施策，尤其在产业链薄弱环节，推动上下游资源整合协同攻关，提升产业链竞争力，并且系统梳理制造业发展状况，对重点产业链、供应链领域加强安全监测评估，着力稳定和优化产业链、供应链。可以预期，尽管新冠肺炎疫情给中小企业带来了较大冲击，影响了上下游产业链稳定和企业吸纳就业情况，但随着中央及地方各级主管部门不断加大政策引导和支持力度，惠企政策红利将不断释放，中小企业"稳生产、保就业"环境将更加优化。

第四节　完善公共服务，持续优化环境

2020年，中小企业公共服务体系建设成效显著。工业和信息化部持续加强中小企业公共服务示范平台、示范基地的培育工作，全面新培育国家中小企业公共服务示范平台214家、国家小型微型企业创业创新示范基地117家。据不完全统计，2020年1—11月，中小企业公共服务体系开展服务活动8万多次，直接提供服务630多万次，服务企业5700多万家次。中小企业数字化赋能专项行动取得显著进展，公开发布223家服务商的254项服务产品及活动。开展中小企业发展环境评估工作，通过评估推动各地"以评促改、促建、促优"，全年委托第三方完成对36个重点城市进行2020年度中小企业发展环境的评估工作。对全国12个省级行政区开展中小企业促进工作的落实督查，通过督查促进政策落地取得实效。联合中国政府网上线"应对新冠肺炎疫情支持中小企业政策库""中小企业规模类型自测"小程序，帮助中小企业及时了解政策，确保中小企业优惠政策应享尽享。此外，工业和信息化部联合中央统战部等部门共同开展抗击新冠肺炎疫情民营经济先进个人表彰活动，通过微信、网站及央视等媒体宣传介绍各地应对新冠肺炎疫情

帮助企业复工复产措施 60 余篇，组织各地加大宣传工作力度，营造良好的支持中小企业发展氛围。

2021 年，中央及地方将进一步推动中小企业公共服务体系不断完善，相关政策措施将更加细化丰富。工业和信息化部表示，将继续开展国家中小企业公共服务示范平台和国家小型微型企业创业创新示范基地的培育认定工作，打造良好的中小企业公共服务环境，完善中小企业公共服务一体化平台，壮大志愿服务专家队伍，为中小企业提供更多专业服务；将充分发挥领导小组办公室作用，推动部门间加强联动和协调，促进各地强化促进中小企业发展协调机制建设，保障惠企政策取得实效；进一步加强中小企业发展环境第三方评估工作，推动地方拓展第三方评估工作，进而形成上下联动、横向协同、广泛覆盖的中小企业发展环境评估体系；构建线上线下相结合的培训体系，丰富"线上微课"培训内容，推动中小企业数字化转型；加大对中小企业发展案例的宣传报道，发挥示范引领效果，不断优化企业发展环境。可以预期，随着新冠肺炎疫情情况逐渐好转，以及中小企业公共服务体系不断完善，中小企业发展环境将日益优化。

第五节　推动创新创业，活力不断增强

2020 年，中央及地方各级中小企业主管部门出台了大量政策措施激发中小企业创新创业活力。工业和信息化部持续推动地方加强"专精特新"中小企业培育工作，专精特新"小巨人"企业遴选工作成效显著，已在全国构建出优质中小企业多层次培育体系；2020 年，进一步扩大专精特新"小巨人"企业培育规模，遴选公布第二批共计 1584 家专精特新"小巨人"企业，进一步示范引领地方加强"专精特新"中小企业培育工作；联合财政部支持第 3 批创新创业特色载体（21 家）建设，举办中小企业创新创业"创客中国"大赛，参赛项目较 2019 年增长 60%，超过 2.5 万个，全社会创新创业氛围日益浓厚；国家中小企业发展基金有限公司正式开始运营，引导和撬动更多资本支持中小企业创新创业发展，发挥了很好的杠杆效应。除中央外，地方中小企业主管部门也不断出台支持创新创业的配套政策措施，例如，湖南省企业科协联合会、创

新方法研究会等机构联合签订战略合作协议，通过建立协同工作机制，共同探索和推广支持中小企业创新的模式和方法，助力中小企业通过创新实现高质量发展。随着全国各地创新创业工作的持续推进，鼓励创新创业的文化日益深入人心。

2021年，中央及地方为进一步减轻新冠肺炎疫情给中小企业带来的不利影响，将继续大力推进创新创业政策的贯彻落实，预计随着新冠肺炎疫情影响逐渐减小，中小企业发展活力有望不断增强。财政部、国家知识产权局联合出台《关于实施专利转化专项计划 助力中小企业创新发展的通知》，明确提出通过3年时间，推动专利转化运用的激励政策更加完善，机制更加成熟，供需更有效对接，转化更加高效，工作体系更加完备，专利转化服务更便利和可及性更高，中小企业从高校及科研院所获取创新资源的渠道更顺畅，中小企业创新能力提升更显著，更好地支持知识密集型产业健康发展。工业和信息化部联合其他相关部门提出重点推动中小企业提升专业化能力和水平。例如，通过3～5年时间启动实施中小企业专业化能力提升工程，孵化创新型中小企业百万家，培育省级"专精特新"中小企业10万家，遴选公告专精特新"小巨人"企业上万家，系统建立优质中小企业培育体系；联合财政部门研究中央支持专精特新"小巨人"企业的政策措施，助力专精特新"小巨人"企业向制造业单项冠军企业发展，进一步扩大优质中小企业群体数量；继续组织实施好"创客中国"中小企业创新创业大赛，推动大中小企业融通发展，开展数字化赋能等工作。在中央的大力倡导下，地方各级中小企业相关部门也在持续细化推动中小企业创新创业的政策措施，包括带动产业链上下游中小企业"保生产、稳就业"，加强大中小企业融通发展和协同创新，发挥行业领军企业示范带动作用，引导更多中小企业走"专精特新"发展道路等。可以预期，随着中央及地方鼓励中小企业创新创业的相关政策措施不断完善和丰富，中小企业发展活力将不断增强。

后　　记

《2020—2021年中国中小企业发展蓝皮书》是由中国电子信息产业发展研究院中小企业研究所编撰完成的。本书通过客观描述中小企业发展情况，深入分析中小企业发展环境，系统梳理中小企业面临的突出问题，科学展望中小企业发展前景，为读者提供2020—2021年中小企业发展的全景式描述，并通过对中小企业突出问题的专题分析，为读者提供中小企业发展相关重点领域的深度刻画。

本书由刘文强担任主编，杨东日任副主编。全书共十九章，杨东日负责书稿的整体设计和内容把控，张洁、黄喜负责编写第一章、第二章，王世崇负责编写第三章、第四章，王也负责编写第五章、第六章，巩键负责编写第七章、第八章，彭超负责编写第九章、第十章，黄喜负责编写第十一章，房旭平、黄喜负责编写第十二章，刘姝祎负责编写第十三章，张朝负责编写第十四章、第十五章，李恺负责编写第十六章、第十七章，龙飞负责编写第十八章、第十九章，黄喜负责编写后记等其他内容。

在本书的编撰过程中，工业和信息化部中小企业局给予了精心指导和大力协助，在此对各位领导和专家的帮助表示诚挚的谢意。

通过本书的研究，希望为中小企业相关政府主管部门制定决策提供参考，为相关研究人员及中小企业管理者提供相应的基础资料。

赛迪智库
面向政府 服务决策

思想，还是思想
才使我们与众不同

《赛迪专报》	《安全产业研究》	《产业政策研究》
《赛迪前瞻》	《工业经济研究》	《军民结合研究》
《赛迪智库·案例》	《财经研究》	《工业和信息化研究》
《赛迪智库·数据》	《信息化与软件产业研究》	《科技与标准研究》
《赛迪智库·软科学》	《电子信息研究》	《无线电管理研究》
《赛迪译丛》	《网络安全研究》	《节能与环保研究》
《工业新词话》	《材料工业研究》	《世界工业研究》
《政策法规研究》	《消费品工业"三品"战略专刊》	《中小企业研究》
		《集成电路研究》

通信地址：北京市海淀区万寿路27号院8号楼12层
邮政编码：100846
联 系 人：王 乐
联系电话：010-68200552 13701083941
传　　真：010-68209616
网　　址：www.ccidwise.com
电子邮件：wangle@ccidgroup.com

赛迪智库
面向政府 服务决策

研究，还是研究
才使我们见微知著

规划研究所	知识产权研究所	安全产业研究所
工业经济研究所	世界工业研究所	网络安全研究所
电子信息研究所	无线电管理研究所	中小企业研究所
集成电路研究所	信息化与软件产业研究所	节能与环保研究所
产业政策研究所	军民融合研究所	材料工业研究所
科技与标准研究所	政策法规研究所	消费品工业研究所

通信地址：北京市海淀区万寿路27号院8号楼12层
邮政编码：100846
联 系 人：王 乐
联系电话：010-68200552 13701083941
传   真：010-68209616
网   址：www.ccidwise.com
电子邮件：wangle@ccidgroup.com